Wege der Mystik

Georg Schmid

Die Mystik der Weltreligionen

Eine Einführung

Kreuz Verlag

CIP-Titelaufnahme der Deutschen Bibliothek

Schmid, Georg:
Die Mystik der Weltreligionen: eine Einführung/
Georg Schmid. – 1. Aufl. – Stuttgart: Kreuz-Verl., 1990
  (Wege der Mystik)
  ISBN 3-7831-1016-5

1. Auflage
© 1990 Literarische Agentur
Dieter Breitsohl AG Zürich
Alle deutschsprachigen Rechte beim
Kreuz Verlag Stuttgart
Umschlaggestaltung: Jürgen Reichert, Kornwestheim
Gesamtherstellung: Clausen & Bosse, Leck
ISBN 3 7831 1016 5

Inhalt

Vorwort

Wenn der christliche Glaube alles flieht, was an Mystik erinnert, verliert er seine Tiefe und Lebendigkeit. Er entartet zum reinen Spiel mit sogenannten christlichen Vorstellungen, zum erlebnisfernen Verharren auf christlichen Standpunkten oder in christlichen Erkenntnissen. Eine Zeit wie die unsere, die in Mystizismen schwelgt, wird diesen Glauben als ehrwürdige Überflüssigkeit belächeln oder als verlorene Wahrheit bedauern. Mehr als ein Lächeln oder als eine Träne ist ihr dieser Glaube nicht mehr wert.

Selbstverständlich überrascht es uns Christen nicht, daß der christliche Glaube mißverstanden und weit unter seinem Wert eingestuft wird. Wir haben uns an alle nur möglichen Mißverständnisse gewöhnt. Wir werden uns auch an dieses postmoderne Belächeln und Bedauern gewöhnen.

Aber was tun wir, um diesem Mißverständnis zu wehren? Wie zeigen wir, daß Lebendigkeit und Tiefe, Unmittelbarkeit und Erleben im christlichen Glauben nicht verlorengehen? Unsere Bereitschaft, mit neuem Engagement und neuer Offenheit nach Mystik und Unmittelbarkeit zu fragen, garantiert noch nicht für die Lebendigkeit unseres Glaubens. Aber sie zeigt, daß wir dem Erleben nicht grundsätzlich ausweichen und daß das Evangelium und das nahe Reich Gottes uns nicht nur auf der Ebene der Vorstellungen beschäftigen.

Eine Theologie, die bereit ist, der Mystik zu begegnen, gibt Anlaß zu Hoffnung. Der christliche Glaube besinnt sich wieder auf seine Lebendigkeit und seine Mitte. Die Angst der Gläubigen vor dem nahen Gott und vor ihrer eigenen Seele braucht das Christentum nicht mehr länger zu lähmen. Christen, die in ihrer Vorstellung Christen waren, beginnen ganzheitlich zu glauben. Die Seele wagt es, sie selbst zu sein – und lernt als Seele zu glauben.

Dieses Buch wäre nicht geschrieben worden ohne die unermüdliche Hilfe von Hans Werner, Winterthur. Er hat nicht nur die Reinschrift besorgt, sondern manchen guten Rat erteilt. Meine Söhne Georg Otto, Theodor und Bernhard Schmid haben eifrig korrigiert und das Literaturverzeichnis zusammengestellt.

Zu großem Dank bin ich auch Professor Dr. Carl Keller, Lausanne, verpflichtet. Er hat die Bedeutung der Mystik für die Theologie unseres Jahrhunderts schon zu einer Zeit erkannt, als es unter protestantischen Theologen noch zum guten Ton gehörte, Mystik zu verurteilen oder zu belächeln.

Last but not least danke ich meiner Gemeinde in Greifensee. Ihr Wohlwollen hat mich auf meinem Gang durch die Welt der Mystik begleitet.

Georg Schmid

I.
Mystik
und Theologie

1. Die Renaissance der Mystik und die Antwort des christlichen Glaubens

In Ansätzen ist der neue Mensch, der nicht mehr trennt zwischen Transzendenz und Aufklärung, Glauben und Wissenschaft, Mystik und Vernunft, schon unser Zeitgenosse. Tagsüber sitzt er am Computer, und abends begibt er sich mit einem Neoschamanen auf seine Seelenreise. In seinem Beruf liest er sich durch wissenschaftliche Abhandlungen hindurch. In seiner Freizeit konsultiert er Esoterik. Er sieht sich als Physiker und als Neo-Taoist. Er praktiziert Psychotherapie und Sufitanz. Er bekennt sich zu den Idealen des abendländischen Humanismus und zu buddhistischen Daseinsanalysen. Er praktiziert moderne Medizin und konsultiert Hildegard von Bingen. Er studiert Ökologie und beschwört mit magischen Tänzen die Kräfte der Mutter Erde. Er studiert Psychologie und die Yoga-Merksprüche des Patanjali.

Keiner Zeit standen wie unserer Gegenwart gleichzeitig alle Wege der Mystik offen. Und in keiner Zeit verbindet sich die ganze Vielfalt mystischer Traditionen derart eng mit moderner Rationalität. Es ist, als ob der wissenschaftlich geschulte Verstand sich weigern würde, den Weg in die Zukunft allein zu gehen. Er ruft nach der Mystik und sucht ihre Begleitung. Mystik, so meint er zu Recht, ist der Weg der Seele. Der Verstand allein traut seiner eigenen Zukunft nicht mehr. Allein verirrt er sich in eine Welt, in der er selber scheitert.

Wissenschaftlichkeit muß sich mit Einsicht verbinden, Rationalität mit dem Sinn fürs Leben. Wissenschaft und Mystik können nur vereint oder überhaupt nicht überleben. Allein wird die eine von ihren eigenen Widersprüchen zerrissen, und die andere, die Mystik, tröstet dann bloß über die Abgründe der modernen Welt hinweg. Aber in der Gemeinschaft der beiden, im Miteinander und Ineinander von Verstand und Seele, von Rationalität und Einsicht, von Wissenschaft und Mystik, erwächst der Menschheit eine Zukunft, menschlicher als jede

Gegenwart und Vergangenheit. »Mystik wird uns Einsicht schenken« – dies singen, vom Geist des Neuen Zeitalters entzündet, die jungen Pazifisten im Musical »Hair«. Mystik ist die notwendige, lebensnotwendige Ergänzung einer sich in ihrer Wissenschaftlichkeit selbst ad absurdum führenden Kultur.

Wie reagieren wir Christen auf die Mystikbegeisterung, die Mystizismuswelle unserer Gegenwart? Manche Christen sind versucht, den modernen Irrationalismus gar nicht erst ernst zu nehmen. Gab es nicht früher Ähnliches? Befällt nicht ein romantischer Irrationalismus in periodischen Abständen die westliche Welt? Vielleicht kann sich der abendländische Mensch intensive Gefühle nur zugestehen, wenn er vorher die Ratio entmachtet. Nur wenn er den Kopf zur Seite stellt, kann sein Herz leben. In periodischen Abständen übt sich die westliche Zivilisation deshalb in mystischer Kopflosigkeit. Sie braucht Phasen des Irrationalismus und der heilsamen Absurdität zur Regeneration, als gefühlsstarken Ausgleich zu ihrem generell gefühllosen Alltag. Je hemmungsloser die Vernunft allein das Leben gestaltet, desto tiefer fällt der abendländische Mensch in periodischen Abständen in begeisterte Kopflosigkeit. Je absurder, desto glaubwürdiger, je archaischer, desto moderner. Je esoterischer, desto einleuchtender. Je mystischer, desto überzeugender. Je paradoxer, desto amüsanter. Der Bazillus der Neo-Mystik wird noch eine Zeitlang viele befallen. Dann ist auch diese Krankheit überstanden, wie viele andere schon längst vergangenen Attacken der dunklen Seele auf die Klarheit des nüchternen Denkens.

Andere Christen sehen in der neuen Mystik vor allem eine Gefahr. War nicht auch die Blut- und Bodenmystik des Nationalsozialismus wenn nicht Mystik, so doch die höchst blutige Form eines grenzenlosen Mystizismus? Zu welchen Opfern zwingt der Mystizist sich selbst und seine Umgebung? Wer setzt den Mystizismen Grenzen, wenn der Blutrausch und die Todessehnsucht sie befallen? Und wer kann die Mystizisten noch zur Einsicht bringen, wenn sie sich als verschworene Gruppe mit ihren Führern und ihren Symbolen innerlich verbinden? Mit einem einzelnen Mystizisten kann man vielleicht noch umgehen. Aber wer kann noch mit einer mystizistisch entzündeten Masse reden? Der kollektive Irrationalismus entwickelt

Kräfte, die jede Kontrolle durchbrechen. Das entsetzliche Ende der Volkstempelsekte in Guayana, die Blut- und Todesmystik der iranischen Ayatollahs, das programmierte Chaos mancher Psychokulte und die destruktive Gewalt, die sich in den dynamisch-chaotischen Meditationsweisen der Bhagwan-Bewegung verbirgt, zeigen, daß auch nach den Reichstagen in Nürnberg Mystizismen entsetzliche Potenzen wecken können. Wir haben, sagen die Besorgten, allen Grund, uns vor Mystizismen zu fürchten.

Wenn die neue Mystik sich in Mystizismen erschöpfen würde, könnten wir als Christen mit guten Argumenten manches fürchten und anderes belächeln. Wenn aber im Irrationalismus und in der zeitgenössischen Esoterik-Welle neben 99 Prozent Mystizismen auch nur 1 Prozent Mystik steckt, dann genügt es nicht mehr, vor der neuen Mystik nur zu warnen oder sie zu belächeln. Mystik fordert den christlichen Glauben intensiver und bedingungsloser als jede Philosophie und religiöse Lehre heraus. Denn Mystik trifft in ihrer Leidenschaft für Unmittelbarkeit, für die ganze Wahrheit und für direktes Erleben in eine Mitte, die auch die Mitte des Glaubens berührt. Mystizismen kann der christliche Glaube belächeln oder fürchten. Aber der Mystik kann er nur begegnen, indem er sich der eigenen Mitte zuwendet. Nur ein Glaube, der in seine Mitte findet, kann sich der Mystik stellen. Das Christwerden des Christen und das Wahrwerden des Glaubens ist die christliche Antwort auf die Mystik unserer Gegenwart.

Woher gewinnt die Theologie aber die Illusion, das Christwerden des Christen und das Wahrwerden des Glaubens sei ein Werk, das sich mit etwas theologischem Verstand und mit etwas historischer Sorgfalt bewerkstelligen ließe? Glauben wir Theologen noch an das Märchen vom wahren Glauben, der einmal vor langer Zeit in unbeschädigter Reinheit erkannt und gelebt wurde und der sich heute durch irgendwelche Rekonstruktion des früheren Zustandes zurückgewinnen läßt? Meinen wir noch, Glaube sei ein Zustand, und Geschichte ließe sich wiederholen? Oder glauben wir derart naiv an unsere hermeneutischen Künste, daß wir meinen, es gelänge uns, das Damals ins Heute hineinzuretten? Das Christwerden des Christen und das Wahrwerden des Glaubens sind keine akademische Übung und kein intellektuelles Spiel. Sie sind so dramatisch, oft so schmerzhaft, manchmal so entsetzlich ergebnisarm und öfter so unberechenbar und verwirrend wie die ganze Geschichte des Christentums. Das Christwerden des Christen und das Wahrwerden des Glaubens gleichen dem Sterben und einer Geburt. Beide Bilder sind in der theologischen Sprache so abgegriffen, daß wir trotz dieser Bilder meinen, die Wandlung des Glaubens gleiche einem schmerzlosen Zauber oder einem bloßen Umgießen des alten Weines in neue Schläuche. Die alten Wahrheiten in neuen Kleidern sind und bleiben die alten Wahrheiten. Wandlung greift tiefer, als jeder sie sich vorstellen kann, der sich auf sie einläßt. Das Wahrwerden des Glaubens greift überhaupt über den Bereich des Vorstellbaren hinaus. In diesem Wandel geschieht, was keiner mehr »vor sich hinstellen« kann. In diesem Wandel begegnet eine Wahrheit, die den Betrachter völlig miteinbezieht.

Was wird aus mir unterwegs zum wahren Glauben? Niemand, der diesen Weg begeht, kann sich selber antworten. Die Antwort wird sich finden. Die Antwort wird uns finden. Und sie wird anders sein als alles, was wir uns vorstellen konnten. Das heißt nicht, daß dieses Wahrwerden des Glaubens das Denken nicht berührt. Nicht einsichtslos und jenseits der Vernunft ist der Weg zum ungeteilten Glauben. Aber das Denken selber ändert sich. Deshalb ist das Christwerden des Christen kein Weg entlang vertrauter Vorstellung. In Gedanken läßt sich Wahrheit nicht vorwegnehmen, weil Wahrheit, indem sie begegnet, in neues Denken führt. Das heißt aber auch: Es wäre für die Theologie viel einfacher, wenn sie bloß Mystizismen belächeln oder fürchten könnte. Weil sie aber durch die Mystik herausgefordert wird, liegt vor ihr ein Weg ins Unverfügbare, nicht ein Weg ins Jenseits allen Denkens, aber ein Weg in ein neues Denken, das sich nicht vorwegnehmen läßt. Der Unsicherheiten finden sich viele. Nur eine mutige oder gar eine verwegene Theologie kann *der Mystik begegnen*.

Kein bestehender Glaube, der sich selbst und die Mystik vorstellt, kann der Mystik antworten. Aber ein Glaube, der Glaube wird, findet *in* eine Antwort, die an Lebendigkeit und Tiefe hinter keiner Mystik zurücksteht.

Wie aber findet dieser Glaube zum ganzen, ungeteilten

Glauben? Daß intellektuelle Konstruktionen und Rekonstruktionen vergangene Unmittelbarkeit nicht ersetzten, ist noch nicht Antwort genug. Gibt es einen hilfreichen Anstoß in Richtung »ungeteilten Glaubens«? Manchen Anstoß mögen wir weder uns selbst noch anderen wünschen. Erfahrungen an der Grenze des Vorstellbaren sind immer mögliche Impulse zu einem ganzheitlicheren Glauben. Aber die Erschütterung, die wir keinem wünschen, ist kein *sine qua non* für ein Wahrwerden des Glaubens. Jenseits aller Schicksalsschläge ist Mystik ein ungebrochener Anstoß zum ganzheitlicheren Glauben. Einmal einer lebendigen Mystik begegnen, einmal erahnen, was Unmittelbarkeit und Erleben bedeuten, einmal Menschen begegnen, die nicht nur nach Wahrheiten greifen, sondern von Wahrheit ergriffen sind, und das Christsein des Christen wendet sich vom Fraglosen ins engagierte Fragen und vom Fragen ins Befragtwerden.

Mystik ist vielleicht nicht der intensivste, aber eindeutig der schönste Anstoß zum Christwerden des Christen. Wer sich der Mystik als Herausforderung stellt, ändert sich in und mit seinem Glauben. Das Christsein des Christen gewinnt in der Begegnung mit der Mystik wahrscheinlich keine neuen Argumente und oft keine Jünger. Aber es wird auf seine eigene Mitte verwiesen. *Es gewinnt sich selbst.* Und mehr kann es sich nicht erträumen.

Die Begegnung mit der Mystik ist die Chance, die heute jedes laue oder sektiererisch irregeleitete Christentum braucht. Die Begegnung mit der Mystik ist die Therapie, die wir am liebsten jedem kranken Glauben verschreiben würden. Und krank oder angekränkelt ist vieles, was sich Glaube, Christsein, Kirche und christliches Leben nennt.

2. Begegnung mit Mystik verwandelt den Glauben

Das Studium der Mystik verändert notwendig unser Bild des christlichen Glaubens. Nicht daß ich behaupten könnte oder möchte, der christliche Glaube sei in seinem Kern nichts anderes als Mystik. Der christliche Glaube ist Begegnung mit einer Wahrheit, die alle Kategorien und Distinktionen, die auch die

Unterscheidung von Mystik und Nicht-Mystik weit hinter sich zurückläßt. Wir würden dem Verständnis des Glaubens und dem Verständnis der Mystik einen schlechten Dienst erweisen, wenn wir den Glauben als besondere Art einer Gattung Mystik unterordnen.

Mystik allein ist nicht das Wesen des Glaubens. Aber Mystik ist heute eine Schule des Glaubens, wie ich sie mir intensiver nicht vorstellen kann. Wie soll ich erahnen, was Wahrheit, was Erleben, was Unmittelbarkeit, was Gnade, was Wiedergeburt, was Seele oder Selbst, was Hingabe, was Opfer, was neues Menschsein und was Liebe bedeutet, wenn ich nicht bereit bin, von offenen oder von verschwiegenen Mystikern zu lernen? Lernen aber ist das Gebot der Stunde. Ohne Glaubensschule ist das, was ich als Glaube in meiner kirchlichen Realität erlebe, immer offenkundiger nur noch der blasse Schatten einer fernen Wahrheit.

Der christliche Glaube ist nicht mehr, was er sein könnte und wie er wahrscheinlich auch gedacht und angeboten ist. Dieser Eindruck verstärkt sich durch jede neue Erfahrung mit kirchlicher Lauheit, mit exaltierter, sektenhafter Frömmigkeit und mit jeder Besinnung des Predigers auf das biblische Glaubenszeugnis. Christlicher Glaube könnte und müßte noch etwas völlig anderes sein als das, was mir in meinem ganzen Umfeld als Glauben begegnet. Auch wenn ich Spuren des ungeteilten Glaubens in jedem noch so mangelhaften Glaubensversuch erkenne, den ungeteilten Glauben selbst und das wahre Christsein finde ich heute nicht. Der Glaube muß zu seiner Mitte finden, sonst bleibt er eine fromme Nostalgie und eine heilige Anmaßung.

Nun habe ich zwei Möglichkeiten. Ich könnte mir sagen: Der ungeteilte Glaube ist offenbar ein Ideal, das wir nie erreichen. Wer weiß, vielleicht hat es auch die Urchristenheit nicht erreicht. Vielleicht sind schon die neutestamentlichen Berichte über den Glauben der ersten Christen eine in der Zeit der Verfasser bereits verlorene Unmittelbarkeit. Wenn dem so ist, dann bleibt uns heute nichts anderes übrig, als den unbefriedigenden Quasiglauben unserer Gegenwart hinzunehmen. Zum idealen Glauben hat keiner je gefunden.

Ich könnte mir aber auch sagen: Ein Glaube, in dem das

Ideal und die Wirklichkeit derart weit auseinanderklaffen, trägt wenig dazu bei, um ein an inneren Widersprüchen schon immer leidendes Menschsein zu irgendeiner Mitte zu geleiten. Das Christentum hatte bald 2000 Jahre Zeit, um Ideal und Realität im Glauben zusammenzubringen. Wenn es der Religion des ungeteilten Glaubens und der bedingungslosen Nächstenliebe nicht gelang, ihr Ideal in die Tat umzusetzen, dann hat dieser Glaube offenbar ausgedient. Dann sehe ich mich besser nach einem anderen um.

Ich kann keine dieser Möglichkeiten wählen. Als fernes Ideal kann ich den ersten Glauben nicht stehen lassen. Zu irdisch, zu menschlich, zu menschennah begegnet er mir im biblischen Zeugnis. Als überholten und heute untauglichen Beitrag zur Wahrheitsfindung des Menschen kann ich den Glauben nicht sehen. Wie kann ich hinter mir zurücklassen, was ich in seiner Mitte nicht kenne? Ich würde mich trennen in Ahnungslosigkeit.

Also muß ich einen anderen Weg wählen. Ich gehe von der Annahme aus, daß Wahrheit den Sinn für Wahrheit, daß Unmittelbarkeit den Sinn für Unmittelbarkeit weckt, daß Wahrheit Wahrheit erahnen läßt, daß Erleuchtung auf Erleuchtung hinweist. Dabei kann ich mich allerdings nicht auf irgendwelche theoretischen Konzepte von einer einzigen, alle Wahrheiten umfassenden Wahrheit verlassen. Theorien sind schlechte Ratgeber auf dem Weg zum ungeteilten Glauben. Ich kann auch nicht einzelne Urteile einzelner Gläubigen über den Glauben der anderen herbeiziehen. Ein Miteinander, das in die Tiefe des ungeteilten Glaubens führt, muß – dies ist die Forderung – Tiefe mit Tiefe und Mitte mit Mitte verbinden. Nicht äußerliche Urteile können die Brücke schlagen, über die hinweg ein neues, ganzheitlicheres Christsein wieder entdeckt werden könnte. Innere Türen müssen sich öffnen. Von dem aus, was den Andersgläubigen zutiefst in seinem Glauben bewegt, erhoffe ich mir den Zugang zu dem, was christlicher Glaube in seiner Tiefe und seiner Mitte ist. Diese Hoffnung war für viele schon eine Gewißheit, vor allem für diejenigen Gläubigen aller Religionen, die wir Mystiker nennen.

Die innere Türe, die sich in jeder erlebten Wahrheit zu anderer Wahrheit öffnet, ist – jenseits aller immer nur sehr dürftigen

Theorien über irgendwelche Einheit aller Wahrheit – immer wieder die Chance zu einer Vertiefung des eigenen Glaubens durch den fremden und zu einer Erhellung der hier bezeugten durch die dort erschaute Wahrheit.

Das Nebeneinander verschiedener Glaubensformen, dem einen nur ein Anlaß, um alle religiöse Wahrheit zu relativieren, dem anderen eine Versuchung, oberflächlich synkretistische Wahrheiten zu verbinden, dem dritten eine willkommene Gelegenheit, überall mit Feinden des Glaubens zu ringen, ist wieder für andere die Chance neuer Selbstfindung.

Die leidenschaftliche Wahrheitssuche der anderen fordert unser Fragen nach der Wahrheit unseres Glaubens heraus. Ihre Erleuchtung fragt uns nach unserem Erleben. Ihre Glaubensfreude weckt in uns die Sehnsucht nach eigener, christlicher Glaubenszuversicht. Ihre Gottesnähe bewegt uns in jener Richtung, wo sich uns die Mitte des christlichen Glaubens erschließt. Der Glaube der anderen, der unseren Glauben bedrohen könnte, wird dort für jeden Glauben zu einer neuen Chance, wo wir nicht oberflächlich vergleichen oder ebenso oberflächlich kombinieren oder bekämpfen, sondern wo wir versuchen, in die Mitte jedes Glaubens hineinzufragen. Wenn uns irgendwo Einsicht gelingt, wird Einsicht anderswo nicht ausbleiben.

Nochmals: Identität hoffen wir in der Besinnung auf die verschiedensten Glaubenszeugnisse nicht zu finden. Die eine und einzige Wahrheit in allen Religionen und Glaubenszeugnissen findet immer nur der, der bedenkenlos seine Ahnungen in jedes Zeugnis hineinprojiziert. Aber daß Wahrheit mit Wahrheit kommuniziert und daß überzeugter Glaube dazu beiträgt, Glauben neu zu entdecken, das ist vielen eine Gewißheit. Für mich ist es der Weg, der sich zeigt, wenn ich spüre, wie weit sich unsere Glaubenswirklichkeit von dem entfernt hat, was christlicher Glaube eigentlich sein könnte. Mystik ist das Tor zum Glauben, das sich dort auftut, wo der ungeteilte Glaube in meiner kirchlichen Glaubenswirklichkeit beinahe vergessen und verloren geht.

Sprechen wir von Türen, die nur die einsam Erlebenden durchschreiten? Träumen wir von Brücken, die nur Entrückte entdecken, die ekstatisch Ergriffenen, die in Trance Verlorenen? Ist Mystik irgendwo mehr als ein Spiel des Ichs mit seinen tieferen Möglichkeiten? Kann Mystik einen ganzen Glauben verändern? Kann sie eine Gemeinschaft – die Gemeinschaft der Christen – zur Mitte ihres Glaubens geleiten? Oder erwarten wir vom einsamsten aller Erlebnisse nicht zuviel gemeinschaftsprägende Kraft? Ein Anflug von Seligkeit in einem einsamen Gemüt ist sicher nicht das Ereignis, das den Glauben auf seine Mitte verweist. Mystizismus ist kein Tor zum ungeteilten Glauben. Aber Mystik gleicht dem Anflug von Seligkeit im einsamen Herzen, wie die Sonne dem Funken oder das Nichts der luftigen Höhe.

Keine Erfahrung greift tiefer und kein Erleben erschüttert das Menschsein des Menschen gründlicher als die mystische Unmittelbarkeit. Wenn irgendwo Wandlung und Neuwerden geschieht, wenn irgendwo der Einzelne und die Gemeinschaft durch alte Grenzen brechen, dann in jener Wahrheit, die kein Außen bleibt und die sich durch keine Vorstellung eingrenzen und einfangen läßt. Begegnung mit Mystizismus verändert nichts. Begegnung mit Mystik aber kann gar nicht ohne Wandel durchgestanden werden. Die Begegnung mit Mystik wird den christlichen Glauben verändern. Wenn der zeitgenössische Mystizismus, wenn unsere neuesoterische Gegenwart auch nur ein Quentchen Mystik in sich trägt und wenn sich der christliche Glaube dieser Mystik stellt, dann wird das Christentum der nahen Zukunft ganzheitlicher, erlebnisnäher und aus seiner Mitte heraus überzeugender sein.

3. Unterwegs zum wirklichen Glauben

Doch wie sollten wir diesen aus seiner Mitte heraus überzeugenden Glauben nennen, den unsere kirchliche Realität mehr verbirgt als verkündet? Wie unterscheiden wir diesen Glauben vom Quasiglauben unserer Zeit? Wenn ich in meinem Fragen nach dem nur erahnten, aber nicht bekannten christlichen Glauben das Gesuchte schon mit zu vielen Qualitäten verbinde, schränke ich mich dabei selber ein und lasse nur noch Antworten gelten, zu denen ich finden wollte.

Ich möchte diesen Glauben, den ich im Quasiglauben unserer Zeit vermisse, nicht als idealen Glauben bezeichnen. Denn woher weiß ich, daß dieser Glaube sich zur kirchlichen Realität so verhält wie ein Ideal zum konkreten Leben? Ich möchte aber auch nicht vom ursprünglichen Glauben reden. Das ließe vermuten, daß ich Wiederholung erstrebe. Woher weiß ich, daß Wiederholung möglich ist? Wahrscheinlich ist der erste Glaube ein Glaube wie jener der ersten Christen, aber nicht deren Glaube.

Vom wahren Glauben zu reden, davor warnt die Geschichte. Im Namen des wahren Glaubens wurde schon mehr Unheil angerichtet, als sich ein Einzelner vorstellen kann. Der einzige Glaube ist die gesuchte Wahrheitsnähe sicher auch nicht. Denn ich gewinne nirgends den Eindruck, daß dieser Glaube, wo er lebte, nur auf eine Weise in Erscheinung trat.

Vom mystischen Glauben möchte ich auch nicht reden. Denn bei aller Nähe der mystischen Wahrheit zur Wahrheit des Glaubens kann ich doch nicht schon *per definitionem* festhalten, daß der christliche Glaube nichts anderes als Mystik sei. Vielleicht sprechen wir am besten vom *wirklichen* Glauben. Ein Glaube, der zu seiner Mitte findet, *wirkt*. Unsere persönliche und kirchliche Glaubenswirklichkeit verbirgt diesen wirklichen Glauben mit heiligem Glaubenseifer und satter Zufriedenheit. Aber vielleicht ist bei allen Schleiern, mit denen wir uns diesen Glauben verhüllen, der wirkliche Glaube unserer Glaubenswirklichkeit näher, als wir es gemeinhin annehmen. Vielleicht ist der Quasiglaube vor sich selber verborgener und sich selbst nicht eingestandener wirklicher Glaube auf der Suche nach Verwirklichung.

Die Begegnung mit mystischen Traditionen und Texten soll in den folgenden Kapiteln unser Fragen nach dem wirklichen Glauben in jene Dimensionen leiten, wo Wahrheit erahnt wird, wo wir nicht nur Wahrheiten diskutieren. Mystikstudium ist und kann für den christlichen Theologen kein bloß an sich interessantes Studienfeld sein. Mystik studieren heißt nach der Mitte des eigenen Glaubens fragen.

Unterwegs zum wirklichen Glauben stoßen wir in allen Mystikstudien allerdings nie auf eine Glaubensnorm, die sich einfach anwenden ließe. Wer sich auf Mystik besinnt, wird auf die Mitte des Glaubens verwiesen. Aber das Studium der Mystik ist bloß der Anstoß. Glaube ist das eigene Ergriffenwerden. Zwischen beiden liegt der Kairos der Gnade.

Begegnung mit Mystik ist heute nur möglich, wenn es uns gelingt, Mystizismus und Mystik voneinander zu unterscheiden. Glasperlen und Perlen verdienen nicht die gleiche Aufmerksamkeit.

Unsere Auswahl bezüglich der einzelnen mystischen Traditionen erstrebt keine Vollständigkeit. Die Mystik des Theravada oder die archaische Mystik der Schamanen sollten eigentlich in entsprechender Breite wie andere Traditionen besprochen werden. Auch in allen Kapiteln über die mystischen Traditionen ist nur von der Form, nicht von der Sache her Beschränkung geboten. Suchen wir Erkenntnis oder suchen wir Übersicht? Wer Mystik studiert, muß sich oft für das eine oder andere entscheiden. Wir entscheiden uns fürs erste im Wissen darum, daß das zweite immer nur annäherungsweise gelingt. Alle mystischen Traditionen sind Welten. Wer sich alles vor Augen halten möchte, sieht – wenn er Einsicht sucht – vor lauter Bäumen den Wald nicht mehr. Beschränkung ist die erste mystologische Tugend.

4. Was ist Mystik?

Wenn wir wissen wollen, was Mystik ist, befragen wir zuerst die einschlägigen religionswissenschaftlichen und religionspsychologischen Artikel. Zum Beispiel RGG[3], Artikel »Mystik, Begriff und Wesen«, wo wir unter anderem lesen:

>»Mystik ist ein religiöses Urphänomen, bei dem in unmittelbarer Intuition das Erleben Gottes stattfindet... Thomas von Aquin definiert Mystik als cognitio Dei experimentalis, die fundamentale Erfahrung eines unmittelbaren Kontaktes mit Gott oder der metaphysischen Urwirklichkeit... Der Akt der unio mystica kann mit irdischen Termini nur ungenügend beschrieben werden. Darum wird oft von einem silentium mysticum und einer theologia negativa gesprochen... Der paradoxale Charakter der mystischen Urerfahrung bringt es mit sich, daß alles, was von ihr ausgesagt wird, durch eine Gegenaussage aufgehoben werden muß. Die von manchen Mystikern hervorgehobene Aufhebung des persönlichen Gottesbildes zugunsten eines unpersönlichen Urseins (Indien) hat ihr Gegenstück in Formen absoluter personaler Gottesmy-

stik; ja selbst die unio mystica, das Herzstück der Mystik, kann fehlen, wie die frühe jüdische Mystik beweist.«

Solche und ähnliche Ausführungen sind nicht dazu angetan, uns unsere Aufgabe zu erleichtern.

Was ist Mystik? Zu jeder Antwort auf diese Frage läßt sich mit gutem Grund eine Gegenantwort finden, die bejaht, was die erste Antwort verneint und umgekehrt. Mystik ist das Einssein mit allem. Sie ist das Hingehaltenwerden und das Aufgehen im Nichts. Mystik ist das Entrücktwerden in eine Überwirklichkeit, die nichts mehr zu tun hat mit meiner Welt und meinem Leben. Mystik ist heilige Alltäglichkeit, das Einssein mit der Buddhanatur in der täglichen Gartenarbeit, das Eingehülltsein in Gottes Liebe vor den Kochtöpfen der Klosterküche. Mystik ist das Wissen um einen detaillierten Erleuchtungsweg, eine geistige Disziplin, eine spirituelle Methode, um das Einswerden mit der Urwirklichkeit im eigenen Erleben zu erreichen. Mystik ist eine Art heiliger Selbstverständlichkeit, das Bereitwerden fürs Naheliegendste, der Sinn für die unendlich nahe Wahrheit. Mystik ist das Sich-Hineinsteigern des Menschen in Gott, das Sich-Ausweiten des Ichs, bis es den ganzen Kosmos umspannt. Mystik ist religiöser Größenwahn in Reinkultur. Mystik ist die reinste Form der Gnadenreligion, das Zerbrechen des Ichs vor dem Ansturm der einzigen Wirklichkeit. Mystik ist untätig, quietistisch. Sie ist der einzige wirklich tragfähige religiöse Impuls zu sozialem Engagement und politischem Handeln. Der Weg nach innen und der Weg nach außen sind nur scheinbar zwei Wege. Mystik und Weltgestaltung sind die zwei Aspekte eines einzigen Geschehens. Mystik ist areligiös oder wenigstens das Ende jeder organisierten Religion. Die Mystiker sind nie wirklich gemeinschaftsfähig. Sie sind die großen Außenseiter, die nirgends integrierbaren Umdeuter aller tradierten Wahrheit. Mystik ist der Kern und die Quelle aller Religion. Wenn eine religiöse Tradition Mystik ausschließt, stirbt sie. Denn nur die Mystik stellt den Menschen immer wieder unmittelbar vor die religiöse Wahrheit oder in die religiöse Wahrheit hinein. Religion ohne Mystik mumifiziert. Mystik hat mit dem biblischen Glauben nichts zu schaffen. Sie ist ins Christentum eingedrungener Neuplatonismus, der die biblische Wahrheit verdirbt, oder ins Christentum eindringender Yoga, ins Christentum eindringendes Zen, die die reine biblische Wahrheit verdunkeln. Christliche Mystik ist immer ein hölzernes Eisen, ein Produkt des religiösen Synkretismus. Mystik ist die Mitte und der Kern des biblischen Glaubens. Die Unmittelbarkeit des Volkes zu Gott im Alten Testament und die Unmittelbarkeit des Einzelnen und der Gemeinde zu Gott im Neuen Testament ist ein mystisches Urdatum, aus dem der ganze Strom biblischer Frömmigkeit wie aus einer Quelle herausfließt. Jesus war ein Urmystiker, ein Leitbild oder gar das große Leitbild für Mystik überhaupt. Johannes und Paulus mußten Jesus gar nicht zuerst mystisch umdeuten. Sie haben die Mystik Jesu nur in ihrer eigenen Sprache weitergegeben. Mystik ist grundsätzlich asketisch und unmusisch. Der Künstler muß sich vom mystischen Rigorismus befreien, wenn er sich verwirklichen will. Es gibt keine wirkliche Kunst, die nicht einem mystischen Erleben entstammt. Nur das Einssein mit dem, was ich gestalte, ermöglicht kreatives, künstlerisches Gestalten. Mystik ist psychologisch betrachtet immer ein Grenzphänomen. Der Mystiker steht immer in Gefahr, seine Mitte zu verlieren. Eigentlich ist Mystik mit ihren bizarren Wunderberichten immer ein Phänomen für Psychopathologen und Parapsychologen. Mystik ist Ausdruck wirklicher seelischer Gesundung, das Einkehren des Menschen in seine eigene Tiefe. Mystik ist die Liebe des Menschen zur eigenen Seele, ein Gespräch mit seiner eigenen Seele. Der Mystiker entdeckt, daß er eine Seele hat. Dem Noch-nicht-Mystiker kann dies verborgen bleiben.

Zu diesen oder ähnlichen Einsichten gelangen wir, wenn wir das Phänomen beobachtend als Außenstehende beschreiben oder deuten. Daß all diese Beschreibungen und Deutungen kein gutes Gefühl in uns hinterlassen, liegt auf der Hand. Mystik ist religionswissenschaftlich besehen zunächst ein Unding, ein völliges Sowohl-Als-auch, ein Alles und Nichts. Mystik war und ist Anlaß zu religionswissenschaftlicher Verzweiflung. Und dies wird wahrscheinlich auch noch lange so bleiben. Verwirrung und Konsternation befallen uns auf Schritt und Tritt, wenn wir als Beobachter das Phänomen der Mystik umkreisen.

Ergeht es uns besser, wenn wir uns nicht auf eigene Beobachtungen verlassen, sondern die Mystiker selbst befragen? Was

Mystik ist, müßten doch sie am besten wissen. Zudem, alle Mystik tendiert sanft oder deutlicher zum Meisterwesen oder Gurukult. Mystik kennt die Gestalten der Vorangeschrittenen oder der Vollendeten. Jeder Anfänger auf dem Weg der Mystik orientiert sich an diesen Leitgestalten. Warum nicht auch wir? Allerdings: eine Eigenart des Jüngerwesens können und wollen wir nicht übernehmen.

Der Anfänger auf dem Weg der Mystik hat, wenn er sich an einem Meister orientiert, in der Regel nicht das Bedürfnis, andere Meister auch noch gleich mitzubefragen. Ein einziger Meister, sein Meister, sagt ihm, was Mystik ist und wie er als Anfänger auf dem Weg der Mystik voranschreiten kann. Diese exklusive Ausrichtung auf einen Meister schenkt dem Jünger die nötige Eindeutigkeit. Er steht nicht vor diesem Labyrinth der Widersprüche, zu dem unsere beobachtende Beschreibung des Phänomens der Mystik findet. Der Jünger Ramana Maharshis weiß: Mystik ist Introspektion, das beharrliche Meditieren der Frage: Wer bin ich? Oder der Anhänger der Bhakti weiß: Mystik ist Liebe zum persönlichen Gott. Oder wer sich an Meister Eckhart orientiert, erfährt: Mystik ist Abgeschiedenheit und Wiedergeburt.

Das ist in sich selbst natürlich auch noch kein Programm, das sich mit ein paar Tricks durchhalten läßt. Aber alle diese Antworten sind doch irgendwie hilfreich, praktikabel als Wegweiser. Sogar der weglose Weg von Meister Eckhart ist eindeutiger als die von uns beobachtete Vielfalt der Widersprüche.

Werden wir, wenn wir mehr als nur einen Meister befragen, auch auf solche hilfreiche Klarheit stoßen? Denn das Studium der Mystik in ihrer Vielfalt und Einheit ist unser zentrales Anliegen. Wir können uns keiner Einheit verschreiben, die nur aus einem Mund spricht. Jedes Verständnis der Mystik, das wir zu erlangen meinen, muß sich in den Chor der Vielen als Grundton einfügen. Ein exklusives Verständnis der Mystik könnte uns nicht dienen.

Mystologie schlägt immer wieder Brücken des Verständnisses zwischen den verschiedensten religiösen Traditionen. Einsicht muß sich mit Umsicht verbinden. Weite und Tiefe müssen sich in der Arbeit verbinden, sonst ist Mystologie nur noch ein Sammelsurium unverstandener Fakten oder das sektenhafte

Verkünden einer Wahrheit. Mystologie wird zerrissen, wenn es ihr nicht gelingt, Einsicht mit Weitsicht zu verbinden. Das heißt nun aber auch für unser weiteres Vorgehen: Unser Mystikstudium gleicht im besten Fall einer Bewegung im Kreis. Wir durchwandern in Gedanken die verschiedensten mystischen Traditionen und Wege. Der Blick in die Weite soll unverstellt bleiben. Und doch fragen wir auch immer wieder nach der einen Mitte, nach der Mitte jenseits aller Begriffe, nach der Mitte, die von all unseren Mystikdefinitionen höchstens berührt, aber nie erfaßt werden kann. An Definitionen der Mystik wird es uns auf unserem Weg nicht mangeln. Aber die eine Bestimmung, die alles ausspricht, wird uns nie zuteil.

5. Läßt sich Mystik erforschen?

Mystik ist die Liebe zum Geheimnis der Wirklichkeit, die Heimkehr des Menschen in seine eigene Tiefe, das Sich-Bergen des Menschen im dunklen Urgrund der Wirklichkeit. Der Mystiker wählt sich das Dunkel zur Heimat. Er spricht von Leere, vom Nichts, vom Abgrund, von der Nacht und von der Höhle, von Seele und von Gott, ja nicht nur von Gott, von der Gottheit, vom Nicht-Gott, vom Gott über Gott. Nicht die wirkliche Mystik, aber der Mystizismus macht aus der Liebe zum Geheimnis geradezu eine Mode: Je geheimnisvoller, desto faszinierender, je unbegreiflicher, desto tiefer. Je archaischer, desto wirksamer, je okkulter, desto moderner, je bizarrer und paradoxer, desto wahrer.

Die wirkliche Mystik macht aus ihrer Liebe zum Geheimnis *kein* Spiel. Aber sie lebt im Geheimnis wie der Fisch im Wasser. Was bleibt von der Mystik, wenn wir sie ans Licht unserer Erkenntnis zerren? Was wird aus der Mystik als Gegenstand einer Wissenschaft? Auch diese Frage können wir nur unterwegs, sozusagen Schritt für Schritt beantworten. In jedem Abschnitt unseres Mystikstudiums stellt sie sich wieder neu. Hier kann ich nur auf einen Grundsatz hinweisen, der immer gilt, wo wir uns als Mystologen, als Mystikwissenschaftler, versuchen. Mystik verlangt nach einem Wissen von besonderer Qualität. Das übliche Wissen erreicht nicht das mystische Erleben, denn jenes ist so geartet, daß es das mystische Erleben verfehlen muß, und zwar zwangsläufig, weil es sich nie wirklich dem Hier und Jetzt, dem leeren Augenblick öffnet.

Krishnamurti hat dieses landläufige, allem mystischen Erleben gegenüber verschlossene Wissen besonders deutlich beschrieben:

»Wissen ist ein Lichtblitz zwischen zwei Dunkelheiten, aber es leuchtet weder in das Dunkel hinein noch darüber hinaus. Wissen ist für die Technik des Lebens so wichtig wie Kohle für eine Dampfmaschine, aber es reicht nicht bis ins Unbekannte. Das Unbekannte läßt sich nicht im Netz des Gewußten und Bekannten fangen. Man muß alles Wissen beiseite legen, damit das Unbekannte ins Dasein treten kann, aber das ist sehr, sehr schwer.

Unser bewußtes Sein wurzelt in der Vergangenheit, alle unsere Gedanken beziehen sich auf Vergangenes. Das Vergangene ist das Bekannte, das ständig wie ein Schatten über der Gegenwart, dem Unbekannten, liegt. Unbekannt ist nämlich nicht die Zukunft, sondern die Gegenwart, das Jetzt. Zukunft ist nur Vergangenheit, die sich durch das ungewisse Jetzt ihren Weg bahnt. Diese Lücke des Jetzt, dieses Intervall zwischen Vergangenheit und Zukunft, wird durch das blinkende Licht des Wissens erfüllt, das die Leere der Gegenwart überdeckt. Eben diese Leere aber birgt das Wunder des Lebens.

Mit der Wißbegierde verhält es sich wie mit jeder anderen Leidenschaft; sie bietet uns eine willkommene Gelegenheit, der Angst zu entkommen, der Angst vor der Leere, der Verlassenheit, der Sinnlosigkeit unserer Existenz, der Angst vor der Erkenntnis, ein Nichts zu sein. Das Licht des Wissens breitet einen zarten Schleier über das Dunkel, das menschlicher Geist nicht durchdringen kann. Der Geist entsetzt sich vor dem Unerforschlichen und flüchtet sich darum in Theorien, Hoffnungen und Vorstellungen; aber eben das Wissen, das er dabei anhäuft, hindert ihn daran, des Unbekannten innezuwerden. Wer das Wissen beiseitelegt, der ladet die Angst zu sich zu Gaste, und wer auf das Denken verzichtet, das einzige Werkzeug zur Wahrnehmung, das wir besitzen, den wird jedes Leid und jede Freude um so tiefer verwunden. Es ist alles andere als leicht, das Wissen beiseitezulegen. Ohne Wissen sein, heißt aber nicht etwa unwissend sein. Unwissend ist vielmehr der, dem es an Selbsterkenntnis mangelt, und Wissen wird zur Unwissenheit, wenn es sich nicht mit einem Innewerden der eigenen Wesenheit paart. Dieses Innewerden allein bringt uns Freiheit vom Wissen.«

(JIDDU KRISHNAMURTI: Leben, 1978, 29 ff.)

Mystik ist der Weg ins Hier und Jetzt, der Verzicht auf Theorien, auf Glaubensvorstellungen, auf religiöse Sicherheiten und Traditionen. Mystik ist sogar der Verzicht auf Vergangenheit, wenn diese Vergangenheit nur noch als Maßstab für dieses Hier und Heute gilt. Und Mystik ist auch ein Verzicht auf Zukunft, wenn der Blick in die Zukunft dazu dient, das Hier und Jetzt nicht zu erleben. Mystik ist die Liebe zum Hier und Jetzt. Alles Wissen, das nur dazu dient, das Hier und Jetzt nie zu erleben und dem unbekannten Augenblick nie nahe zu sein, wird von der Mystik beiseite geschoben.

Jedes Denken, das sich das Erleben des Augenblicks verbietet, wird von der Mystik *ad absurdum* geführt. Denn Mystik ist die Liebe zum unbekannten Hier und Jetzt. Nur eine neue, andere Art des Wissens und des Denkens wird dieser Liebe gerecht. Krishnamurti nennt diese neue, andere Art des Denkens und des Wissens – wir könnten auch von Einsicht sprechen – ein Innewerden. Die Entscheidung darüber, ob Mystik überhaupt ein Gegenstand wissenschaftlicher Erforschung sein kann, steht und fällt mit dieser Frage nach der Einsicht oder nach dem Innewerden.

Wenn Mystologie sich in alter, gewohnter Wissenssammlung und Wissensvermittlung erschöpft, dann ist die Mystologie selber auch ein Wall gegen den unbekannten Augenblick, gegen das unmittelbare mystische Erleben. Aber wenn die Mystologie bereit ist, immer wieder alles gesammelte Wissen preiszugeben und sich dem zu öffnen, was ihr im Hier und Jetzt eines mystischen Erlebens begegnet, dann ist Mystologie vielleicht wenigstens in kurzen Augenblicken wirkliche Mystologie, ein Innewerden dessen, was der Mystiker Augenblick oder Leere oder Einssein oder Gegenwart nennt.

6. Kann und darf ein Mystologe auch Mystiker sein?

Die praktische Frage nach dem eigenen mystischen Weg kann im Studium der Mystik nicht ungestraft übergangen werden. Wenn ich vorgebe, daß es in der Mystologie nie um den eigenen mystischen Weg geht, spreche ich von Unmittelbarkeit, die nie Unmittelbarkeit werden darf, oder höchstens für andere. Ich will von ihr nur als von vermittelter Unmittelbarkeit reden.

Der Mystologe, der Mystik studiert, ohne nach seinem eigenen mystischen Weg zu fragen, gleicht dem Küchenchef, der nichts zu essen wagt, und dem Meteorologen, der nie seine Stube verläßt. Mystologie kann *nie* nur in der dritten Person betrieben werden, im »man«, im »sie«, im »die anderen«. Trotzdem ist das Fragen nach dem eigenen mystischen Weg für den Mystologen notwendig immer nur die nachfolgende Frage. Zuerst beobachtet der Mystologe. Zuerst stellt er fest, erkennt, interpretiert.

Die Frage nach den Konsequenzen für den eigenen Weg darf nicht am Anfang der mystologischen Betrachtung stehen. Sonst verbaut sich der Mystologe von allem Anfang an die meisten Wege. Er deutet nur noch, zustimmend, was ihm spontan irgendwie entspricht, und er verurteilt deutlich oder uneingestanden, was für ihn nach seinem Empfinden von vornherein nicht in Frage kommt.

Rückt die Frage nach dem eigenen mystischen Weg ins Zentrum der mystologischen Arbeit, so wird Mystologie sektenhaft. Aber im nachhinein, als Konsequenz der mystologischen Arbeit ist und bleibt der eigene mystische Weg sinnvollerweise, ja sogar notwendig ein bleibendes Thema der Mystologie. Das heißt aber auch: Der eigene mystische Weg muß – solange Mystologie geschieht – immer auch noch eine echte Frage bleiben. Der Mystologe darf sich selbstverständlich für diesen oder jenen mystischen Pfad entscheiden. Wer könnte ihm dies verargen? Aber seine Entscheidung kann und darf nicht jenseits aller Debatten liegen. Wenn die Mystologie nur noch dazu dient, den eigenen bereits eingeschlagenen Weg zu rechtfertigen, so entgleitet die Mystologie abermals zur bloßen religiösen Apologetik und Polemik. Dann belegt der Krishna-Jünger mit seinen Kenntnissen aus der indischen und außerindischen Mystik nur noch das Recht seiner Entscheidung für die Krishnabhakti und der Jünger die Überlegenheit seiner Meditation.

Der Mystologe darf und soll einen mystischen Weg gehen, aber sein eigener Weg muß immer wieder in die Betrachtung ums Für und Wider, um die Chancen und Grenzen mystischer Wege, miteinbezogen werden. Der Mystologe muß bereit sein, auch seine eigene Mystik in Frage stellen zu lassen. Dies ist gleichzeitig die schwierigste und elementarste Anforderung, die jeder Mystologe zu erfüllen hat. Unendlich schwierig ist das Infragestellen der eigenen Mystik, weil religiöse Wahrheit oft zum Dogma erstarrt, das nicht mehr in Frage gestellt werden darf. Wenn ich sehe, daß ich meine eigene mystische Wahrheit in Frage stellen muß, erlebe ich selbst, inwieweit meine Wahrheit auch schon zum Dogma erstarrt ist. Bin ich in Dogmen gefangen, dann tauge ich wenig als Mystologe. Ich tauge überhaupt wenig als Theologe. Die Theologie des dogmenhaft Gläubigen wird immer zur religiösen Apologie. Der erste Schritt zu einer sinnvollen Mystologie ist das Erschüttertwerden in der eigenen fraglos gültigen Wahrheit. Diese Erschütterung ist mehr, als ich mir selbst beibringen kann.

Anderseits ist dieses Infragestellen des eigenen mystischen Weges beinahe eine Selbstverständlichkeit, sobald wir ernsthaft auf Zeugnisse unverfälschter Mystik stoßen. Unmittelbarkeit spricht derart direkt aus den mystischen Texten, daß jeder, der sich auf diese Texte einläßt, nach seiner eigenen Unmittelbarkeit fragt. Wie erlebe ich? Wo erlebe ich? Erlebe ich wie diese Zeugen der Mystik? Versuche ich sie zu imitieren? Oder: Was geschieht in mir und mit mir? Diesen Fragen kann ein Mystologe, der sich auch als Mystiker mitten auf dem Weg befindet, nicht ausweichen. Oder mit anderen Worten: der Mystologe muß auch den Mystiker in sich ernstnehmen und immer wieder konsultieren. Aber hoffentlich ist jeder Mystologe noch ein wandernder Mystiker, lernfähig und korrigierbar, zu neuen Schritten bereit.

Die vollkommen erleuchteten Mystiker eignen sich nicht mehr als Mystologen. Sie können bei anderen entweder nur noch einen Abklatsch der eigenen Erleuchtung oder dann ein Beispiel geistiger Verwirrung sehen. Wenn der Mystologe dem Mystiker in uns die Hand reicht und mit ihm gemeinsam den nächsten Schritt geht, ist Mystologie mehr als ein Sammeln irgendwelcher religiöser Traditionen und mehr als eine religiöse Apologetik, die nur die getroffenen Entscheidungen nachträglich sanktioniert. Der Mystologe darf und soll Mystiker sein. Alles andere wäre eine Flucht vor sich selbst.

Aber hoffentlich sind wir als Mystologen immer noch Anfänger in der Mystik. Denn nichts hindert das Innewerden mehr als das Beharren und Sich-Erhärten im einmal Erlebten und nun vergangenen Augenblick. Vollendete bzw. scheinbar vollendete Mystiker taugen nicht zum Mystologen. Nur ein Mystologe, der noch nach Einsicht sucht, und ein Mystiker, der sich noch dem Augenblick öffnet, können sich gegenseitig weiterhelfen. Der Mystologe ist der Freund des unvollendeten Mystikers, vielleicht weil er selbst unvollendet und unvollkommen erlebt und erschaut.

Exkurs
Die unio mystica und die Grenzen der Mystologie

Was wollen wir, wenn wir die Erlebnisse oder jenes Geschehen besprechen, welche Mystiker »unio mystica« nennen? Wollen wir fragend und forschend ins innerste Geheimnis der Mystik vordringen, nach dem Motto: »Wer den Kern nicht verstanden hat, hat nichts verstanden«? Wie wollen wir erkennend und forschend in dieses innerste Geheimnis der Mystik vordringen? Wollen wir belegen, daß alle Formen dieses Erlebnisses letztlich auf eine einzige Grundform, auf ein mystisches Urerleben zurückgehen? Oder wollen wir typologisieren, einen Katalog verschiedener mystischer Erlebnisformen aufstellen, nach dem Motto: Die *unio mystica* versteht, wer die ganze Vielfalt der Erlebnismöglichkeiten erkennt? Oder wollen wir den abgrundtiefen Gegensatz zwischen christlich-personaler und östlich-apersonaler Mystik aufzeigen? Oder wollen wir die Aporie aller Mystologie am Beispiel der *unio mystica* aufdecken? Wollen wir belegen, daß Mystik letztlich ein Geheimnis ist und bleibt, das sich aller Erforschung entzieht?

All diese oder andere Absichten lassen sich ohne Not verfolgen. Das Material ist biegsam und fügsam. Alle Zeugnisse über *unio mystica* in allen mystischen Traditionen des Ostens und des Westens sind Bilder oder Bildersammlungen, also Vergleiche, die sich gegenseitig aufheben und korrigieren. Diese Bildersammlungen erlauben beinahe jede Interpretation.

Nun kann es aber nicht in erster Linie darum gehen, daß wir mit diesen Bildern vom Ziel der mystischen Reise, von der sogenannten *unio mystica*, irgendwelche Absichten verfolgen. Die erste und entscheidende Frage lautet: Welche Absichten verfolgen die Mystiker, wenn sie zu diesen Bildern greifen und über das Ziel der Reise sprechen? Diese Anliegen, die in den mystischen Texten sich selber aussprechen, zeigen uns, wie wir sinnvollerweise mit diesen Texten umgehen, und daß die Fragestellungen, die wir an die Texte herantragen, von vornherein nebensächlich, fremdbestimmt oder gar verfehlt sind. Ich sehe folgende, grundsätzlich äußerliche Anliegen, grundsätzlich unangemessene Perspektiven:

1. Die religionskundlichen Typologien oder der kulturgeschichtliche Vergleich. Natürlich lassen sich die Bilder und die philosophischen Grundkonzepte vergleichen, mit denen Mystiker auf ihr Erleben der *unio* hinweisen. Selbstverständlich spricht ein Taoist nicht wie ein mittelalterlicher Mystiker und ein Theravadin nicht wie ein Bhakta.

Im Blick auf die Sprach- und Bilderwelt, deren sich ein Mystiker bedient, lassen sich Typen unterscheiden, läßt sich zum Beispiel eine personale von einer apersonalen, eine pantheistische von einer theistischen Mystik abgrenzen. Vor allem läßt sich auch zwischen Unio-Mystik und Erleuchtungs-Mystik unterscheiden. Aber weil der Mystiker in allen philosophischen Konzepten und Bildern, die er vorlegt, nie das Bild und das Konzept meint, sondern in der bewußten Vielfalt und Widersprüchlichkeit der Bilder und Konzepte das Erleben der *unio* oder der Erleuchtung anspricht, deshalb greift letztlich alles Typologisieren und Katalogisieren ins Nebensächliche und Unwesentliche. Eine Mystikforschung, die sich in erster Linie dem Typologisieren verschreibt, verliert sich im voraus ans Unwesentliche.

2. Ebenso verfehlt wäre es, wollten wir in erster Linie die Unverständlichkeit mystischer Aussagen und damit die Unbegehbarkeit des mystischen Weges belegen. Kein Mystiker spricht von der *unio*, um dem Noch-nicht-Mystiker zu signalisieren: »Fern ist das Ziel und eingestürzt sind alle Brükken. Du wirst das Ziel nie erreichen.«

Jede mystische Aussage zur *unio mystica* ist immer ein Bekenntnis zur absurden Selbstverständlichkeit der mystischen Wahrheit. Der Mystiker spricht in seinem Reden über die *unio* von der naheliegendsten Unmöglichkeit, die er sich vorstellen kann, unmöglich für das Ich, für das bloß nach außen gerichtete oder nur an sich selbst interessierte Schale unseres Wesens. Unmöglich für das Erkennen, das alle Selbsterkenntnis flieht.

Aber selbstverständlich naheliegend, sich wie von selbst ergebend für den, der erlebt. Jede Aussage über die *unio mystica* will dem Noch-nicht-Mystiker also zurufen:»Du kannst es nicht erreichen. Dein Ich gelangt da nicht hin, aber es erreicht dich und hat dich schon erreicht.« Oder in den Worten von Meister Eckhart, aus der Predigt über das nahe Reich Gottes:

»Niemand soll meinen, daß es schwer sei, hierzu zu gelangen, wiewohl es freilich schwer lautet und auch schwer ist, wenigstens im Anfange, beim Abscheiden und Absterben für alle Dinge. Aber wenn man erst hineinkommt, so kann kein Leben leichter, lustlicher und minniglicher sein. Denn Gott trachtet ja so sehr danach, allezeit bei dem Menschen zu sein, und unterweist ihn, daß er ihn zu sich bringe, so er irgend folgen will. *Nie hat ein Mensch irgendeines Dinges so sehr begehrt, wie Gott begehrt, den Menschen dahin zu bringen, daß er ihn erkenne.* Gott ist allezeit bereit, aber wir sind sehr unbereit; Gott ist uns nahe, aber wir sind ihm ferne; Gott ist drinnen, wir sind draußen; Gott ist in uns heimisch, wir sind Fremde.«

(Aus der Predigt über Lukas 21,31:
Scitote, quia prope est regnum dei.)

Alle Aussagen zur *unio* sind Aufforderungen, die naheliegendste Unmöglichkeit sich selber zuzugestehen und sich selbst zu erlauben.

3. So unangemessen wie das religionskundliche Katalogisieren und der Verweis auf die grundsätzliche Unbegreiflichkeit des mystischen Weges ist auch die theologisch-dogmatische Beurteilung. Natürlich schreiben viele Mystiker auch über ihr Erleben der *unio*, um irgendeiner Inquisition oder organisierten Rechtgläubigkeit zu beweisen, daß sie den Raum des rechten Glaubens in ihrem Verstand nicht verlassen haben. Aber diese Intention mystischer Texte müßte uns eigentlich sehr vorsichtig werden lassen. Wenn ein Mystiker sich als rechtgläubig versteht und dies demonstrieren will, wie können es andere ihm absprechen?

Die ganze Frage nach der sogenannten Rechtgläubigkeit der Mystik ist für den Mystiker eine oberflächliche Frage. Entweder gilt diese Frage den Wurzeln der Mystik. Ist sie häretisch, kommt sie aus heidnischen Quellen, oder ist sie für die Gemeinde der Rechtgläubigen aus anderen Gründen nicht mehr tragbar? Die erste Frage läßt sich in der Regel bald entscheiden. Kaum eine Mystik wächst nur aus einer einzigen Wurzel heraus. Mystik ist meistens irgendwo »synkretistisch« (Zen, spanische Mystik).

Die zweite Frage ist eine Frage nach der Fähigkeit des Mystikers, sich selbst in die Gemeinschaft einzubringen. Kann er sein Erleben so erklären, daß die Gemeinschaft der Rechtgläubigen durch seine Mystik nicht abgeschreckt, sondern bereichert wird? Sind die Rechtgläubigen tolerant genug, unmittelbar Erlebende leben zu lassen?

Wieviel an Unmittelbarkeit vermag eine religiöse Gemeinschaft zu ertragen? Beide Fragestellungen zielen nicht auf das Zentrum mystischer Zeugnisse. Sie bedenken wesentliche, aber doch sekundäre Fragen.

Wenn wir nun aber das primäre Anliegen mystischer Äußerungen zum Erleben der *unio* im Auge behalten, das Bekenntnis zur naheliegendsten Unmöglichkeit, dann wird uns verständlich, warum nicht die *unio* an sich im Zentrum unserer Aufmerksamkeit stehen darf. Dem *Durchbruch zur unio* gilt unser ganzes Augenmerk.

Die *unio* an sich ist kein Gegenstand der Mystologie. Über die *unio* an sich kann sich nur der Mystiker, nicht der Mystologe äußern. Der Mystologe fragt: Wie findet ein Mystiker zur *unio*? Welches Leben und Erleben führt ihn ans Ziel? Die Frage nach der *unio* verbindet sich für den Mystologen sofort mit der Frage nach der ganzen Biographie.

Unio ist ein Geschehen im Leben eines unverwechselbaren Individuums. Mystiker, Menschen, die ihr Selbst leben lassen, sind Individuen par excellence. Das heißt aber auch: Wir können nicht von der *unio* auf allen mystischen Wegen gleichzeitig sprechen. Lieber die *unio* im Leben *eines* Mystikers verstehen, als Typologien des *unio*-Erlebens oder des *unio*-Gedankens breitangelegt hinsetzen. Das erste ist ein Versuch, das Anliegen mystischer Texte aufzugreifen und ernstzunehmen, das zweite ist mystologische Systematik, Schematisierung, die sich nur durchhalten läßt, solange die Details übersehen werden. Alle Typologien des mystischen Erlebens überzeugen nur, bis ein einzelnes Erleben in seiner ganzen Einzigartigkeit erschaut wird. Dann enthüllt Mystik die Dürftigkeit aller mystologischen Typologie.

II.
Mystizismus und Mystik

1. Mystizismus

Mystizismus und Mystologie sind miteinander nahe verwandt. Natürlich ist der Mystizismus genau besehen »noch nicht echt«, er ist noch nicht Mystik, sondern höchstens ein Liebäugeln mit Mystik. Mystizismus ist sozusagen Mystik im Konjunktiv, ein halb ängstliches, halb lächelndes: »Wie wäre es, wenn...« Aber gerade deshalb steht der Mystizismus dem Mystologen besonders nahe.

Mystologie, wissenschaftliche Erforschung der Mystik, ist in erster Annäherung immer Mystizismus im Gewand einer Wissenschaft. Als Mystologen lassen wir uns beobachtend, beschreibend, deutend auf ein Erleben ein, das wir uns lieber doch nur als Beobachter zu Gemüte führen wollen. Auch der Mystologe bespricht – wie könnte er anders – alles mystische Erleben zuerst einmal im Konjunktiv. Wenn dann der Mystologe im Verlauf seiner Forschung vom Mystizisten selbst zum Mystiker wird, so ist dagegen selbstverständlich nichts einzuwenden. Aber primär sind wir als Mystologen sicher Mystizisten und deshalb allem, was an Spiel mit mystischen Möglichkeiten heute populär ist, besonders nahe.

Mystizismus hatte und hat immer eine gewaltige Bedeutung. Der moderne Mystikboom ist sicher zur Hauptsache kein Mystikboom, sondern eine Mystizismuswelle. Selbstverständlich kann Mystizismus immer zum Ernstfall werden. Aber generell sind die unzähligen Leser mystischer Zeitschriften, die Besucher mystischer Workshops, alle Leser von »Esotera«, »Zeitwende«, »Spuren« usw., alle Jünger ihrer modernen Meister, Gurus, Lamas und Roshis, Mystizisten. Sie klopfen sachte an der Türe zum Selbst, aber sie öffnen sie nicht. Wie sollten sie auch? Nur als Mystizisten können die Tausende von Jüngern eines modernen Gurus ihrem Meister folgen. Würden sie zu Mystikern werden und ihrem Selbst begegnen, wie könnte dann ein Meister Zehntausende von Schülern begleiten? Und nur als Mystizismus kann New Age eine Mode und eine Massenbewegung werden. Würden alle Freunde des New Age plötzlich in ihr Selbst finden, wie könnten all die New Age-Buchverleger, -Redaktoren und -Kursleiter die Geister noch loswerden, die sie riefen?

Der Mystikboom ist darauf angelegt, daß er in weiten Kreisen Mystizismus bleibt. Aber man sehe sich vor. Mystizismus ist ein Spiel mit dem Feuer. Können wir als Mystizisten ein Leben lang Mystik im Konjunktiv betreiben? Und was geschieht, wenn der Ernstfall eintritt und das eigene Erleben uns einholt?

Kaum einer hat die Chancen und Gefahren des Mystizismus so tief erfaßt und ausgesprochen wie Rainer Maria Rilke. Bei ihm finden wir Mystizismus in edelster Gestalt, Mystizismus zur Poesie verdichtet [1].

Wir nennen Rilke nur einen beispielhaften Mystizisten, weil Mystizismus bei allem Schillernden, das ihn auszeichnet, doch der seltsamste Gefährte der Mystik ist und weil wir uns als Mystologen auch primär als Mystizisten sehen. Im Unterschied zum poetisch verklärten Mystizismus Rilkes ist Mystologie oft wissenschaftlich verknorzter, in Wortklaubereien, wesenlose Distinktionen und künstliche Terminologien verliebt. Rilkes Mystizismus ist ein ergreifendes Spiel. Der Mystizismus der Mystikforschung ist oft ein mühsames und zutiefst unästhetisches Zusammenkleistern halbwegs klarer Wortschöpfungen.

Rilke bespricht mystisches Erleben – oder mystische Erlebnismöglichkeiten – mit Vorliebe im Konjunktiv. Um nur zwei der schönsten Beispiele eines zur Poesie verdichteten Mystizismus zu zitieren:

Wenn es nur einmal so ganz stille wäre.
Wenn das Zufällige und Ungefähre
verstummte und das nachbarliche Lachen,
wenn das Geräusch, das meine Sinne machen,
mich nicht so sehr verhinderte am Wachen –:

Dann könnte ich in einem tausendfachen
Gedanken bis an deinen Rand dich denken
und dich besitzen (nur ein Lächeln lang),
um dich an alles Leben zu verschenken
wie einen Dank.
(RAINER MARIA RILKE: Stundenbuch vom mönchischen Leben,
Werke I, 1, 1986, 12)

Dieses Gedicht wäre eigentlich eines der schönsten Zeugnisse für mystisches Erleben. An sich fehlt nichts, außer dem eigenen Erleben. Alles findet sich in diesen zehn Zeilen. Aber alles erscheint nur im Irrealis und Potentialis: Das Stillwerden, das Heraustreten aus dem äußeren Lärm, das Zurruhekommen der inneren Bewegung – die Seele gleicht nun dem spiegelglatten See, den kein Wind mehr kräuselt; gerade deshalb kann der Beobachter jetzt auch in diese Tiefe des Sees blicken –, das Ergriffenwerden durch das göttliche Du (oder doch eher das Ergreifen Gottes durch die Seele, weil Gott doch nur in einem tausendfachen Gedanken gedacht wird?) und das Verschenken dieser neuerlebten oder neuerdachten Wirklichkeit an alles Leben »wie einen Dank«.

Wenn dieses Erleben nicht nur ein »Wenn« wäre und wenn Gott in dieser unendlichen Stille nicht nur erdacht, sondern erlebt würde, dann wäre dies Mystik in Reinkultur, Unmittelbarkeit, wie sie uns eindringlicher selten geschildert wird.

Wie kann nun ein Dichter das Erleben der Mystik derart intensiv im Konjunktiv besingen, also immer unter der Voraussetzung, daß er dies nie erlebte? Diese Frage läßt sich nur überzeugend beantworten, wenn wir an das Selbst als das mystische Symbol in uns denken, das wir uns zeitweise verdecken können, das aber durch die Decke des Bewußtseins immer wieder durchschimmert. Der Mystizist lebt sehr nahe, fast bedrohlich nahe bei der Mystik. Sein Ich will und kann sich noch nicht in diese Einheit von Realität und Wirklichkeit hineinbegeben, aber das Selbst ist und bleibt ein mystisches Symbol. Das Ich sieht dieses Selbst vorläufig nur als verborgene Möglichkeit. Aber es kennt die Möglichkeiten des Selbst. Das tiefste mystische Erleben, das Innewerden Gottes, das Zusammentreffen von Realität und Wirklichkeit, die Unmittelbarkeit, müssen wir keinem Menschen beibringen. Jeder Mensch ist Mystiker in seiner Wesensmitte. Je näher er bei sich selber lebt, desto deutlicher kann er mystisches Erleben nachempfinden. Bei Rilke trennt nur noch eine dünne Wand das Ich vom Selbst und den Mystizisten, den vorsichtigen Mystikfreund vom Mystiker. Warum wird bei Rilke aber der Mystizist nicht zum Mystiker? Warum wird die bloß gedachte und nachempfundene Mystik nicht zum eigenen Erleben?

Nach den zitierten zehn Zeilen zu schließen, ist es die Stille, die dem Dichter fehlt (»Wenn es nur einmal so ganz stille wäre«). Wahrscheinlich verbietet sich der Dichter selbst diese Stille. Betriebsamkeit, Aktivismus ist und war die einfachste Möglichkeit, sein Selbst nicht wahrnehmen zu müssen und der eigenen Mystik zu entgehen. Besonders der moderne Mensch in Ost und West ist darin Meister.

Der andere raffinierte Weg, der eigenen Mystik auszuweichen, ist der Mystizismus und die Religiosität. Wenn das Selbst ruft, wenn die eigene Mystik drängt, helfen uns die konventionelle Religion und der Mystizismus, dieser Stimme so weit nachzugeben, daß sie uns in Ruhe läßt, daß sie zwar wahrgenommen, aber nicht ernstgenommen wird.

Mystizismus ist die Kunst, das Selbst zu schätzen, ohne es zu lieben, Erleben zu suchen, ohne Erleben zu wagen. Ein spielerisches »Wie wäre es, wenn...« soll uns vor dem Schicksal bewahren, uns in diesen Abgrund des eigenen Erlebens zu stürzen. Konventionelle Religion und Mystizismus sind Konzessionen an das Selbst, ohne in irgendeiner Weise das Ich preiszugeben. Religion ist die Kunst, mit dem Selbst zu spielen, ohne das Ich zu gefährden.

Selbstverständlich bleibt der Mystizist, wer er ist. Mystizismus ist noch kein Anlaß zum Persönlichkeitswandel. Das Ich bleibt unbehelligt, und dem Selbst wird lächelnd ein wenig theoretische Referenz erwiesen, etwa nach dem Motto: »Wir wissen nun, daß du auch da bist. Aber jetzt haben wir dies festgestellt. Jetzt mußt du zufrieden sein. Jetzt laß uns bitte in Ruhe.«

Im zweiten Gedicht zu Rilkes Mystizismus läßt der Dichter seiner Phantasie freien Lauf. Wie hätte er das Ding aller Dinge, die grenzenlose Gegenwart intensiv und bunt erleben können, wenn er nur dort aufgewachsen wäre, wo leichtere Tage und schlanke Stunden sind? Erst in der letzten Zeile wendet sich der Dichter vom Mystizismus zur Mystik, wenigstens als Möglichkeit angedeutet: »Es kann auch sein: ich fand dich einmal...«

Wenn ich gewachsen wäre irgendwo,
wo leichtere Tage sind und schlanke Stunden,
ich hätte dir ein großes Fest erfunden,
und meine Hände hielten dich nicht so,

wie sie dich manchmal halten, bang und hart.

Dort hätte ich gewagt, dich zu vergeuden,
du grenzenlose Gegenwart.

Wie einen Ball
hätt ich dich in alle wogenden Freuden
hineingeschleudert, daß einer dich finge
und deinem Fall
mit hohen Händen entgegenspringe,
du Ding der Dinge.

Ich hätte dich wie eine Klinge
blitzen lassen.
Vom goldensten Ringe
ließ ich dein Feuer umfassen,
und er müßte mirs halten
über die weißeste Hand.

Gemalt hätt ich dich: nicht an die Wand,
an den Himmel selber von Rand zu Rand,
und hätt dich gebildet, wie ein Gigant
dich bilden würde: als Berg, als Brand,
als Samum, wachsend aus Wüstensand –

oder
es kann auch sein: ich fand
dich einmal...
   Meine Freunde sind weit,
ich höre kaum noch ihr Lachen schallen;
und du: du bist aus dem Nest gefallen,
bist ein junger Vogel mit gelben Krallen,
und großen Augen und tust mir leid.
(Meine Hand ist dir viel zu breit.)
Und ich heb mit dem Finger vom Quell einen Tropfen
und lausche, ob du ihn lechzend langst,
und fühle dein Herz und meines klopfen
und beide aus Angst.

   (RAINER MARIA RILKE: Stundenbuch vom mönchischen Leben,
Werke I, 1, 1986, 21)

Der Wechsel von der ersten zur letzten Strophe ist eklatant.
Was hätte ich alles mit Gott angefangen? Ich hätte ihn gemalt,
vergeudet, ausgespannt, gebildet, geformt, geworfen und vergeudet. Der Mystizismus könnte sich schon aufs mystische Erleben einlassen, unter der Bedingung, daß er Gott ergreift und
nicht Gott ihn, daß er mit Gott umspringt und nicht Gott mit
ihm. Dann könnte der Noch-nicht-Mystiker Mystiker werden

ohne die kleinste Gefahr für sein Ich. Gott wäre es, der stirbt und aufersteht, der dauernd springt und sein Aussehen wandelt, wie ein bunter Ball in unserer Hand. Aber einmal, sagt sich der vielleicht größte Sänger des Mystizismus, habe ich ihn erlebt. Wahrscheinlich war's in seinen Kindertagen. In der Kindheit waren wir noch näher bei uns selbst. Da war's fast unvermeidlich, daß auch der spätere geniale Mystizist Mystiker war und das Urgeheimnis unmittelbar erlebte.

Je mystikferner sich der Erwachsene später gibt, desto sicherer dürfen wir annehmen, daß er früher seine ganz eigene Mystik erlebte, deren er sich heute schämt und deren Spuren er nicht mehr beachten will. Im kleinen Vogel, der aus dem Nest gefallen ist und den der Knabe nun zu tränken sucht, berührt ihn das heiligste Geheimnis – und Angst erfüllt beide, den Vogel und das Kind.

Wenn wir fragen, warum wir die Spuren unserer kindlichen Mystik später nicht mehr aufgreifen, so ist hier bei Rilke wahrscheinlich der tiefste Grund angedeutet: Wenn wir einmal Mystiker waren, dann fühlten wir uns von Angst erfüllt. Wir rührten an eine Wirklichkeit, die uns zittern ließ. Das Ich fürchtet sich, wenn es dem Selbst begegnet. Erst wenn diese Angst vor dem Undurchschaubaren sich in Liebe zum Geheimnis verwandelt, sind wir reif, mystische Wege wirklich unter die Füße zu nehmen. Der Mystizist liebäugelt mit seinem tiefsten Geheimnis, weil er sich vor ihm fürchtet. Der Mystiker erwartet mit Märtyrerfreude den mystischen Tod seines Ichs. Der Mystizist spürt, daß Mystik sein Ich zerbrechen würde, und hält sich zurück.

Wenn wir uns nun Zeugnissen des mystischen Erlebens zuwenden, so verändert sich nichts und alles. Mystik unterscheidet sich vom Mystizismus wie ein Mensch von seinem Spiegelbild.

2. »Gutei hob den Finger«

Der dritte Koan im Mumonkan, einer Sammlung von Erzählungen und Aussprüchen von Zen-Meistern, im 13. Jahrhundert zusammengestellt, erwähnt Gutei, einen chinesischen Zen-Meister aus dem 9. Jahrhundert:

KOAN:

Immer, wenn Meister Gutei etwas gefragt wurde, hob er einen Finger.

Er hatte einmal einen jungen Diener, den ein Besucher fragte: »Was für ein Zen lehrt dein Meister?« Da hob auch der Junge einen Finger. Gutei hörte das und schnitt den Finger des Jungen mit einem Messer ab. Als der Junge vor Schmerz laut schreiend hinauslief, rief ihn Gutei an. Der Junge wandte daraufhin den Kopf, und Gutei hob den Finger. Der Junge wurde plötzlich erleuchtet.

Als Gutei im Sterben lag, sagte er zu den versammelten Mönchen: »Ich erlangte das Zen des Einen Fingers des Tenryu. Ich habe es mein ganzes Leben lang angewandt, konnte es aber nicht ausschöpfen.« Als er dies gesagt hatte, starb er.

KOMMENTAR DES MUMON:

Das Satori des Gutei und des kleinen Dieners ist nicht in dem Finger. Wenn du dies wirklich durchschaust, dann sind alle: Tenryu, Gutei, der Junge und du selbst, von einem einzigen Spieß durchbohrt.

(ZENKEI SHIBAYAMA: Zu den Quellen des Zen, 1976, 59)

Gutei hatte nach langem Ringen zur Erleuchtung gefunden, durch das Aufheben eines einzigen Fingers. Aber es war, wie Zenkei Shibayama in seinem Kommentar betont, nicht der Finger an sich, der den mystischen Durchbruch bewerkstelligt hätte. In jungen Jahren hatte eine Nonne Gutei besucht. Gutei lebte damals auf einem Berg und übte sich in Meditation. Die Nonne hatte sich vor Gutei aufgestellt, ohne die Kopfbedeckung abzunehmen, und ihm gesagt: »Wenn du mir das Wort sagen kannst, das mich überzeugt, dann werde ich meine Kopfbedeckung abnehmen.« Die Forderung der Nonne hatte Gutei in größte Verlegenheit gebracht. Nun begann ein Ringen mit der Wahrheit, von einer Leidenschaft und Intensität, die wir nur erahnen können. Der Durchbruch erfolgte, als ein alter Zen-Meister Gutei besuchte. Gutei erzählte ihm von der Forderung der Nonne und fragte, welches das grundlegende Zen-Wort sein könnte. Da hob Tenryu, der alte Meister, einen Finger. Dabei erlebte Gutei Satori, Erleuchtung.

Der Zen des Einen Fingers – das zeigt die Erfahrung des jungen Dieners – ist auch der Zen des abgeschnittenen Fingers. Keine Nachahmung erreicht den Durchbruch zur einen Wirklichkeit jenseits von Ja und Nein. Nur im eigenen Erleben kann diese Wahrheit aufleuchten. Wahrheit ist unmittelbar. Oder sie bleibt verborgen. Aber diese Wahrheit, die in der Erleuchtung zum Meditierenden findet, ist durchaus keine Überwirklichkeit, kein Jenseits, das über ihn hereinbricht. Wo ist Jenseits und Diesseits, wo ist Welt und Überwelt, wo ist hier und dort, ich und es, wenn die Wahrheit durchbricht? Der Finger des Ich-Selbst, das Universum, der Meister und der Schüler, aber auch der fehlende Finger des jungen Dieners ist Ich, Du, das Universum und das Nichts.

Mystik als Durchbruch zur einen Wirklichkeit ist auch Nicht-Durchbruch zur einen Wirklichkeit. Denn diese war nie von mir verschieden. Und das Eine, das zu mir findet, ist auch das Nichts, das mich ergreift. Mystik ist immer auch Nicht-Mystik, das Gegenteil ihrer selbst.

Gewiß aber ist Mystik Unmittelbarkeit. Mystik stellt den Menschen nicht vor eine Wahrheit. Mystik stellt ihn nicht einmal in die Wahrheit. Mystik ist Einssein von Wahrheit und Erleben. Was aufleuchtet und das Auge, das dieses Aufleuchten wahrnimmt, sind nicht mehr voneinander verschieden. Mystik ist Unmittelbarkeit jenseits von Hier und Dort, jenseits von Ich und Es, von Gestern und Morgen. Dies gilt ohne Widerspruch. Und eine Implikation aller Unmittelbarkeit läßt sich auch mit gleicher Eindeutigkeit erkennen: Mystik verwandelt den Menschen, der Mystik erleidet. Unmittelbarkeit ist zwar immer ohne Spuren. Und doch verwandelt Mystik die Welt.

Mystik ist Unmittelbarkeit als direktes Innewerden der Urwirklichkeit. Im mystischen Erleben werde ich der, der ich bin. War ich vorher nicht ich selbst? Ich war ich und doch auch etwas völlig anderes, Uneigentliches. Ich war mir selber fremd. Nun bin ich heimgekehrt. Aber nicht nur ich bin heimgekehrt. In der Erleuchtung findet alles an seinen Ort. Erleuchtung ist Verwandlung der Wirklichkeit.

Mystik ist ein Geschehen, zu nahe, um noch beobachtet, zu umwälzend, um noch abgewogen, zu persönlich und zu weit, alles Persönliche transzendierend, um biographisch noch erfaßt zu werden. Unmittelbarkeit ist auch weit mehr als eine Erfahrung, die sich an andere Erfahrungen reiht und die aus dem Schatz der Erfahrungen dann wieder in Erinnerungen und Schilderungen hervorgeholt werden könnte.

Mystik ist Unmittelbarkeit und reines Erleben, ein Erleben, das kein Vorher und kein Nachher, keine Vergangenheit und keine Zukunft kennt. Und gerade deshalb kennt Unmittelbarkeit auch keine Nachahmung. Vermittelte Unmittelbarkeit ist ein Widerspruch in sich selbst. Sie ist, in der mystischen Sprache gesprochen, ein reines Schauen ohne Unterschied zwischen dem Sehenden und dem Gesehenen. Nichts kann sich zwischen den Erlebenden und das Erleben stellen. Jede Vorstellung zerbricht, jede Erwartung erübrigt sich, aber auch jede spätere Erinnerung hält dem Blitz der Erleuchtung, der den Meditierenden trifft, nicht stand.

3. Mystik und Religion

Religion könnten wir definieren als den Versuch des Menschen, Unmittelbarkeit zu vermitteln. Das im religiösen Hoffen und Glauben, Handeln und Feiern Gemeinte ist die Wahrheit jenseits aller Vorstellung, Gott jenseits aller Gottesbegriffe, die Wahrheit jenseits aller Argumentation und Bekenntnisse. Gott oder die Wirklichkeit, auf die sich Religion bezieht, wird durch ein Ja oder Nein, durch eine Vorstellung und ein Bekenntnis immer nur verfälscht und eingeengt. Und doch will der Mensch diese göttliche Wirklichkeit besingen, sich vergegenwärtigen, bekennen, anderen darlegen und in Symbolen darstellen. Wer könnte es dem Menschen verargen, daß er sich das unendlich Bedeutsame in Zeichen und Vorstellungen vor Augen hält?

Religion ist ein ewig neues Spiel mit Vorstellungen des Unvorstellbaren und Bildern des Bildlosen, mit Vermittlungen des Unmittelbaren. Mit diesen Vorstellungen und Bildern schützt sich der religiöse Mensch gleichzeitig gegen zwei Seiten. Er bewahrt sich die Nähe des Unendlichen. Gott bleibt erreichbar im Zeichen, das ich ihm setze. Auf der anderen Seite rückt er mir nie zu nahe. Gott im Zeichen ist immer noch ein Außerhalb, ein Gegenüber. Ich kann mich auf dieses Zeichen beziehen. Aber ich kann mich auch distanzieren. Der Gott der reinen Mystik ist gleichzeitig unendlich nahe und unendlich fern. Wie kann ich zu ihm einen gesunden Abstand wahren? Gesunde Religiosität ist eine Frage der optimalen Distanz. Der religiöse Mensch geht mit Gott um wie mit einem Lagerfeuer: nah genug, um nicht zu frieren, fern genug, um nicht zu verbrennen.

Religion verhält sich zur Wahrheit vorsichtig und umsichtig. Reine Mystik verhält sich zur Wahrheit ohne jede Distanz. Der Mystiker verbrennt, wo der religiöse Mensch sich wärmt. Der Mystiker wird vom Blitz getroffen, er wird Blitz, wo der religiöse Mensch ein Licht erahnt. Mystik verhält sich zur Wahrheit unmittelbar. Sie ist Wahrheit ohne jede Distanz und deshalb auch Wahrheit vor aller Vorstellung und vor jedem Begriff, ja sogar Wahrheit vor allen religiösen Zeichen, vor jedem religiösen Brauch.

Alle religiösen Zeichen und Traditionen, vorher noch Mittel zur Vermittlung des Unmittelbaren, verlieren in der Mystik ihren vermittelnden Wert. Sie werden zu reinen Spiegeln für das unendlich Nahe. Mystik ist Religion ohne jede Distanz zur Wahrheit, aber gerade deshalb oft auch Religion der extremen Gottesferne. Kein religiöser Mensch kann über die Abwesenheit Gottes derart leidenschaftlich klagen wie der Mystiker. Wahrheit ohne Distanz erlebt nur, wer auch die Verzweiflung an aller Wahrheit kennt.

Wenn wir Religion als Vermittlung des Unmittelbaren verstehen und Mystik als Unmittelbarkeit zur Wahrheit oder zu Gott, dann verstehen wir auch das eigenartig spannungsgeladene Verhältnis der Mystik zu den religiösen Traditionen. Mystik initiiert Religion. Aus dem mystischen Erleben einzelner schöpfen die vielen ihre Nähe zur Wahrheit. Mystik zerbricht religiöse Tradition. Kein Mystiker übernimmt bloß die Zeichen der anderen. Sonst verliert er wie der Diener des Gutei seinen Finger. Selbstverständlich benutzt auch der Mystiker seine Zeichen und Vorstellungen. Aber sie bleiben Zeichen für das nie Bezeichenbare und Vorstellungen für das Unvorstellbare. Mystik bleibt, um eine Vorstellung von Meister Eckhart aufzugreifen, ein wegloser Weg.

4. »Als er nichts sah, sah er Gott«

Der weglose Weg, den Meister Eckhart uns zeigt, führt zu einem Verständnis der Mystik, in dem Verstehen und Nicht-Verstehen, Schauen und Blindheit, Erkenntnis und Unverstand in eins fallen. In der Predigt über Apostelgeschichte 9,8

(»Paulus stand aber von der Erde auf, und mit offenen Augen sah er nichts«) wird der blinde Paulus für Meister Eckhart zum Inbegriff eines Erleuchteten. Gott sehen und nichts sehen sind nicht voneinander verschieden.

Dieses Nichts, in dem der Mensch Gott schaut, ist also kein Zustand, keine bloße Abwesenheit, sondern der Raum, in dem Gott dem menschlichen Geist in ungeahnter Lebendigkeit und Tiefe begegnet. Erst in diesem Nichts ist unser Gotteserleben reine Begegnung, frei von aller Einbildung und allem Götzendienst. Das Nichts ist die heiligste Wohnstätte Gottes. Betrete diesen Tempel – und du weißt nicht mehr, wie dir geschieht.

Als theoretische Grundlage zu einer Philosophie des Nichts taugt der folgende Abschnitt aus Meister Eckharts Predigt wenig. Will aber der mystische Prediger Theorien erläutern oder will er erahnen lassen, was der erlebt, der den heiligsten Tempel Gottes betritt?

»Paulus stand auf von der Erde, und mit offenen Augen sah er nichts.« Ich kann nicht sehen, was Eins ist. Er sah nichts: das war Gott. Gott ist ein Nichts, und Gott ist ein Etwas. Was etwas ist, das ist auch nichts. Was Gott ist, das ist er ganz. Daher sagt der erleuchtete Dionysius, wo immer er von Gott schreibt: Er ist (ein) Über-Sein, er ist (ein) Über-Leben, er ist (ein) Über-Licht. Er legt ihm weder dies noch das bei, und er deutet (damit) an, daß er (irgend etwas) ich weiß nicht was sei, das gar weit darüber hinaus liege. Siehst du irgend etwas oder fällt irgend etwas in dein Erkennen, so ist das Gott nicht; eben deshalb nicht, weil er weder dies noch das ist. Wer sagt, Gott sei hier oder dort, dem glaubet nicht. Das Licht, das Gott ist, das leuchtet in der Finsternis (Joh. 1, 5). Gott ist ein wahres Licht: wer das sehen soll, der muß blind sein und muß Gott von allem Etwas fern halten. Ein Meister sagt: Wer von Gott in irgendwelchem Gleichnis redet, der redet auf unlautere Weise von ihm. Wer aber mit nichts von Gott redet, der redet zutreffend von ihm. Wenn die Seele in das Eine kommt und darin eintritt in eine lautere Verwerfung ihrer selbst, so findet sie dort Gott als in einem Nichts. Es deuchte (einmal) einem Menschen wie in einem Traume – es war ein Wachtraum –, er würde schwanger vom Nichts wie eine Frau mit einem Kinde, und in diesem Nichts ward Gott geboren; der war die Frucht des Nichts. Gott ward geboren in dem Nichts. Daher spricht er: »Er stand auf von der Erde, und mit offenen Augen sah er nichts.« Er sah Gott, wo alle Kreaturen nichts sind. Er sah alle Kreaturen als ein Nichts, denn er (= Gott) hat aller Kreaturen Sein in sich. Er ist ein Sein, das alles Sein in sich hat.

Ein Weiteres meint er, wenn er sagt: »er sah nichts«. Unsere Meister sagen: Wer an äußeren Dingen irgend etwas erkennt, in den muß etwas »einfallen«, zum mindesten ein »Eindruck«. Wenn ich ein (Ab-) Bild von einem Dinge, etwa von einem Steine, gewinnen will, so ziehe ich das Allergröbste (davon) in mich hinein; das ziehe ich außen (von ihm) ab. So aber, wie es in meiner Seele Grunde ist, da ist es im Höchsten und Edelsten, ist es nichts als ein (geistiges) »Bild«. Bei allem, was meine Seele von außenher erkennt, fällt etwas Fremdes (in sie) ein; was ich aber an Kreaturen in Gott erkenne, dabei fällt nichts (in die Seele) ein als Gott allein, denn in Gott ist nichts als Gott. Wenn ich alle Kreaturen in Gott erkenne, so erkenne ich (sie als) nichts. Er sah Gott, in dem alle Kreaturen nichts sind.

Drittens, warum er nichts sah: das Nichts war Gott. Ein Meister sagt: Alle Kreaturen sind in Gott als ein Nichts, denn er hat aller Kreaturen Sein in sich. Er ist ein Sein, das alles Sein in sich hat. (Wieder) ein Meister sagt: Es gibt nichts unter(-halb von) Gott, wie nahe es auch bei ihm sei, in das nicht etwas (Fremdes) einfalle. Ein (weiterer) Meister sagt, der Engel erkenne sich selbst und Gott unmittelbar. Was er aber sonst (noch) erkennt, dabei fällt etwas Fremdes ein, da gibt es noch einen Eindruck, so klein er auch sein mag. Sollen wir Gott erkennen, so muß es unmittelbar geschehen, darf nichts Fremdes dabei miteinfallen. Erkennen wir Gott in jenem Lichte, so muß es ganz eigenständig und in sich beschlossen sein, ohne jedes Einfallen irgendwelcher geschaffenen Dinge. Dann erkennen wir das ewige Leben ganz unmittelbar.

»Als er nichts sah, da sah er Gott.« Das Licht, das Gott ist, fließt aus und verfinstert alles (andere) Licht. In jenem Licht, in dem Paulus da sah, in dem sah er Gott, sonst nichts. Daher sagt Job: »Er gebietet der Sonne, daß sie nicht scheine, und hat die Sterne unter sich verschlossen wie unter einem Siegel« (Job 9,7). Dadurch, daß er von jenem Licht umfangen war, sah er sonst nichts; denn alles, was zu seiner Seele gehörte, war bekümmert und beschäftigt mit dem Lichte, das Gott ist, so daß er sonst nichts wahrzunehmen vermochte. Und das ist uns eine gute Lehre; denn, wenn wir uns um Gott bekümmern, so sind wir wenig von außen her bekümmert.

Viertens, warum er nichts sah: Das Licht, das Gott ist, das hat keinerlei Beimischung; es fällt keinerlei Beimischung hinein. Es war ein Zeichen dafür, daß er das wahre Licht sah, das da Nichts ist. Mit dem Lichte meint er nichts anderes, als daß er mit offenen Augen nichts sah. Damit daß er nichts sah, sah er das göttliche Nichts. Sankt Augustinus spricht: Als er nichts sah, da sah er Gott. Sankt Paulus sagt: Wer sonst nichts sieht und blind ist, der sieht Gott. Daher sagt Sankt Augustinus: Da Gott ein wahres Licht ist und für die Seele ein Halt und ihr näher ist als die Seele sich selbst, so muß es notwendig so sein, daß, wenn die Seele von allen gewordenen Dingen abgekehrt ist, Gott in ihr glänzt und strahlt. (JOSEF QUINT [Hrsg.]: Meister Eckhart, Deutsche Predigten und Traktate, 1985, 331 f.)

Engel, so will es die Tradition, erkennen sich und Gott unmittelbar. Mystik ist engelgleiche Gotteserkenntnis. Der Mystiker erkennt »das ewige Leben ganz unmittelbar«. Jede Gotteserkenntnis muß unmittelbar sein, »ohne jedes Einfallen irgendwelcher geschaffener Dinge«. Weil aber jeder Gedanke, jedes Bild, jedes Gleichnis, jede Vorstellung, jedes Wort, aber auch jedes Gefühl und jede Erfahrung im Geschaffenen wurzelt, ist Gott nur im Nichts unmittelbar zu erkennen.

Das Nichts, in dem wir Gott schauen, ist der Punkt, auf den alle Mystik hinweist und von dem her sie lebt. Natürlich ist Mystik, sobald sie den Raum des Schweigens verläßt, auch wieder Unmittelbarkeit, in die »Fremdes miteinfällt«, das Nichts, in dem wir Gott schauen – gedacht, bekannt, ersehnt, geliebt, reflektiert und nachempfunden. Mystik ohne Worte ist reine Unmittelbarkeit. Das unendlich Nahe kann kein Begriff mehr eingrenzen und keine Vorstellung mehr vor uns hinstellen. Das unendlich Nahe ist, gemessen an allem Vorstellbaren, »nichts«. Das Nichts der Mystik ist vor allem das Fehlen jeder Distanz: Nichts steht mehr zwischen mir und der Wahrheit. Das Nichts wird zum Raum, in dem ich Wahrheit erlebe.

Wenn Eckhart das Erlebnis des Paulus vor Damaskus in seiner Predigt deutet, ist seine Deutung auch nachempfundene, reflektierte Unmittelbarkeit. Und doch möchte die Deutung wieder zur reinen Unmittelbarkeit führen: Der Zuhörer soll wie Paulus und wie Eckhart in die Blindheit finden, in der er Gott schaut. Nicht das Damaskuserlebnis des Paulus als vergangenes Ereignis, nicht einmal das Nichts, in dem Eckhart die Gottesgeburt erfährt, von der er in äußerster Zurückhaltung nur in der dritten Person erzählt, nichts Vergangenes hat wirkliches Gewicht. Vielleicht spricht Eckhart deshalb derart zurückhaltend von seinem Erleben, weil er den Zuhörer zum eigenen Erleben befreien will. Das Geschehene soll nicht zum Grund dafür werden, daß neue Unmittelbarkeit sich erübrigt. Das unendlich nahe eigene Nichts soll hier und jetzt den Zuhörer ergreifen. Im Vergangenen spiegelt sich nur die Möglichkeit des neuen, des eigenen Erlebens.

Die mystische Sprache ziert sich nie mit einmal erlebter Unmittelbarkeit. Sie sieht im Vergangenen nur den Anstoß und die Befreiung zum neuen Erleben. Das Licht, das Paulus in seiner Blindheit schaute, ist dem Zuhörer heute so nah wie damals dem werdenden Apostel. Was war, befreit zum Erleben des eigenen Nichts. Die jetzt erlebbare Nacht, in der wir Gott schauen, ist im Grunde genommen das einzige Thema der mystischen Predigt.

Gerade darin unterscheidet sich die Mystik auch vom Mystizismus und der Pseudomystik: der Mystizist erzählt von seinen Entrückungen nicht bloß als Anstoß fürs eigene Erleben. Er erzählt, um sich selbst in seinen Erfahrungen zu sonnen. Er demonstriert spirituelle Überlegenheit. Vielleicht gibt der Mystizist vor, er wolle den Zuhörer zum eigenen Erleben führen. Aber im Grunde genommen braucht er dauernde Bewunderung. Und die ist ihm sicher, solange der Anhänger noch nicht zum eigenen Erleben gefunden hat.

Der Mystizist ermuntert vordergründig zu eigener Unmittelbarkeit, reserviert die wahre Tiefe aber immer für sich selbst. Wehe, wenn ein Schüler einmal wirklich die Stufe des Meisters erreichen sollte. Der Mystizist ruft seinen Schülern zu: »Ihr könnt es auch« und denkt im stillen: »Ihr könnt es doch nicht. Ihr dürft es nicht können. Denn niemand ist wie ich.« Hat nicht, um auf ein Beispiel hinzuweisen, Rudolf Steiner seine Schüler immer derart mystizistisch geführt? Jedem steht die Einsicht in höhere Wirklichkeiten zu. Anthroposophie ist nichts anderes als eine geisteswissenschaftliche Erkenntnismethode. Und doch gelingt keinem wirklich eigene Einsicht in höhere Welten, außer Rudolf Steiner. Was er erschaut, wird von den Schülern dankbar weitergegeben.

Dieselbe Frage müßten wir auch an viele Gurus und sogenannte spirituelle Meister richten. In ihrem ureigensten Erleben mögen sie Mystiker sein. In ihrem Umgang mit ihren Schülern erweisen sich viele als Mystizisten.

5. Religiöse Vermittlung und mystische Reflexion

Nun könnten wir uns natürlich fragen: Wie verhilft die erzählte, reflektierte Unmittelbarkeit dem Zuhörer zum eigenen Erleben? Wird das Nichts, das Paulus und Eckhart sahen, zum Nichts, das der Zuhörer erschaut? Magisch vermitteln läßt sich

Unmittelbarkeit nie. Es gibt keine Formel und kein Ritual, das mit Garantie ins eigene Erleben führt. Es gibt keine magisch errungene oder erzwungene Unmittelbarkeit. (Magie nennen wir jene spirituelle Technik, die – richtig gehandhabt – zwangsläufig zum rechten Ergebnis führt.) Unmittelbarkeit läßt sich nicht einmal religiös tradieren. Nur als reflektierte Unmittelbarkeit wird sie zur Erzählung und kann zu neuem Erleben befreien. Sie kann zum Anstoß dafür werden, daß der Schleier zerreißt, der den Menschen bisher von seiner Gegenwart trennte.

Vergangene, erzählte Unmittelbarkeit ist für jeden Menschen, der noch nie erlebte, eine echte Herausforderung, vielleicht *die* Herausforderung seines Lebens. »Hier ist Wahrheit, hier und jetzt. Wie kannst du noch länger bloß an Wahrheit glauben. Hier ist Erleuchtung, hier und jetzt. Wie kannst du dich länger mit ein paar Ahnungen durchs Leben schlagen?« Gewiß, reflektierte Unmittelbarkeit wirkt nicht sanft und sachte erhellend. Religiöse Vermittlung im allgemeinen verfährt und wirkt sanft und oft fast einschläfernd. Dies ist das Vorrecht der religiösen Vermittlung. Sie gibt dem Menschen, was er nicht hat und was er braucht: das Gefühl der Gottesnähe, das Erahnen eines letzten Sinnes, das Wissen um eine alles und alle versöhnende Gnade. Mystische Reflexion nimmt dem Menschen alles, was er hat: seine Vorstellungen von Gott, sein Bild von sich selbst, seine Geborgenheit in religiösen Traditionen, seine bisherigen Erfahrungen, die ihn vor dem eigenen neuen Erleben schützten.

Die religiöse Vermittlung wölbt einen Himmel über diese Erde und schenkt der Existenz wieder den Sinn für die Transzendenz. Sie ergänzt das Wissen mit der Liebe zum Geheimnis und führt die Menschheit, wenn immer möglich, zu ihrem besseren Ich. Die mystische Reflexion raubt dem Menschen seinen Himmel und seine Erde. Alles Wissen und Erahnen läßt sie in sich zusammenstürzen. In der Unmittelbarkeit ist weder Existenz noch Transzendenz, weder ein besseres noch ein schlechteres Ich. Gemessen an den traditionellen Vorstellungen und Begriffen ist in der Unmittelbarkeit weder Mensch noch Gott. Aber gerade weil der vorgestellte Gott und der vorgestellte Mensch in Nichts zerfallen, werden Mensch und Gott erlebt, wie sie nie zuvor erlebt wurden.

Religion macht im besten Fall aus Blinden Sehende. Mystik macht aus Sehenden Blinde. Denn nur wer nichts mehr weiß und zu sehen meint, lernt sehen. Nicht der Paulus der theologischen Schulung und des religiösen Eifers für die Wahrheit erkennt Gott. Mystik führt jeden Menschen durch das Nichts. Religion im allgemeinen setzt alles daran, dem Menschen das Nichts, wenn nötig sogar mit billigen Tröstungen, zu ersparen.

Aber nicht nur in ihrer Zielsetzung, auch in ihren Mitteln verfährt die mystische Reflexion anders als die religiöse Vermittlung. Jene sucht sich auf Schritt und Tritt bewußt zu widersprechen. Sie darf nie in Lehre ausarten. Kein Zuhörer soll imstande sein, in den geäußerten Worten, Gedanken und Empfindungen mehr zu erkennen als eine verfremdete Unmittelbarkeit. Wer doch mehr entdeckt, ist hoffnungslos religiös und auf Vermittlung des Unmittelbaren angewiesen. Er kann Unmittelbarkeit nicht verstehen und nicht erleben. Er muß die Reflexion religiös umdeuten. Unmittelbarkeit würde ihn zerstören. Er erträgt nur religiös verharmloste und kultisch verfremdete Mystik. Dies ist niemandem zu verargen. Aber wir wären schlecht beraten, wenn uns diese Angst vor der Mystik durch unser Studium der Mystik begleiten würde. Wir dürften vor allem nicht aus lauter Angst vor dem Nichts uns nur noch an verharmloste Mystik halten. Diese ist die Liebe zum Nichts. Alle, die sich an ein Etwas halten, sind für uns nicht die maßgebenden Zeugen. Sie sind nur noch Mystiker aus zweiter Hand, Mystiker in der Vermittlung des Unmittelbaren.

6. Mystik und Wahrheit

Mystik hat ihr einzigartiges, völlig eigenartiges Verhältnis zur mystischen Tradition, unähnlich aller Religion, die noch nicht zur Mystik fand. Religiöse Vermittlung im allgemeinen Sinn trägt die Wahrheit in sich. Religiöse Wahrheit im allgemeinen Sinn kann tradiert und erläutert, verteidigt und dargelegt, verkündet und geklärt werden. Die früher erschaute und von den Späteren geglaubte Wahrheit ist die Wahrheit der religiösen Tradition.

Die mystische Wahrheit kann nicht tradiert werden. Wahrheit ist nicht Erkenntnis, die ein Mystiker einem Schüler der Mystik weitergibt. Wahrheit ist nichts, was sich in eine Lehre einfangen ließe. Wahrheit kann nicht gelehrt und nicht gelernt werden. Sie kann nur immer wieder neu entdeckt werden. Die Worte, die der Mystiker in seiner Reflexion braucht, sind nicht wahr, sie sind nur Anstoß zur neuen Entdeckung der Wahrheit. Der Mystiker bringt keinem Menschen die Wahrheit. Er wirkt im besten Fall als Anstoß dazu, daß der Noch-nicht-Mystiker zur unendlich nahen Wahrheit durchfindet. Im übrigen hat der Mystiker auch keinen Grund, dem Noch-nicht-Mystiker die Wahrheit zu bringen. Wie können wir einem Menschen Wahrheit bringen, wenn ihm die Wahrheit näher als er zu sich selber steht?

Wahrheit ist, mystisch verstanden, das Durchbrechen zum unendlich Nahen, das eigene Hineingenommenwerden in das Nichts, in dem wir Gott schauen. Die mystische Tradition kann nur ein Anstoß sein, das unendlich Nahe zu entdecken.

Eigentlich steht die mystische Wahrheit jedem Menschen viel näher als jede seiner Illusionen, an die er noch krampfhaft glaubt, und als jede seiner Erkenntnisse, über die er zu verfügen meint. Sobald er das trügerische Vertrauen in seine Theorien, Erkenntnisse und Glaubensweisen aufgibt, wird er unausweichlich den unendlich nahen Gott erleben. Wahrheit und Erleuchtung sind das Nächstliegende, was uns geschehen kann. Die einzigen Voraussetzungen für dieses unmittelbare Innewerden der Wahrheit sind:

1. der Mut, nichts mehr krampfhaft oder gedankenlos zu glauben,
2. die Kühnheit, nichts mehr zu wissen, was wir doch nicht wissen, und
3. die mystische Verwegenheit, sich nichts mehr vorzustellen und nichts mehr zu erwarten, sondern nur noch hier und jetzt zu sein.

7. »Als ich in Gott verlorenging...«

»Überliefert wurde, daß Bayazid Bistami berichtete: ›Als ich das erste Mal zum Haus (Kaaba) kam, sah ich das Haus; als ich das zweite Mal zum Hause kam, sah ich den Herrn des Hauses; beim dritten Male sah ich weder das Haus noch den Herrn des Hauses. Das heißt, daß ich in Gott verlorengegangen war. Ich wußte nichts mehr. Wenn ich überhaupt etwas gesehen hätte, hätte ich Gott gesehen.‹ Hierauf weist auch das Folgende hin: Jemand kam zum Haus Bayazids und begehrte Einlaß. ›Wen suchst du?‹ fragte der Scheich, und er erwiderte: ›Bayazid.‹ ›Unglückseliger‹, sagte Bayazid, ›seit dreißig Jahren suche ich ihn selbst und finde von ihm weder Namen noch Zeichen.‹ (...)

Bayazid Bistami wurde gefragt: ›Wie erkennt der Mensch, daß er im wahren Wissen angekommen ist?‹ Bayazid sagte: ›In dem Augenblick, da er – von Gott unterwiesen – vergeht, bleibt er – ohne Selbst und ohne Schöpfung – auf dem Grunde Gottes. So vergeht er und bleibt, bleibt er und vergeht, stirbt er und lebt, lebt er und stirbt, wird das Bedeckte enthüllt und das Enthüllte bedeckt.‹«

(Frühislamische Mystiker, 1984, 45f.)

Religionsgeschichtlich besehen sind alle bisher betrachteten Texte eigenartig verwandt. Weder im Mumonkan noch in Meister Eckharts Predigten, noch in Bistamis Leben und Denken äußert sich ungebrochen und ungemischt nur eine religiöse Tradition. Zen ist nicht nur Buddhismus, sondern auch verwandelter Taoismus, Mystik, entwachsen aus der Begegnung des Buddhismus mit dem chinesischen Geist. Meister Eckharts Christentum ist nicht nur biblischer Glaube, sondern im Falle der Predigten Bibelauslegung, durchtränkt mit Neuplatonismus. Nicht zufällig wird auf Dionysius Areopagita verwiesen. Bistami, einer der originellsten und bedeutendsten Mystiker des frühen Sufismus, schöpft wahrscheinlich nicht nur aus koranischen Quellen. Zu nahe liegt noch die parsistische Überlieferung. Vielleicht ist es auch kein Zufall, daß sich die eigenartigen Paradoxien Bistamis dem indischen Vedanta nähern[2].

Mystik gewinnt ihre Zeichen und Worte nie nur aus einer Quelle. Wenn alles Wirkliche, auch alle Vorstellungen, Gedanken und Empfindungen die eine und einzige Wirklichkeit nicht umfassen, dann ist grundsätzlich jedes Zeichen und jedes Wort erfüllt und leer.

Die Kaaba, das schönste Zeichen des Muslim für Gottes Gegenwart, im zitierten Text als »das Haus« erwähnt, entfällt beim zweiten Besuch. Aber nicht nur das sichtbare Zeichen entschwindet. Beim dritten Besuch des Hauses entfällt auch der Herr. Jede Vorstellung von Gott entschwindet: »Ich wußte nichts mehr.« Aber auch jede Vorstellung eines Ichs erliegt diesem Erleben. »Ohne Selbst und ohne Schöpfung... vergeht er und bleibt, bleibt er und vergeht..., wird das Bedeckte enthüllt und das Enthüllte bedeckt.«

Reine Unmittelbarkeit ist nicht nur Zerbrechen jeder Gottesvorstellung, sondern auch ein Zerbrechen jeden Ichgefühls, ein Sterben all dessen, was der Mystiker bisher glaubte, wußte und war, und ein Sichwiederfinden in anderem Glauben, Wissen und Sein. Mystik ist der Weg völliger Auflösung aller religiösen Tradition und aller Selbstwahrnehmung und die Wiedergeburt aus dem Nichts heraus, eine Neuschöpfung. Der Mystiker kehrt zurück in den Ursprung, wo nichts war außer Nichts und Gott. Und aus dem Nichts heraus wird er und seine Welt neu erschaffen. Daß dieser Weg der Vernichtung und des Neuwerdens in dieser Zeit nie vollendet ist, weiß vor allem auch die Bistami-Legende zu schildern.

Bistami hat als erster Mystiker das Bild von der Himmelsreise Mohammeds benutzt, um damit sein eigenes mystisches Erleben zu deuten. 30000 Jahre sei er in dem Raum der Einheit Gottes geflogen, 30000 Jahre lang in der Gottheit und weitere 30000 Jahre in der Einzigkeit. Nach 90000 Jahren kam er an einen Vorhang. Doch aus dem Vorhang trat wieder Bayazid heraus. Die längste mystische Reise führt nicht ins letzte Geheimnis. Oder ist vielleicht gerade Bayazid, aus Gott kommend, in Gott ruhend, der Bayazid, der aus dem letzten Vorhang heraustritt, das letzte Geheimnis? Ist das Ziel des mystischen Weges nicht ein Urgrund, sondern das Einssein des konkreten Menschen mit diesem letzten Geheimnis?

Der Bistami, der hinter dem letzten Vorhang hervortritt, läßt sich verschieden deuten. Spätere Sufis, sogar Al-Hallaj, meinten, Bistami habe das letzte Ziel nicht erreicht, er sei nur auf der Schwelle des Göttlichen angekommen. Aber wer weiß: Ist auf dem Weg der Mystik nicht auch der Weg schon das Ziel und die Schwelle die innerste Kammer und der konkrete Mensch in seiner Einheit mit dem Urgrund der Welt das schönste Ziel, das sich erträumen läßt?

Ein Ausspruch von Bistami deutet in diese Richtung: Auf seiner Wallfahrt nach Mekka, als Sinnbild für den mystischen Weg gedeutet, erkennt der Mystiker: »Eine Weile umkreiste ich das Haus (die Kaaba). Als ich bei Gott ankam, wurde ich gewahr, daß das Haus mich umkreiste« (Frühislamische Mystiker, aus Fariduddin Attars Heiligenbiographie, übersetzt und erläutert von Gisela Wendt, Amsterdam 1984, 47). Die heiligste Moschee ist weniger heilig als das eigene Erleben. Unmittelbarkeit wiegt mehr als alle Kirchen und Moscheen, als alle Priester und als jeder Kult.

8. Mystik: religionslos und panreligiös

Das Verhältnis der Mystik zur Religion ist so lebendig und so voller Überraschungen wie das mystische Erleben selbst. Auf der einen Seite findet sich keine radikalere Kritik aller Religion als die mystische Unmittelbarkeit. Die landläufige Religionskritik aller Schattierungen belegt mit ihrer Erkenntnis, daß die religiöse Erkenntnis trügt. Besseres Erkennen wird neben trügerisches Halbwissen gestellt. Standpunkt steht gegen Standpunkt.

Die Mitte der Religion, das unmittelbare Innewerden der Wahrheit, wird in der herkömmlichen Religionskritik überhaupt nicht berührt. Aber auch die landläufige religiöse Apologetik und Theologie, die sich gegen die erwähnte Religionskritik zur Wehr setzt, übt sich in religiösen Scheingefechten und verteidigt eine Wahrheit, die mystisch betrachtet überhaupt keine Wahrheit ist. Wenn landläufige Religionskritik und landläufige Religion aufeinanderprallen, streiten sich zwei Ahnungslosigkeiten um Wahrheiten, die nur noch Erinnerungen an erschaute Wahrheit sind. Sieger in diesen Scheingefechten ist in der Regel der Trend der Zeit.

Mystik kritisiert die Religion nicht von außen, als neue, moderne oder postmoderne Erkenntnis an das alte religiöse Erkennen herangetragen. Sie kritisiert von innen, weil sie durch die alte religiöse Erkenntnis zu einer neuen Einsicht fand. Oder als Beispiel und im Bild gesprochen: Weil Bistami erlebt, wie die Kaaba ihn umkreist, ist er kein einfach zu führender Moslem mehr. Weil der Chassidim oder der Kabbalist mit Mose am Berg Sinai stand, deutet er in fast lästerlicher Freiheit das mosaische Gesetz. Weil der christliche Mystiker mit Jesus und den Jüngern auf den Berg der Verklärung steigt, traut ihm die offizielle Kirche den größten Widerspruch zu. Der Mystiker, der unmittelbar Wahrheit erlebt, ist in jeder religiösen Gemeinschaft ein gefährliches Subjekt. Wehe dem, der erlebt und nicht mehr nur glaubt! Die Gläubigen werden es ihm sehr verübeln, wenn er sich über die tradierten Glaubensweisen hinwegsetzt. Unmittelbarkeit entwertet alle Religion als Vermittlung einer tradierbaren Wahrheit.

Unmittelbarkeit befreit aber auch zu einer Offenheit gegenüber allem mystischen Erleben, wie sie es sich der lehrhaft Gläubige nie erlauben kann. Mystizisten sprechen, diese Offenheit erahnend und kopierend, gerne von der Einheit aller Religionen. Mystiker würden wahrscheinlich nicht davon reden. Wie kann Religion als Vermittlung tradierter Wahrheiten je eins sein? Nicht einmal Mystik als Reflexion und Äußerung ist je eins. Aber das mystische Erleben ist gleichzeitig immer völlig einzigartig, ein unvergleichliches Stehen des konkreten Menschen in seiner Wahrheit und auch eine weit offene Tür zum Erleben der anderen.

Mystiker sind die großen Ökumeniker der Religionsgeschichte, nicht Ökumeniker der ökumenischen Versammlungen und der interkonfessionellen oder interreligiösen Debatten. Um die lehrmäßige Einheit kümmern sich Mystiker kaum. Aber Mystiker sind Ökumeniker in ihrer Unmittelbarkeit. Unmittelbarkeit ist ein Tor zur Wahrheit der anderen. Durch alle Tore schreitet zum Beispiel Ramakrishna: Das intensivste Erleben der Bhakti und der radikalsten Alleinheitsmystik, die Sufimystik und die Christusbegegnung sind für den, der einmal die Wahrheit erschaute, keine fremden, unvorstellbaren Erlebnisse mehr. Als Hindu-Mystiker stürzt sich Ramakrishna geradezu ins Erleben anderer mystischer Wege. Der nichthinduistische Mystiker, mehr dem eigenen Weg verbunden, würde vielleicht alle anderen mystischen Wege nicht derart experimentell erproben. Aber daß seine Unmittelbarkeit ihm die Augen für die Unmittelbarkeit anderer öffnet, ist keine Frage. Ohne von einer Einheit aller erlebten Wahrheit zu reden – Einheit und

Verschiedenheit gibt es nur auf der Ebene der Distinktionen und der Theorie –, weiß sich doch jeder Erlebende mit anderen Erlebenden verbunden. Die Einzigartigkeit jedes Erlebens öffnet den Blick für die Einzigartigkeit anderer mystischer Pfade. Mystiker brauchen nicht mit anderen eine Einheit zu suchen. Sie leben ein Verständnis für alles Erleben vor und in allen Debatten. Manchmal geben sie sich areligiös, manchmal panreligiös. Manchmal wirkt ihr Gebaren auch offen synkretistisch. Al Hallaj macht Yogaübungen. Eckhart zitiert Neuplatoniker. Indische Bhaktas imitieren die Ekstasen der Sufis... Aber nur lehrmäßig sind die Mystiker entweder areligiös oder panreligiös, entweder einer oder vielen religiösen Traditionen verpflichtet. Die Lehre ist bei all dem nur Spiegelung und Reflexion. Sie ist nicht Wahrheit. Einzig entscheidend ist das eigene Innewerden der Wahrheit, die Unmittelbarkeit, die den Mystiker von jeder sklavischen Bindung an eine oder viele lehrmäßige Positionen befreit.

9. »Mein Geliebter ist alles«

Auch Johannes vom Kreuz lebt keine nur christliche Mystik. Alles nur Christliche und nur Islamische und nur Buddhistische ist der Mystik fremd. Die spanische Mystik des 16. Jahrhunderts übernimmt – bewußt oder unbewußt – auch das Erbe der Sufis und der Kabbala. Einmal mehr stoßen wir auf das bezeichnende Phänomen, daß gerade in den Ländern, in denen sich religiöse Traditionen überschneiden, Mystik einen besonders reichen Nährboden findet.

Johannes vom Kreuz hat als *Doctor mysticus* besonders eindringlich den Weg der Mystik beschrieben und besungen. Mystik gleicht dem Aufstieg auf den Berg Karmel (Johannes gehörte zum Orden der unbeschuhten Karmeliter). Dieser Aufstieg bedeutet für die Seele auch eine Hineinverwandlung in Gott, ja sogar eine totale Verwandlung in den Geliebten. Auf dem Gipfel des Karmels angelangt, erlebt die Seele ein Fest der Liebe, ein Einswerden mit Gott.

»Und dies bewirkt in der Seele eine so intensive, zärtliche und tiefe Wonne, die man mit sterblicher Zunge nicht ausdrük-

ken kann und die alles menschliche Verstehen übersteigt...
Denn eine in Gott geeinte und verwandelte Seele atmet in
Gott, zu Gott die gleiche göttliche Sehnsucht, wie Gott sie atmet in sich selbst zur Seele« (Der geistliche Gesang 39, 2,3, zit.
bei Johannes Boldt: Johannes vom Kreuz, 1983, 59).

Aber was wäre das für ein Gipfelerlebnis, wenn der Bergstei-
ger, oben angekommen, nur den Gipfel und sich selbst betrachten und erleben würde? Der Gipfel lädt ein zum Blick in die
Weite. In dieser Weite der Wirklichkeit erkennt die mit Gott
vereinte Seele nun in allem Gott:

> Mein Geliebter ist alles, die Berge,
> Die bewaldeten einsamen Täler,
> Die unbewohnten Inseln,
> Die rauschenden Flüsse,
> Das Flüstern der lieblichen Lüfte;
> Die friedvolle Nacht
> Sowie die aufsteigende Morgenröte,
> Die schweigende Musik,
> Die klangvolle Einsamkeit,
> Das Abendmahl, das belebt und
> Liebe bewirkt.
>
> (JOHANNES BOLDT, a. a. O. 60, Gedichte 5, 13 u. 14)

Nichts vermittelt Gott und alles spiegelt Gott. Mystik ist Unmittelbarkeit als Quelle für ein neues Verständnis der Wirklichkeit. Der Mystiker durchgeht verschiedene Dunkelheiten. Erst
im tiefsten Dunkel erstrahlt das reine Licht. Aber dieses Licht
verwandelt das Gesicht der Erde. Die ganze Erde liegt unter
einer neuen Sonne, wenn der Mystiker sie vom Gipfel des Karmels aus betrachtet. Mystik ist Unmittelbarkeit, reflektiert und
nachempfunden, und gerade dadurch auch wird ein neues Verständnis des Lebens und der Welt gewonnen im Unmittelbaren. Mystik gleicht auf manchen Strecken einem Gang in immer dunklere Tiefen. Aber die tiefste Tiefe erweist sich als der
Gipfel des Karmels. Mystik ist ein Durchbruch zur Welt in
Gott.

10. Vom Nihilismus zum Pantheismus?

Lehrmäßig betrachtet gibt sich die Mystik häufig zuerst atheistisch, indem sie alle tradierten Vorstellungen im Abgrund des
Nichts zersplittern läßt. Nachher gibt sie sich nihilistisch, indem
sie sich das Nichts zum Symbol höchster Wirklichkeit erwählt.
Zu guter Letzt gibt sie sich pantheistisch, indem sie im Nichts
das Einssein mit allen Dingen findet. Lehrmäßig betrachtet ist
Mystik eine Kette metaphysischer Widersprüche. Aber wer hat
behauptet, daß die lehrmäßige Betrachtung der Mystik ihr
auch nur annährend gerecht wird?

Die oft zu beobachtende stereotype Reihenfolge (athe-
istisch/nihilistisch/pantheistisch) ist vielleicht nicht ohne Bedeutung für unser Verständnis der Unmittelbarkeit. Selbstverständlich gibt es weder eine theistische noch eine atheistische,
weder eine pantheistische noch eine nihilistische Mystik. Mit
derlei Kategorien wird die mystische Wahrheit nie auch nur berührt. Aber es gibt Mystik, die Unmittelbarkeit mehr nihilistisch oder mehr pantheistisch, mehr theistisch oder mehr
atheistisch reflektiert. Die Reihenfolge der Widersprüche ist
aufschlußreich. Erst vergleicht der Mystiker in seiner Reflexion sein Erleben mit seinen bisherigen Erfahrungen. In diesem Stadium der Reflexion kann sich Mystik nur nihilistisch
oder atheistisch präsentieren.

Im Vergleich zum bisher Erfahrenen ist Unmittelbarkeit ein
Nichts oder eine Nicht-Gottes-Erfahrung, ein Unglaube. Vom
Erleben ausgehend wendet sich der Mystiker zu neuen Erfahrungen. In diesem Stadium der Reflexion spricht er überschwenglich theistisch oder pantheistisch. Gottesbegegnung ist
überall. Die Wahrheit ist allgegenwärtig. Im Vergleich zu früheren Erfahrungen war seine Wahrheit das tiefste Dunkel. Im
Blick auf neue Erfahrungen ist Unmittelbarkeit reinstes Licht,
das die ganze Welt ausfüllt.

Ohne daß wir aus der Reihenfolge mystischer Redeweisen
ein Schema herausdestillieren wollen, läßt sich doch sagen:
Mystik ist in der Regel der Weg von allem zum Nichts und vom
Nichts zu allem. Es hat seinen Grund, wenn Mystiker zuerst
nihilistisch und nachher beinahe pantheistisch sprechen. Wenn
aber derselbe Mystiker sowohl atheistisch, nihilistisch als auch

theistisch und pantheistisch sprechen kann, so heißt dies auch: Mystik ist ein Prozeß, eine Wandlung. Sie ist nie eine weltanschaulich fixierbare Position. Nur wenn der Prozeß nicht mehr voranschreitet, läßt sich die Mystik weltanschaulich fixieren. Eine nihilistische oder atheistische, eine pantheistische oder theistische Mystik ist nur noch Erinnerung an vergangene Unmittelbarkeit.

11. Jede Mystik ist einzigartig

Man kann sich fragen, ob der Buddha ein Mystiker war, ob die Chassidim Mystiker waren, ob die Yogis Mystiker sind, ob Jesus ein Mystiker war. Wenn Mystik nicht Unmittelbarkeit und direktes Innewerden der Wahrheit meint, sondern irgendeine mit irgendwelchen Lehren verbundene Weltanschauung, dann waren Buddha, die Chassidim, die Yogis keine Mystiker. Und Jesus war kein Mystiker, wenn Mystik sich mit neuplatonischer Weltsicht verbindet. Wenn aber Mystik das Erleben der Wahrheit, das Innewerden im Hier und Jetzt, das direkte Leben in der Wahrheit bezeichnet, dann sehe ich nicht, wie wir Jesus, Buddha, Baal Schem, aber auch Laotse oder Bodhidharma aus der Mystik ausschließen könnten. Natürlich, auch aufs Leben unmittelbar in der Wahrheit bezogen, wird Mystik nicht zu einem einheitlichen Konzept, das sich unverändert auf alle Mystiker anwenden läßt.

Gerade in ihrer Unmittelbarkeit ist Mystik immer einzigartig, immer das In-der-Wahrheit-Stehen des konkreten Menschen. Mystik ist gerade als das Innewerden der tiefsten Wahrheit kein Schema, sondern das persönlichste Geheimnis jedes Menschen.

Jesus war für seine Jünger nicht nur Mystiker, er war für sie Mystik schlechthin, Verkörperung der unmittelbar erschauten Wahrheit. Jesus lebte eine Unmittelbarkeit zur Wahrheit, zu Gott, zum Mitmenschen, wie sie sich kein Jünger intensiver hätte vorstellen können. Johannes läßt Jesus sagen (indem er »dessen Lippen bewegte«): Ich bin die Wahrheit. Diese Wahrheit, die Jesus lebt und ist, ist alles andere als eine Doktrin. Sie ist Erleben und Gottesgemeinschaft vor aller christlichen Doktrin und lange vor allem Dogma. Und doch ist es unverwechselbare Unmittelbarkeit. Wir könnten von inkarnierter Unmittelbarkeit sprechen: »Das Wort ward Fleisch und wohnte unter uns, und wir schauten seine Herrlichkeit« (Johannes 1,14), sagt der Evangelist. Wenn er dies als Erlebender sah, dann sah er sich selbst hineingenommen in diese Unmittelbarkeit Jesu zu Gott. Es brauchte für den Jünger gar keine Vermittlung des Unmittelbaren mehr. Jesu Unmittelbarkeit hat sich selbst vermittelt. Das Innewerden der tiefsten Wahrheit war erlebbare Gegenwart.

Daß die spätere Tradition aus dieser sich selbst vermittelnden Unmittelbarkeit Jesu die Lehre von der Inkarnation machte und daß sie mit Ämtern und Sakramenten Gottesnähe zu vermitteln suchte, widerspricht nicht diesem Verständnis Jesu und seiner Bewegung als inkarnierter Unmittelbarkeit. Das Erleben Jesu, seine Wahrheit, nimmt menschliche Gestalt an. Sie will sich verkörpern, im Einzelnen und in der Gemeinschaft. Die doktrinären Sorgen und die kultischen Anliegen der später Geborenen zeigen nur, wieviel Unmittelbarkeit inzwischen verlorenging.

Wenn wir die Unmittelbarkeit des frühen Christentums als inkarnierte Unmittelbarkeit verstehen oder als Wahrheit, die sich inkarnieren möchte, dann gilt Analoges auch von anderen mystischen Wegen. Zum Beispiel vom Weg des frühen Buddhismus: Erst im Theravada erstarrt das Erleuchtungserlebnis des Buddha zur beinahe nihilistischen Weltsicht. Der Buddha lebte eine einzigartige Unmittelbarkeit. Keine mystische Wahrheit atmet soviel nihilistische Freiheit wie die Erleuchtung des Buddha. Ein derartig radikales Loslassen alles Welthaften und Weltgebundenen hat keine Einsicht je so rein und konsequent erschaut.

Wieder Analoges gilt von der Hindu Bhakti: Wo wird Einsicht zu einem derart überraschenden Innewerden der fast bizarr vielfältigen göttlichen Wirklichkeit wie in der Bhagavadgita im 11. Gesang? Wo ist das Geheimnis der Welt tiefer erschaut und ehrfurchtsvoller ausgesprochen als in den Texten des frühen Taoismus? Und wo wird das umwälzend Neue aller Unmittelbarkeit abrupter erlebt als im Rinzai Zen?

Mystik als unmittelbares Innewerden der Wahrheit ist durchaus kein Schema und kein Klischee. Mystik ist immer einzigartig, oder sie ist keine Mystik. Der sanfte New Age-Mystizismus tendiert zum esoterischen Eintopfgericht. Neo-Tarot und Neo-Zen sind von Neo-Eckhart und Neo-Schamanismus, von Neo-Hexenkult und Neo-Taoismus, von Neo-Mutter-Erde-Verehrung und Neo-Anthroposophie oft kaum mehr zu unterscheiden. Mystizismus ist ein sanftes einmal dies, einmal das und im Grunde genommen immer dasselbe. Aber Mystik ist immer einzigartig unmittelbar.

12. Woher gewinnt die Mystik ihre Kühnheit?

Ramakrishna (1836–1886) lebte eine Mystik voller geistiger Abenteuer, eine Mystik, die ihn Gott oder das Eine bald als Devi (als weibliche Gottheit und Urkraft), bald als Allah, bald als Christus, bald als das eine und einzige göttliche Brahman erleben läßt. Jedesmal erlebt er die überwältigende Nähe des Göttlichen so intensiv, daß er sein Bewußtsein verliert und sich nur schwer wieder auf die Ebene des Tagesbewußtseins emporheben läßt (manchmal hilft ein Gottesname, dem Verzückten ins Ohr gesprochen, um ihn aus seinem Samadhi zurückzurufen).

Bhakti können wir Ramakrishnas Mystik nennen, indische Gottesliebe in ihrem leidenschaftlichen Feuer und in ihrer alle Gottesvorstellungen umfassenden und zerstörenden Kraft.

Was hat Ramakrishna auf den Weg seiner leidenschaftlichen Mystik gelockt? Er war, so möchte man zunächst meinen, für diesen Weg aus innerem Antrieb heraus bestimmt, konnte er doch schon als Knabe in Verzückung fallen, z. B. als er weiße Kraniche vor einer Gewitterwolke sah. Wenn er in religiösen Theateraufführungen eine Gottheit verkörperte, konnte er sich selbst nur noch als diese Gottheit erleben. Schon als Kind wird Gadadhar, der spätere Ramakrishna, eins mit allem, was Erleben ermöglicht. Er stürzt sich mit seinem ganzen Selbst in alles hinein, was ihn innerlich berührt. Er war zum ekstatischen Mystiker geboren.

Auf den Weg der Mystik führt eine innere Notwendigkeit, eine Anlage, beinahe ein Zwang. Diese innere Not treibt den angehenden Ramakrishna an einer Stelle sogar beinahe in den Suizid. Als Priester der Kali in Dakshineshwar wurde er von einem derartigen Verlangen geplagt, Kali, seine mütterliche Gottheit, zu erleben, daß er lieber sterben als sie entbehren wollte. Ramakrishna mußte alles, was andere als religiöse Tradition verehrten, im eigenen Samadhi erleben. Er konnte kein ferner Diener einer vielleicht nur vorgestellten Gottheit sein:

>Eines Tages war ich die Beute einer schrecklichen Angst. Ich hatte das Gefühl, als werde mein Herz ausgewrungen wie ein feuchtes Tuch. Ich war von Leiden gequält. Beim Gedanken, daß ich diese göttliche Erscheinung nicht haben könne, schien mir das Leben nicht mehr lebenswert zu sein. Ich war entschlossen, ein Ende mit mir zu machen. Plötzlich erblickte ich das große Schwert, das im Heiligtum hing. Ich stürzte wie ein Toller darauf los, um es zu ergreifen und – plötzlich offenbarte sich mir endlich die gnadenvolle Mutter. Die verschiedenen Teile der Gebäude, der Tempel und alles andere verschwanden spurlos vor meinen Augen. Statt dessen sah ich einen Ozean des Geistes, grenzenlos, unendlich, blendend. Soweit mein Blick reichte, sah ich glänzende Wogen, die von allen Seiten her sich erhoben und mit schrecklichem Rauschen auf mich niederbrandeten, als wollten sie mich verschlingen. Ich konnte nicht mehr atmen. Vom Wirbel der Wogen erfaßt, stürzte ich leblos hin. Was in der äußeren Welt vor sich ging, wußte ich nicht. Mein Inneres wurde von einer stetigen Welle unaussprechlicher, mir noch völlig unbekannter Glückseligkeit durchflutet, und ich fühlte die Gegenwart der göttlichen Mutter.« Als er wieder zum Bewußtsein kam, flüsterten seine Lippen nur das eine Wort:»Mutter!« (Einleitung zum »Evangelium M.«)

(S. LEMAÎTRE: Ramakrischna, 1978, 59)

Mystik ist kein liebliches Spiel mit irgendwelchen religiösen Ideen. Mystik ist ein Spiel auf Leben und Tod, ein Abenteuer, wie es gefährlicher kein Mensch eingehen könnte. Wer sich auf diesen Weg der selbsterschauten Wahrheit einläßt, der wird zum Narr oder zum Erleuchteten, der verbrennt im Licht, in das er sich stürzt, oder er wird ein Ramakrishna, ein von Gott Durchdrungener.

Dieses Spiel um Leben und Tod, um Ewigkeit und Verzweiflung, dieses Abenteuer zwischen Himmel und Hölle geht kein Mensch freiwillig ein. Zur Mystik drängt die Macht der Verzweiflung. Entweder das Schwert oder das Erleben der Gottheit. Entweder Untergang oder das Schauen der Gottheit, wobei sich der kritische Leser fragt: Ist Ramakrishnas Alternative wirklich eine Alternative? Oder ist sein Gotteserleben nicht bloß eine Variante zum vorher gesuchten Tod? Er verliert sich in Gott, im Ozean des Geistes. In den Wirbeln und Wogen stürzt er leblos hin und her. Ist sein Gottschauen nicht ein momentanes Sterben, ähnlich dem Tod, den er sich vorher leiblich suchte? Ist Mystik nicht überall ein ins innere Erleben hineingetragener Todeswunsch, ein Suizid ohne dauernde körperliche Konsequenzen? Der Mystiker ist sich selbst dermaßen zur Last geworden, daß er die Fesseln seines Ichs, das Gefängnis seines Ichbewußtseins sprengt und fortstößt, wie der Lebensmüde seinen Leib und sein körperliches Leben.

Mystik, das kühnste Spiel der religiösen Seele, ein Spiel auf Leben und Tod, ist vielleicht zu deuten als sublimierter Todestrieb. Wenn ich den Weg der Mystik gehe, riskiere oder suche ich sogar die Selbstauflösung, die Zerstörung meines Ichs. Ich will in Gott untergehen. Ich stürze mich in den Abgrund des letzten Geheimnisses, damit ich nicht mehr bin. Dieses Verständnis der Mystik als spiritualisierter Todeswunsch sei hier zunächst nur neben den schon erwähnten Hinweis auf die Mystik als Zwang zum eigenen Erschauen und Erleben gestellt. Wir werden im Blick auf andere mystische Wege darauf zurückkommen.

Selbstverständlich deuten die beiden bisher erwähnten Antworten die Mystik des Ramakrishna noch in keiner Weise erschöpfend. Was führt ihn in seine ekstatische Mystik? Ramakrishna hat sich selbst verschiedentlich über das Warum und Wozu eines mystischen Weges geäußert. Er tat dies, wie es seiner Art entspricht, im bildhaften Vergleich:

»Ein Holzhauer führte ein elendes Dasein von dem geringen Erwerb, den er sich durch Verkauf des von ihm geschlagenen Holzes aus dem nahen Walde verschaffen konnte. Ein Weiser, der durch den Wald kam, sah ihn bei der Arbeit und riet ihm, weiter in das Innere des Waldes zu gehen. Es würde nicht sein Schaden sein.

Der Holzhauer folgte dem Rat und drang tiefer in den Wald ein, bis er zu einem Sandelbaum kam. Erfreut nahm er so viel von dem Holz mit, als er tragen konnte, verkaufte es auf dem Markt und erzielte großen Gewinn.

Dann dachte er darüber nach, warum der Weise ihm nichts von dem Sandelholz gesagt, sondern nur geraten hatte, tiefer in den Wald hineinzugehen. So drang er am nächsten Tage noch weiter vor, bis er auf eine

Kupfermine stieß. Beglückt nahm er so viel Kupfer, als er zu tragen imstande war, und verdiente auf dem Markt damit mehr denn je zuvor.

Kommenden Tages blieb er nicht bei der Kupfermine stehen, sondern ging weiter, wie der Weise ihm geraten hatte, bis er eine Silbermine entdeckte. Wiederum nahm er so viel von dem Metall mit sich, als er tragen konnte, und gewann noch mehr Vermögen.

Und so drang er jedesmal tiefer in den Wald hinein, fand Gold- und schließlich Diamant-Minen und gelangte so zu unermeßlichem Reichtum.

Gleichermaßen ist es mit einem Menschen, der nach den Schätzen wahrer Erkenntnis und Gottschau trachtet: hat er einmal den Weg nach innen beschritten und bleibt er auf diesem Wege nicht stehen, nachdem er einige außergewöhnliche übersinnliche Kräfte und Vermögen erlangt hat, sondern dringt er unentwegt weiter vor, dann erlangt er wachsenden Reichtum durch Erkenntnis der höchsten Wahrheit.

Und am Ende geht ihm auf, daß erst der ein wahrer Mensch ist, der vom Lichte höchster Erkenntnis erleuchtet ist. Die anderen, die sich zwar Menschen nennen, aber blind für das Wesentliche im Alltag dahinleben, sollen erst Menschen werden. Denn Mensch sein heißt ein Erkennender sein.«

(K. O. Schmidt: Brücken der Einheit von Ost und West, 1970, 16ff.)

Mystik als Weg nach innen und als Weg ins tiefste Geheimnis der Wirklichkeit gleicht dem Weg in den Urwald der überreichen Schätze. Je tiefer der Weg in den Wald hineinführt, desto reicher die Schätze, die wir dort finden. Woher weiß der Holzfäller aber vom Geheimnis dieses Waldes? Er weiß es von dem, der aus der Mitte des Waldes kam. Kein Mystiker kann seine Mystik anderen ausleihen. Auf dem Weg der Mystik ist jeder Mensch unverwechselbar er selbst. Aber jeder, der das Geheimnis dieses Weges nach innen kennt, kann anderen von diesen Geheimnissen berichten.

Mystik wirkt ansteckend, über die Grenzen der sozialen Schichten, der Kulturen und Religionen hinaus. Die Mystik des Islam beeinflußt in Indien die Bhakti und wird selbst wieder von der Bhakti angeregt und bereichert. Sie ist in ihren Anfängen durch die Spiritualität der Ostkirche und deren Neuplatonismus eindeutig angeregt worden, und sie führt wieder im nachislamischen Spanien zu einem Aufblühen der christlichen Mystik. Zen entwächst nicht nur der altbuddhistischen Meditation, sondern auch der vorbuddhistischen Mystik Chinas. Zen wird aber auch seinerseits besonders in unseren Tagen zu einer fruchtbaren Herausforderung und zu einem tiefgehenden Anstoß für eine neue christliche Mystik.

Mystik gleicht dem Weg in den Wald der unerahnten Schätze. Kein Wunder, daß jeder, der die Mitte des Waldes erreicht, andere zum Aufbruch veranlaßt. Es ist wie bei einem Goldrausch. Wenn einmal bekannt wird, was alles zu entdekken wäre, sind viele nicht mehr zu halten. Daß in diesem allgemeinen mystischen Aufbruch auch viel Oberflächlichkeit und Sensationslust mitschwingt, liegt auf der Hand. Die äußere Welt ist scheinbar bekannt. Nun suchen wir Abenteuer in der letzten terra incognita, in der eigenen Seele.

Gerade in unserer Zeit verlangt die Neo-Mystik der Gegenwart nach deutlicher Unterscheidung. Nicht alles, was sich mystisch gibt, ist reine Mystik. Oder um mit dem Bild des Ramakrishna zu sprechen: Wer sich auf dem Weg in den Wald noch bereichern will, wer nach übernatürlichen Kräften und Erlebnissen sucht, der ist noch nicht zur Mitte des Waldes vorgestoßen. Erst wer ein Erleuchteter wird, wer ins reine Licht findet, ist den Weg zu Ende gegangen. Im Gleichnis von Ramakrishna ist es kein Zufall, daß der Weise, der den Holzfäller auf die Schätze des Waldes hinweist, selbst nichts aus dem Wald herausträgt.

Mystik ist Durchbruch in eine neue Wirklichkeit. Am Ziel wartet auf den Mystiker kein neuer Besitz und keine neue Fähigkeit, sondern das Hineingenommenwerden in eine neue Wirklichkeit, die Verwandlung, das neue Sein. Gerade darin liegt wahrscheinlich auch die höchste Antriebskraft für alle Mystik: Die Hoffnung auf ein neues Sein, auf eine Neugeburt, auf eine radikale Verwandlung läßt alle Gefahren der Reise, alle Risiken und Opfer auf sich nehmen.

Der Mystiker ist tollkühn. Der Mystizist ist vorsichtig. Der Mystiker sucht – und koste es sein Leben – Unmittelbarkeit. Der Mystizist interessiert sich für alles Unmittelbare. Der Mystiker wird zum Narren oder zum Erleuchteten. Der Mystizist scheut im Grunde jede Verwandlung.

13. Mystizistisch glauben?

Wenn ich Zeugnissen mystizistischer Erfahrungen und mystischen Erlebens begegne und mich auf den Weg des Glaubens besinne, so muß ich sofort annehmen, daß der christliche Glaube, der zu seiner Mitte findet, den Bereich der mystizistischen Ichbereicherung und Ichbestätigung weit hinter sich zurückläßt.

Natürlich geschieht es in allen Ausprägungen christlicher Frömmigkeit, daß wir nichts anderes als Mystizismus anzutreffen meinen. Der wiedergeborene Christ fand nur den Weg vom sogenannt ungläubigen zum sogenannt gläubigen Ich. Der aufgeklärte Christ fand von bornierten zu freieren Vorstellungen dessen, was Gott und Glaube sein könnten. Der entschiedene Christ klammert sich an seine Entscheidung für Christus; ein Akt des Ichs wird und bleibt für ihn Mitte des Glaubens. Ein mystisch angehauchter Christ geht in seinen Meditationen den Weg dunkler Ahnungen, er läßt sich vom Geheimnis des nahen Gottes berühren und gewinnt ein Gefühl für die ihm vorher verborgene Seite der Wirklichkeit. Der aktive Bibelleser bestätigt sich in seiner Bibellektüre seine religiösen Vorstellungen, im besten Fall ergänzt er seinen bisherigen Kosmos christlicher Vorstellungen. Der kirchlich engagierte Christ sucht im Gemeindeleben den Raum, in dem sein Ich im Denken und Erfahren zu einem Du und einem Wir findet.

Gegen all dies ist an sich nichts einzuwenden. Was wären Christentum und Kirche ohne diese Vielfalt christlichen Glaubens? Aber was wären Christsein und Kirche, wenn sich der Glaube darin erschöpfte? Bewegt sich nicht jede dieser Glaubensformen im besten Fall am Rand der Wahrheit? Der entschiedene, der aufgeklärte, der mystisch angehauchte, der kirchlich engagierte, der theologisch interessierte Christ fand den Weg vom vagen zum gewissen, vom armseligen zum reicheren oder vom ungläubigen zum gläubigen Ich. Im letzteren Fall nennt er diesen Wandel Bekehrung oder Wiedergeburt. Aber welche Wiedergeburt ersetzt ein Ich durch ein anderes? Welcher Glaubensweg bestätigt irgendein Ich in seinen Glaubensvorstellungen? Bewegt sich das fromme, das aufgeklärte, das bibeltreue, das kirchlich gesinnte, das mystisch angehauchte

Ich nicht auf all diesen Glaubenswegen immer noch im Bereich der Vorstellungen?

Eine Reise von unzureichenden zu besseren Glaubensvorstellungen und von einem christusfernen zu einem christusnäheren Ich kann ich noch nicht wirklichen Glauben nennen. Ungeteilter Glaube ist ein Innewerden der Wahrheit jenseits aller, auch der besten Glaubensvorstellungen. Wahrheit ist ein Geschehen, in dem jedes Ich, auch das frömmste Ich, zerbricht.

Vorstellungen und Erwartungen brechen wie ein Kartenhaus in sich zusammen, wenn Reich Gottes geschieht. Die Bibellektüre fördert keine Bestätigung christlicher Vorstellungswelten mehr, sondern eine tiefe Verunsicherung in allen Vorstellungswelten. Statt endlose und doch nie zufriedenstellende Bestätigung für irgendein Ich schenkt das biblische Wort Zugang zu einer Wahrheit, in der und mit der jedes Ich stirbt und einem neuen Sein Raum gewährt.

Die Bibel, vorher das nur scheinbar zuverlässigste Fundament für christliche Stützungsaktionen – das Ich kann auf dem unerschütterlichen Fundament des Glaubens nur scheinbar unerschüttert und in alle Zeiten Ich sein und Ich bleiben –, dieses Fundament wird zur abgrundtiefen Wahrheit, in der kein Ich sich mehr begründen und in alle Ewigkeiten verlängern will.

Wenn wirklicher Glaube geschieht, ist das Spiel des mystizistischen Christentums ausgeträumt. Wahrheit ist nicht und Gott ist nie, was sich die Vorstellung ausmalte. Wahrheit bestätigt kein Ich. Sie läßt jedes Ich sterben. Aber gerade darin geschieht Wiedergeburt. Wahrheit ist ein Sterben und Auferstehen mit Christus. Dieses Sterben und Auferstehen ist dabei keine fromme Erinnerung, kein bloßes Annodazumal, sondern – gemessen an meinen Vorstellungen – ein Weg in einen Glauben, den ich nicht mehr habe und nicht mehr finde, der aber mich findet und mich hat. Das entschiedene und das aufgeklärte, das kirchlich engagierte und das bibeltreue, das mystisch angehauchte und das theologisch interessierte Christentum ist fern dieser Wahrheit nur ein Schatten des wirklichen Glaubens und nur eine ferne Ahnung dessen, was Wort Gottes wirklich meint.

Exkurs
Unio-Mystik und Erleuchtungsmystik

Wenn wir als Mystologen auf einen Weg zur *unio*, auf eine Vermählung einer Seele mit Gott achten, stellen sich sofort Fragen, die nach einer Antwort rufen, wenn nicht nur ein einzelner
mystischer Pfad, sondern Mystik überhaupt der Gegenstand
unserer Erkenntnisbemühung ist. Diese Fragen sind allesamt
nicht Mystikerfragen, sondern Mystologenfragen. Den Mystiker beschäftigen diese Vergleiche – wenn überhaupt – nur am
Rand.

Deshalb wird jede sinnvolle Mystologie diese an sich beiläu-
figen Fragen auch nur nebenbei behandeln, nur im nachhinein
zu den anderen Fragen, die die Mystik wirklich beschäftigen.
Aber im nachhinein seien auch typische Mystologenfragen
nicht verboten.

Die typische Mystologenfrage im Blick auf die *unio mystica*
lautet: Gleicht diese *unio* der christlichen und der sufistischen
Mystik der Erleuchtung der östlichen Wege? Oder umgekehrt
gefragt: Worin unterscheiden sich beide?

Wenn ein Mystiker von *unio* oder Vermählung spricht, so ist
die vormystische Situation des Menschen als Getrenntsein oder
Fernsein gedacht. Die Seele ist fern ihres Geliebten. Die Seele
ist eigentlich auch ohne wirkliche Liebe. Oder ihr Liebesver-
langen ist unerfüllt. Etwas vereinfacht gesagt: Die Seele
möchte umarmen, aber sie findet nichts, was sie ohne Vorbehalt lieben kann.

Wenn eine Mystik aber von Erleuchtung spricht, so ist die
vormystische Wirklichkeit des Menschen als Blindheit, als Her-
umirren in einer Nacht, als existentielle Finsternis gedacht. Der
entscheidende Durchbruch ist das Aufleuchten eines bisher nie
erschauten Lichtes. Blinde werden sehend. Das ist das Grund-
geschehen der Erleuchtung.

Nun wäre es natürlich völlig verkehrt, wollten wir zwischen
der *unio* und der Erleuchtung prinzipielle Gräben aufwerfen
und behaupten, *unio* sei nie Erleuchtung und Erleuchtung nie
unio. Jedes Zeugnis lebendiger Mystik zeigt Aspekte beider
mystischen Urmöglichkeiten. Indien kennt Formen mystischer
unio; wir denken an die Bhakti. Auch das Abendland kennt

Erleuchtung; wir denken an Eckharts Bemerkungen zur Bekehrung des Paulus vor Damaskus. Aber tendenziell lassen sich Erleuchtungsmystik und *unio*-Mystik voneinander unterscheiden, gerade wenn wir an die je verschieden empfundene vormystische Situation denken.

Unio-Mystik ist emotionaler, sie läßt dem Gefühl auf dem mystischen Pfad mehr Raum. Sie ist manchmal sogar recht überschwenglich. Sie ist herzlich. Der im *unio*-Erleben verwandelte Mensch wird oft zu einem Leitbild menschlicher Spontaneität und Herzlichkeit. Der Mystiker hat in seine Gefühlsmitte gefunden. *Unio*-Mystik ist nicht zufällig auch zu einem wesentlichen Teil Frauenmystik. Mystikerinnen sind auf diesem Pfad mindestens so wegweisend wie Mystiker. Nicht zufällig werden die Gopis (die Hirtinnen) als Leitbilder der Seele verstanden. Diese ist auf dem Weg der *unio*-Mystik nicht nur, aber vor allem auch weiblich. *Unio*-Mystik gibt sich poetisch. Sie singt und tanzt. (Teresa hat sogar im strengen, von ihr reformierten Karmel getanzt.) Gopas und Gopis tanzen. Chassidim tanzen.

Unio-Mystik ist eine Mystik der Freude, aber auch der Verzweiflung. Das Gefühl intensiver Gottesnähe weicht manchmal fast depressiven Phasen der bloßen Gottessehnsucht, der intensiv empfundenen Gottlosigkeit. *Unio*-Mystik erinnert manchmal an manisch-depressives Verhalten, verzückt in Freuden und verloren in Verzweiflung. Wobei die intensivste Form der *unio*, die Vermählung, ein völliges Herausfallen aus der *unio* nicht mehr zuläßt. Nach der Vermählung bleibt der Mystiker in seiner Wesensmitte immer in Gott.

In all ihrer Emotionalität, Herzlichkeit und in ihrer Verzweiflung ist *unio*-Mystik gemeinschaftsfähig und gemeinschaftsfreudig. Kein Mystiker sucht für alle Zeiten die völlige Einsamkeit. Die Vermählung der Seele mit Gott ist ein Fest, das nach Gästen verlangt. Der Tanz der Gottesliebe will nicht allein getanzt werden. *Unio*-Mystik entwickelt auch starke soziale Impulse.

Die *unio*-Mystik ist leidensbereit und manchmal sogar leidenswillig. Dem Mystiker ist kein Opfer zu groß, wenn es um seine Beziehung zum göttlichen Geliebten geht. Alle Ablehnung, die der Mystiker erfährt, wird – geduldig ertragen – zum

Zeichen seiner Liebe, die ihm mehr gilt als alles andere auf der Welt. Vielleicht finden sich gerade deshalb unter den Mystikern nicht nur Leidenswillige, sondern im Extrem auch leidenseifrige Gottesfreunde. Im bereitwillig erduldeten Leiden kann ihre Liebe sich auf besonders eindringliche Weise als Liebe erweisen.

Der Erleuchtungsmystiker braucht diese Bekundung seiner Liebe nicht. Wem sollte er sie zeigen? Der Erleuchtungsmystiker entzieht sich lieber möglichen Konflikten mit der Gesellschaft. Er lebt und erweist seine Überlegenheit, sein Jenseits zu allen menschlichen und allzumenschlichen Auseinandersetzungen. Der *unio*-Mystiker läßt sich im Extremfall, wie Al-Hallaj, gerne an den Galgen hängen, oder er stirbt doch lieber, als daß er sein Zeugnis seiner unendlichen Liebe zu Gott verleugnen würde (wie Margarète Porete). Der Erleuchtungsmystiker verläßt, wie Laotse, die Gesellschaft, die ihn nicht mehr versteht, oder er verkehrt wie der Buddha – unbehelligt von allen Konflikten – mit allen politisch einflußreichen Gestalten seiner Umgebung.

Welcher Gott führt den *unio*-Mystiker durch sein Erleben? Keine Mystik läßt sich theologisch auf bestimmte Positionen festnageln. Denn für keine Mystik ist Gott oder die Wahrheit eine Idee oder Doktrin. Der *unio*-Mystiker bezeugt immer wieder ein äußerst paradoxes Gotteserleben: Gott ist auf der einen Seite die unvorstellbare Macht, jenseits all dessen, was sich die lebhafteste Phantasie ausdenken könnte. Auf der anderen Seite ist er der Freund der Seele, ein Du, zärtlicher, herzlicher, inniger als irgendein geliebter Mensch. Für den Erleuchtungsmystiker ist Gott ein Nichts, ein Urgrund, ein Ozean, das Sein, die Wirklichkeit.

Von der *unio*-Mystik läßt sich mit gutem Grund behaupten: Gott ist menschlicher als irgendein Mensch, liebevoller als irgendein Liebhaber, freundschaftlicher als irgendein Freund. In seiner Freundschaft zum Menschen ist Gott dem *unio*-Mystiker meist auch fast erschreckend konkret und körperlich nahe.

Das Gotteserleben des *unio*-Mystikers ist weit entfernt von einer reinen, abgeklärten Gottesidee. Der Krishna-Bhakta schwärmt für den hellblauen, göttlichen Lausbuben. Der Amida-Mystiker erlebt, wie die Amida-Statue vom Podest heruntersteigt und den Menschen umarmt. Der christliche *unio*-Mystiker erlebt Inkarnation, Menschwerdung Gottes in fast erschreckender Weise sichtbar, fast handgreiflich. Im Bruder Jesus wird Gott der Freund der Seele. Trotzdem ist dieses augenfällige, sehr menschliche Du Gottes sofort auch wieder ein Du, das sich vom Ich nicht mehr unterscheiden läßt. Dieses göttliche Du ist auch das tiefste Geheimnis der Seele. Kurz, *unio*-Mystik ist die Geschichte der Seele mit einer göttlichen Wirklichkeit, die von einer Überraschung in die nächste führt. *Unio*-Mystik gleicht manchmal einer stürmischen Liebesgeschichte, mit dem Unterschied allerdings, daß der menschliche Liebhaber immer ein Du bleibt; bei Gott ist sogar dies nicht voraussehbar.

Es ist kein Zufall, daß die *unio*-Mystik immer wieder berühmte Zeugnisse menschlicher Liebe heranzog, um ihre Liebesgeschichte mit Gott anschaulicher werden zu lassen. Das Hohelied diente der christlichen Mystik des Mittelalters nicht mehr als Sammlung weltlicher Liebeslieder, sondern als Zeugnis für die innigste Freundschaft zwischen Gott und der Seele. Ähnliche Bedeutung haben manche Krishna-Legenden. Die Gopis, von unendlicher Liebe zu Krishna entbrannt, suchen ihren Geliebten im Wald. Manchmal finden sie ihn und tanzen mit ihm. Manchmal entzieht er sich ihnen. Ihre Liebe wird dadurch nur noch leidenschaftlicher. Die Krishna-Mystik erzählt sehr menschliche Liebesgeschichten als Geschichten der Seele mit ihrem göttlichen Freund.

Über alle bloß menschliche Freundschaft hinaus geht dann allerdings die Erkenntnis der Gopis: Du bist das tiefste Geheimnis unserer Seele. Wo immer wir dich suchen, du bist schon in uns. Noch verwirrender wird das Nebeneinander und Ineinander von mystischer Gottesliebe und menschlichem Eros im Sufismus. Rumi schreibt Lieder, die immer beides gleichzeitig sein können: Gebete der Seele zu Gott und Liebesschwüre unter zwei verliebten Menschen.

Man kann sich fragen, warum die *unio*-Mystik sich so rückhaltlos der menschlichen Liebe angleicht. Wahrscheinlich braucht sich die Mystik dem Eros gar nicht erst anzugleichen. Wahrscheinlich hat jede Form der Liebe schon irgendwie ihre mystische Dimension.

Während *unio*-Mystik die mystischen Aspekte menschlicher Liebesfähigkeit aufgreift, hält sich die Erleuchtungs-Mystik an die mystische Dimension des Erkennens. Erleuchtungs-Mystik erlebt die Wahrheit nicht als göttlichen Freund, sondern als die letzte Wirklichkeit, die alles Seiende erst verständlich werden läßt. *Unio*-Mystik erzählt Liebesgeschichten und singt Liebeslieder. Sie dichtet und tanzt. Erleuchtungs-Mystik philosophiert und abstrahiert, sie greift zu den eigenartigsten Wortschöpfungen, um ihrem Erleben Ausdruck zu verleihen. Sie schafft sich eine Art erlebter Philosophie, um ihrem Weg in Worten einigermaßen gerecht zu werden. *Unio*-Mystik ist im Grunde die Liebesgeschichte der Seele mit Gott. Erleuchtungsmystik ist das Abenteuer des Erkennens, das den Raum der bloßen Erwägung und Beobachtung verläßt und das nun zu erleben wagt.

Wie sich Eros und Mystik in der *unio*-Mystik ständig die Hand reichen, so Philosophie und Mystik in der Erleuchtungsmystik. Die wesentlichsten Texte traditioneller östlicher Philosophie (Taoteking, Upanishaden, die Lehrreden des Buddha) sind gleichzeitig auch die wesentlichsten Zeugnisse östlicher Erleuchtungsmystik. Und wie die *unio*-Mystik, wenn sie die Unmittelbarkeit verläßt und zum mystizistischen Spiel wird, sich in den bizarrsten Formen religiöser Erotik verliert (aus *unio*-Mystik wird dann der Flirt mit Gott), so verirrt sich die Erleuchtungs-Mystik, wenn die Unmittelbarkeit fortfällt, in metaphysischen Sprachspielen, in philosophischen Sprachereignissen oder im experimentellen Tiefsinn. Die *unio*-Mystik verliert sich in unechten Gefühlen, die Erleuchtungs-Mystik in spekulativen Erleuchtungen.

Weshalb aber wählen manche Mystiker eher den Pfad der *unio*-Mystik, andere eher den Weg der Erleuchtung? Sind die einen Menschen der Empfindung, die anderen Menschen der Erkenntnis? Wahrscheinlich gilt zunächst genau das Umgekehrte.

Der Mystiker geht zuerst den für ihn schwierigsten Weg. Der *unio*-Mystiker ringt um Gottesliebe, weil er zu keiner herzlichen, spontanen Liebe fähig ist. Seine größte Not wählt er sich zur Tugend. Aus jener wird seine größte Chance. Seine Liebesunfähigkeit verwandelt sich in *unio*-Mystik. Ähnliches gilt für die Erleuchtungs-Mystik. Die großen Zweifler, die in allen Lehren zutiefst Verunsicherten, werden zu den großen Lehrern der Upanishaden-Zeit. Der zutiefst Unerleuchtete und nach Erleuchtung leidenschaftlich Suchende wird zum Buddha. Dem zutiefst Verständnislosen schenkt sich die Erleuchtung des Zen.

Wenn einfach die Gefühlsmenschen, die Gefühlsstarken und die Gefühlssicheren *unio*-Mystiker würden, dann wäre Mystik eine nette Ergänzung menschlicher Fähigkeiten. Aber Mystik ist nie eine nette Bereicherung eines an sich schon sehr netten Lebens. Mystik ist für den Mystiker eine Frage des Überlebens, eine Frage auf Leben und Tod. Teresa von Avila stirbt beinahe (sie wäre einmal fast lebendig begraben worden), bevor sie zu ihrer Vermählung der Seele mit Gott findet. Der angehende Buddha setzte in seinem Ringen um hilfreiche Einsicht beinahe sein Leben aufs Spiel (wir denken an seine Fastenübungen). Schon der archaische Mystiker, der Schamane, wird nicht Schamane zur Bereicherung seines Lebens, sondern in seiner Lebenskrise.

Jeder Mystiker geht eigentlich immer den Weg seiner größten Not. Seine Krise wird zum Tor zur Erleuchtung oder zum Tor zur *unio* mit Gott. Mystik verwandelt die größte Not in die beste Chance. Es wäre zu einfach, wenn wir die Gefühlsstarken als mögliche *unio*-Mystiker und die Erkenntnisgewohnten als mögliche Erleuchtungs-Mystiker betrachten wollten.

Ein charakterlicher Unterschied allerdings mag auf dem ganzen Weg der *unio* oder der Erleuchtung bestimmend sein. Teresa hat einmal denjenigen, die sich gerne in höchster göttlicher Ruhe bildlose Versenkung suchen, zu bedenken gegeben, daß wir die Menschheit Jesu als Bild der Betrachtung brauchen, um den Boden nicht zu verlieren, um auch als Mystiker Menschen unter Menschen zu bleiben:

> Das Bildhafte auszuschließen bei der Betrachtung, mag schon richtig sein, gewiß, da es ja Menschen sagen, die so geistlich sind; aber dann muß meiner Meinung nach die Seele schon sehr weit fortgeschritten sein, denn vorher muß man den Schöpfer ganz klar durch die Geschöpfe suchen.
>
> Zum zweiten möchte ich sagen, daß wir keine Engel sind, sondern einen Leib haben, und Engel sein zu wollen, solange wir auf dieser Erde

sind – und so fest auf der Erde wie ich –, ist Unsinn; der Verstand braucht, jedenfalls normalerweise, eine Stütze, wenn auch die Seele manchmal außer sich gerät und ganz gotttrunken ist, so daß sie nichts Geschaffenen mehr bedarf, um sich zu sammeln. Das ist aber nicht der Normalfall, denn bei Verhandlungen, Verfolgungen und Leiden ist Christus, wenn man nicht so viel Ruhe hat, und auch in Zeiten geistlicher Unlust, ein ganz guter Freund, da wir ihn als Mensch betrachten und ihn vielerlei Schwachheiten und Mühen unterworfen sehen, und so ist er uns ein Gefährte.

(Aus Vida 22, zit. bei ULRICH DOBHAN:
Teresa von Avila, 1983, 122 u. 124)

Manche Mystiker sind und bleiben auf den göttlichen Freund und Bruder angewiesen. Reine Erleuchtungs-Mystiker mögen sich der bildlosen höchsten Wahrheit zuwenden. Teresa braucht – weil sie kein Engel ist – neben den Erlebnissen der tiefsten Ruhe und Entrückung die Liebe zum menschgewordenen Gott.

III.
Erleuchtung und Einsicht

1. Zen – Leidenschaft und Ruhe

Wenn ich davon ausgehe, daß selbst die Gläubigen den Glauben nicht kennen, dann sehe ich Meister und Schüler des Zen neben mir stehen. Ihr Nein zu allem scheinbaren Buddhismus und zu jedem Erleuchtungsweg, der keine Erleuchtung mehr kennt, ihre Leidenschaft für die unteilbare Wahrheit berührt jeden zutiefst, der selber Wahrheit nicht vorfindet. Natürlich kann ich nur versuchen, die Meister und Schüler des Zen kennenzulernen. Gelingen kann dieser Versuch nur bruchstückhaft. Zen kann und will nicht verstanden werden. Wer Zen versteht, hat a priori mißverstanden. Aber wenn ich die Meister und Schüler des Zen auch nur ansatzweise verstehen kann, fühle ich mich verstanden. So unerbittlich hat noch kaum eine religiöse Tradition alle religiösen Traditionen in ihren Halbheiten und in ihrer Wahrheitsferne durchschaut und das Erleben der ungeteilten Wahrheit gefordert.

Religionsgeschichtlich betrachtet ist diese außerordentliche Intensität der Wahrheitssuche kein Wunder, kein Stern, der plötzlich vom Himmel fiel. An der Quelle des Zen stehen der indische Buddhismus, Jahrhunderte nach seiner Entstehung schon durch die weite Praxis des Yoga geprägt, und die alte chinesische Mystik, wie sie vor allem im alten, taoistischen Schrifttum ihre eindrücklichsten Zeugnisse fand. Was geschah, als dieser indische Buddhismus nach China kam? Die alte buddhistische Liebe zur unmittelbaren Wahrheit erwachte in der Begegnung mit der chinesischen Mystik zur Leidenschaft und Unerbittlichkeit des Zen.

Alles wird gefordert von dem, der Erleuchtung sucht. Und nichts bringt ihn ans Ziel. Mystischer Quietismus und jene Wahrheitsliebe, die kein Opfer scheut, verbinden sich zum Zen, wie sich in Zen auch andere indo-chinesische und indische Traditionen immer wieder neu verbunden haben. Das Resultat ist ein Meditationsweg, der nicht nur verwirrt, sondern der die Verwirrung braucht als Tor zur Wahrheit.

Wenn wir behaupten würden, Zen lasse sich als Philosophie oder Lehre verstehen, so hätten wir noch einmal den Erleuchtungsweg des Zen gründlich mißverstanden. Die Wahrheit fügt sich in keine Lehre. Unmittelbarkeit geht in jeder Theorie verloren. Trotzdem haben schon frühe Zen-Meister gerne Vorstellungen und Bilder der Avatamsaka-Sutren, der Girlanden-Sutren, aufgegriffen.

Diese Texte, wahrscheinlich in Südindien in den ersten nachchristlichen Jahrhunderten verfaßt, setzen nicht nur die beiden Hauptströmungen des Mahayana, die Schule vom »Mittleren Weg« und die Yogacara-Schule, voraus. Sie verbinden deren Anliegen. Die Metaphysik der »Leere« und die Lehre vom »Nur-Bewußtsein« sind Aspekte der einen Girlanden-Philosophie.

Alles in einem und eines in allem, Einheit in der Vielheit ist nun das Thema dieser Sutren und später auch das Woraufhin aller philosophischen Besinnung in der chinesischen Hua-yen-Schule, die dem frühen Zen so etwas wie die philosophische Begriffs- und Bildwelt liefert. Diese erlaubt ihm, sich reflektierend dem Unmittelbaren zu nähern. Das Ganze ist in allen Erscheinungen. Einheit und Vielheit sind nicht losgelöst voneinander zu erkennen.

»Kosmotheismus« nennt ein Kommentator diese Weltsicht der Girlanden-Schule, der sich Zen immer offenkundiger bediente. In zahlreichen Bildern hat der Girlanden-Buddhismus die Einheit in der Vielheit veranschaulicht: In einem einzigen Wassertropfen ist das Weltmeer. Ein Sandkorn birgt das ganze Universum in sich.

Manche dieser Bilder gewinnen heute in den philosophischen Ansätzen des sogenannten New Age neue Bedeutung, zum Beispiel das Bild von der Perlenkette im Himmel des Indra: Alle Perlen dieser Kette über Indras Palast sind so aufgehängt, daß sich jede Perle in jeder anderen spiegelt. Wer eine Perle sieht, sieht alle. Samsara, die Welt des Vielen, und Nirvana, die absolute Wirklichkeit, die Leere, sind nicht voneinander verschieden. Die Hua-yen-Schule spricht von Shih, »Ereignis«, »Form«, und von Li, »Ursache«, »Prinzip«, »Leere«. Shih und Li durchdringen sich beide völlig und ungehindert. Es findet sich Li nicht außer in Shih und Shih nicht außer in Li.

Der dritte Hua-yen-Patriarch, Fa-tsang (643–712), erläutert dieses Ineinander von Shih und Li einmal mit dem Hinweis auf einen goldenen Löwen, der in einer Halle des Kaiserhofes stand. Gold und Löwe sind getrennt voneinander zu erkennen. Gold ist nicht identisch mit Löwe. Und doch gäbe es im Beispiel des goldenen Löwen diesen Löwen nicht ohne das Gold und es gäbe das Gold nicht, wenn es nicht Löwenform hätte.

Derselbe Patriarch hat ebenfalls am Kaiserhof einmal der Kaiserin Wu seine Weltsicht mit zehn Spiegeln erklärt, die er in einer Halle an allen acht Kompaßpunkten aufstellen ließ, mit je einem Spiegel am Boden und an der Decke. In die Mitte der Halle stellte Fa-tsang eine kleine Buddhastatue und daneben eine brennende Fackel. Die Kaiserin sah nun das erleuchtete Buddhabild in Hunderten von Spiegelungen und von Spiegelungen der Spiegelungen. Sie begriff, hoch erfreut und erschüttert, die Weltsicht des Girlanden-Buddhismus. Fa-tsang erklärte ihr aber, daß sein Spiegelgleichnis nur die gegenseitige Durchdringung aller Dinge im Raum veranschaulichen könne. Wenn jetzt noch bedacht werden müsse, daß alle Zeitmomente sich ebenso durchdringen und daß Raum und Zeit auch zugleich und in eins sind, dann fehle dazu jedes Gleichnis (Heinrich Dumoulin: Geschichte des Zen-Buddhismus I, 1985, 52). Oder in den Worten eines Kommentators:

> »Einer ist in Allen und Alle sind in Einem. Sobald einer die Anderen aufnimmt, dringt das Eine in das Alles ein. Sobald alle den Einen aufnehmen, dringt das Alles in das Eine ein. Die Schlußfolgerung ist, daß nicht nur das Alles in Allem und das Eine im Einen ist, sondern daß auch Alles in Einem und Eins in Allem ist. Auf diese Weise ist die innere Wirklichkeit der Vielfalt vollständig und vollkommen miteinander verschmolzen und einsgeworden.«
> (CHANG CHUNG-YUAN: Tao, Zen und schöpferische Kraft, 1980, 62)

Li und Shih sind nicht ohne das andere zu denken. Wirklichkeit ist Shih in Li und Li in Shih. Schon diese Philosophie läßt erahnen, was jeder Erleuchtungsweg zeigt: Erleuchtung ist nicht über oder jenseits der Welt der Erscheinungen zu finden, sondern in ihr. Und der Erleuchtete findet nicht zu einem höheren Bewußtsein, sondern zur Einsicht in die wahre Natur der Dinge. Der Erleuchtete entdeckt das Menschsein des Menschen und das Weltsein der Welt.

In der vom Erleuchtungsweg des Zen beeinflußten Kunst wird dieses Nichtgetrenntsein von Erleuchtung und Alltag, von Buddhanatur und Schilfrohr, von Schilfrohr und Kieselstein, dieses Alles in Einem und das Eine in Allem zu einem heiligen Realismus, zu einer mystischen Liebe, zum konkreten Hier und Jetzt.

Selbstverständlich ist die Philosophie der Girlanden-Schule nicht Zen (keine Philosophie ist Zen). Sie ist nur ein Spiegelbild des Zen im Nachdenken jener Schüler, die das Nachdenken nicht sein lassen können, die hoffnungslos reflektierende Wesen sind.

Nun aber genug der Vorbemerkungen. Jetzt soll auf zwei Zen-Episoden eingegangen werden. Gespräche und Begegnungen stehen der Erleuchtung näher als Abhandlungen und Theorien. Anschließend möchte ich mich dem Erleuchtungsweg des Dogen zuwenden, einem der bedeutendsten Meister des japanischen Zen (die Soto-Schule verdankt sich ihm). Am Schluß sollen die Konsequenzen für das, was ich als Christ vom Glauben mir erhoffe und was ich – wenn Wahrheit zu Wahrheit führt – auch erwarten kann, zusammengetragen werden.

2. Der Stockstrich des Kempo

»Ein Mönch fragte Meister Kempo: ›Die Erhabenen der zehn Richtungen haben den einen Weg zum Nirvana. Ich möchte gerne wissen, wo dieser Weg ist.‹ Meister Kempo hob seinen Stock, zog eine Linie und sagte: ›Hier ist er.‹«

(ZENKEI SHIBAYAMA: Zu den Quellen des Zen.
Die berühmten Koans des Meisters Mumon, 1976, 395)

Das Suchen nach Erleuchtung ist dem Mönch, wenn er sein Mönchsein ernst nimmt, erstes und letztes Anliegen. Ohne Erleuchtung verfehlt sein Mönchsein das wahre Ziel. Und mit der Erleuchtung würde er zur Erfüllung aller seiner Anliegen finden. Da bliebe nichts mehr zu wünschen, nichts mehr zu suchen. Alles hat sich gefunden, wenn Erleuchtung geschieht. Ohne Erleuchtung ist auch nicht nur das Mönchsein, sondern auch die ganze buddhistische Tradition mit allen heiligen Schriften wertloses Überbleibsel vergangener Unmittelbarkeit. Ohne Erleuchtung ist alles Reden vom Nirvana ein Unding, ein hölzernes Eisen. Denn Nirvana – dies haben alle Versuche, Nirvanakonzepte zu entwerfen und zu vergleichen, gezeigt – ist das unmittelbare Innewerden der Wahrheit, unmittelbar, weil kein Ich mehr den Menschen von der Wahrheit trennt. Das Ich, das heißt alle Vorstellungen, die sich der Mensch von sich selbst, von seiner Welt, von seinem Weg und von der Wahrheit macht, sind im Nirvana aufgehoben. Dieses ist deshalb auch Anatta, Nicht-Ich, Erleben, daß alles vorgestellte Sein erlischt.

Wo aber findet der Mönch ins Nirvana? Diese Frage ist nicht aus Neugier geboren. Nach jahrelangem Ringen um Erleuchtung, nach Monaten in äußerster Selbstdisziplin – Zazen, Sitzen und Schweigen –, nach Kämpfen mit Koans, die das Denken nicht eigentlich herausfordern, sondern malträtieren und zu vernichten drohen, nach Übungen in fast beleidigender Unterwürfigkeit und radikalstem Mönchsgehorsam, möchte der Mönch nicht bloß aus Neugier gerne wissen, wie er Erleuchtung findet, auf welchem Weg er ins Nirvana oder Nirvana zu ihm kommt.

»Kempo hob seinen Stock, zog eine Linie und sagte: ›Hier ist er.‹« Die Verwirrung des Mönches wäre vollkommen, hätte er sich nicht vielleicht schon daran gewöhnt, daß jede Antwort des Meisters wie ein gekonnter Schlag dort trifft, wo man ihn zuletzt erwartet. Dann hätte den Mönch nicht einmal mehr das Überraschende der Antwort überrascht. Dann hätte der Schlag ihn wieder nicht getroffen. Und wieder hätte er vergebens nach Erleuchtung gefragt und gesucht. Das Gespräch wäre wertlos wie sein bisheriges Bemühen, wenn Verwirrung nicht eintritt und wenn Erleuchtung sich nicht ankündigt, genauso wie der ganze Buddhismus mit all seinen heiligen Schriften und Traditionen wertlos ist, wenn Erleuchtung ausbleibt (Buddhismus ohne Erleuchtung ist nur noch ein Schatten seiner selbst).

Doch nehmen wir an, daß sich der Mönch noch nicht zu sehr an die notwendige Verwirrung gewöhnt hatte. Nehmen wir an, daß er in echte Verwirrung stürzte. Der Weg zur Wahrheit führt zuerst durch heillose, heilsame Verwirrung. »Wozu bin ich Mönch?« wird er sich nun fragen. »Wozu mein Bemühen? Wozu meine Leidenschaft, meine Ausdauer, meine Askese, mein Sitzen, mein Schweigen, mein Studieren, wozu die heiligen Schriften, mein Meister, das Kloster, wozu die zehn erhabenen Meister, wenn alle nur die Wahrheit finden, die vor Augen liegt?«

Vielleicht würden wir nun versuchen, den Stockstrich des Meisters symbolisch zu deuten: Wahrheit ist vergleichbar mit diesem Strich, eindeutig und klar. Uns unendlich nahe. Wir brauchen nur jemanden, der uns die Augen für das Nächstliegende öffnet. Aber würde der Mönch mit diesem symbolischen Verständnis des Zeichens am Boden dem Schlag des Meisters nicht wieder ausweichen? Stellt sich die Wahrheit nur symbolisch ein, gleichnishaft, dann hält sich alle Verwirrung in Grenzen. Alles wird zum Spiegel des Ewigen, aber das Ewige selbst bleibt in gefahrloser Distanz.

Die Wahrheit selbst ist nie Symbol. Nur das Reden von Wahrheit bewegt sich in Symbolen. Oder der Mönch könnte versuchen, sich der heillosen, heilsamen Verwirrung zu entziehen, indem er das Dilemma auflöst und seine Wahrheitssuche abbricht. »Wenn die Wahrheit vor Augen liegt, erspare ich mir alle meine Bemühung. Wahrheit wird mich finden oder eben nicht finden. Alles andere Bemühen und Sich-Zwingen, alle Übung und Disziplin sind verlorene Liebensmüh'.« Würde der Mönch diese Konsequenz ziehen, so hätte er wenigstens im Moment die ganze Wahrheit verspielt. Das Nächstliegende ist auch das Fernste, jedenfalls für den, der noch nicht zu sehen lernte. Und das Einfachste ist auch das Schwierigste für den, der sich dem unendlich Einfachen noch nicht öffnen kann.

Es hat seinen guten Grund, wenn der Mönch den Stockstrich des Meisters und dessen Worte als Koan entgegennimmt, als Übung im Bereitwerden für die unendlich nahe Wahrheit. Als Koan hat auch die spätere Tradition das Gespräch und den Stockstrich verstanden. Die Szene wurde zum Koan in der Sammlung »Mumonkan«.

3. Das Rauschen des Bergbaches

»Ein junger Mönch, Kyosha, kam zu dem Zen-Meister Gensha (831–908), um bei ihm zu lernen. Er sprach zu dem Meister: ›Ich bin hierher gekommen auf der Suche nach Wahrheit. Wo kann ich mit der Einführung in Zen beginnen?‹ Hierauf stellte Gensha die Frage: ›Kannst du das Murmeln des Bergflusses hören?‹ – ›Ja, Meister, ich kann es hören.‹ Da antwortete der Meister: ›Dann tritt von da aus in Zen ein.‹

Einige Zeit später erzählte ein Laienschüler, Kyo, diese Geschichte dem Meister An aus Sengan und meinte: ›Weil Kyosha die Antwort gab, daß er das Murmeln des Bergflusses hören könne, als Gensha ihn danach fragte, konnte dieser ihn anweisen, von dort aus den Zen-Weg zu gehen. Hätte Kyosha dagegen gesagt, er könne ihn nicht hören, wie hätte ihn dann Meister Gensha belehrt?‹ Da rief der Meister ganz plötzlich: ›Herr Kyo.‹ Dieser antwortete: ›Ja, Meister.‹ ›Gehe von dort aus in Zen ein.‹ So völlig frei war der Meister bei allen Gelegenheiten.

In Wahrheit hat das Große Tao kein Tor, und der Weg zu Zen ist überall offen.«

(Zenkei Shibayama: Zen in Bild und Gleichnis, 1974, 31)

Ein Gespräch wird für den, der es vernimmt, zum Koan und verwandelt sich zum neuen Koan für den, der in ihm eine Lösung sucht. Koans sind keine Rätsel, die nach einer Lösung suchen, es sind Geheimnisse, die selber lösen und auflösen. Sie befreien den Meditierenden von allen Vorstellungen, die er von sich und seiner Wahrheitssuche, von der Wahrheit und von falschen Wahrheiten macht. Kurz, sie befreien den Meditierenden von seinem Ich und stellen ihn in die Unmittelbarkeit des Nirvana. (Unmittelbarkeit nennen wir jenes Innewerden der Wahrheit, in der sich kein Ich mehr zwischen die Wahrheit und den Erleuchteten stellt.)

»In Wahrheit hat das Große Tao kein Tor.« Es braucht auch keines. Es erschließt sich selbst. Es erschließt sich nie, wo und wie der Wahrheitssucher es erwartet. Das Tao, das unsere religiösen Vorstellungen vom Tao bestätigt, ist nicht das große, sondern nur das kleine, selbsterdachte Tao. Tao ist Wahrheit, ohne die kein Leben und keine Welt wäre. Und doch ist Tao auch nicht ein Prinzip, geeignet, um daraus eine Kosmogonie zu entwerfen. Es ist kein Etwas, kein Ding unter Dingen, und trotzdem auch kein Alles und Nichts.

Tao ist nicht bloß ein Kern aller Dinge oder der Grund der

menschlichen Seele, es ist kein Gott und auch nicht einfach etwas Göttliches. Es ist wörtlich »Weg« und »Sinn«. Es ist Wahrheit, die zum Menschen findet, Wahrheit jenseits aller Vorstellung, Wahrheit unteilbar und unerschöpflich. Und wenn Tao Gott oder das Göttliche ist, dann ist es bildlos Gott und das unvorstellbar Göttliche. Und wenn Tao im Bergfluß begegnet, dann ist die ganze Welt ein rauschendes Wasser.

Wer aus dem Faktum, daß das Tao im Murmeln des Bergflusses begegnet, eine besondere Wahrheitsnähe des Bergflusses, eine besondere Offenbarungsmächtigkeit des Wasserrauschens ableiten will, der wird sofort eines Besseren belehrt. Ihm wird gesagt:»In Wahrheit hat das Große Tao kein Tor, und der Weg zu Zen ist überall offen.« Alles ist Tor. Die verschlossene Türe ist nicht hier oder da. Der noch Unerleuchtete ist selbst die verschlossene Türe und die Wahrheit die Macht, die sie öffnet.

Natürlich wüßte jeder Wahrheitssucher gerne, wo und wann ihm Wahrheit begegnet. Aber wenn er es weiß, dann täuscht er sich selbst. Dort, wo er weiß, und in der Art, wie er es weiß, und zum Zeitpunkt, von dem er es weiß, wird er nur selbsterdachte Wahrheit finden. Offenbarung ist kein Ort und keine vorstellbare Wahrheit. Offenbarung ist Menschen unendlich nahe und doch von den leidenschaftlichsten Wahrheitssuchern nie gefunden, weil sie sich im Unscheinbarsten finden läßt.

»Da rief der Meister ganz plötzlich: ›Herr Kyo.‹ Dieser antwortete: ›Ja, Meister.‹ ›Gehe von dort aus in Zen ein.‹«

Die beste Vorbereitung auf die Wahrheit ist die Präsenz, das Hier- und Jetztsein, die Achtsamkeit. Höre, was du jetzt hörst, suche nicht zuerst nach dem Rauschen der Bergflüsse der andern. Sieh, was du jetzt siehst. Wenn du dies ungeteilt tust, ganz gegenwärtig, dann ist dir die Wahrheit nicht fern. Dann »gehe von dort aus in Zen ein«.

»In des Wunders Hier und Jetzt unerwartet Wirklichkeit« schreibt Dag Hammarskjöld in seinem Tagebuch (Zeichen am Weg, 1965, 161).

Das ungeteilte Hier und Jetzt ist in der Tat ein Wunder, das die Alltagsrealität durchbricht. Doch wenn dieses Wunder eintritt, dann ist Erleuchtung nicht mehr fern. Denn nicht die Wahrheit ist abwesend. Abwesend oder nur halb gegenwärtig ist der menschliche Geist.

4. Das Nirvana der Kochtöpfe

Als der junge Dogen (1200–1253) mit 13 Jahren gegen den Willen seines Onkels Mönch geworden war, stieß er bald auf eine Frage, die kein Mönch seiner Umgebung ihm befriedigend beantworten konnte: Alle Schulen lehren, »daß alle Lebewesen die Buddha-Natur und die ursprüngliche Erleuchtung schon haben. Wenn dem so ist, warum erweckten dann alle Buddhas der drei Welten durch Übung den Buddha suchenden Geist und das Verlangen nach Erleuchtung?« (Dogen Zenji's Shobogenzo: Die Schatzkammer der Erkenntnis des wahren Dharma I, Zürich o. J., 11.)

Daß die zanksüchtigen und habgierigen Mönche des Berges Hiei ihm diese Frage nicht beantworten konnten, kann nicht verwundern. Nur im Aufleuchten der Wahrheit ist dieser Widerspruch kein Widerspruch mehr. Das der Wahrheit noch ferne Denken muß unter diesem Widerspruch leiden: Wenn Wahrheit uns näher steht, als wir uns selber stehen, warum erkennen wir sie nicht?

Bis Dogen diese Frage gelöst hatte, oder bis die Frage ihn gelöst hatte – denn im Fragen nach Wahrheit ist der Fragende das erste und letzte Problem –, bis dahin vergingen noch Jahre. Vielleicht ist die Lösung, die Dogen zufällt, verständlicher, wenn wir kurz seinen Lebensweg skizzieren.

Dogen wurde im Distrikt Kimata, südöstlich von Kyoto, im Jahr 1200 geboren. Sein Vater war eine der wesentlichsten politischen Gestalten seiner Zeit. Er hatte 1198 einen Enkel des Kaisers als neuen Kaiser eingesetzt und selbst als Reichsverwalter die faktische Leitung des Hofes übernommen. Im Jahr 1202 starb Dogens Vater auf der Höhe seiner Macht, vielleicht durch Meuchelmord. Die Mutter war bloß eine der Konkubinen des Reichsverwalters. Nach dem Tod ihres Herrn wohnte sie mit ihrem Sohn in einem Landhaus in einer Vorstadt Kyotos. Als Dogen acht Jahre alt war, starb auch seine Mutter.

Kurz vor ihrem Tod hatte die Mutter Dogen gebeten, ein Mönch zu werden und für die verstorbenen Eltern und die Errettung aller Lebewesen zu beten. Als Dogen den Weihrauch während der Begräbnisfeiern in den Himmel aufsteigen sah, berührte ihn zutiefst das Erlebnis der Vergänglichkeit aller

Dinge. Er kam zu einem Halbbruder seines Vaters, der jetzt seine Eltern ersetzte. Dieser Onkel war ein bekannter Dichter. Er führte Dogen nicht nur in die Welt der Poesie ein. Schon mit neun Jahren begann Dogen mit dem Studium der buddhistischen Suttras und der Kommentare. Als Zwölfjähriger entschloß er sich, Mönch zu werden. Nach einigen enttäuschenden Erfahrungen in einem kleinen Kloster am Berg Hiei suchte er in anderen Klöstern nach Meistern, die ihn weiterführen sollten. Einer seiner ersten Lehrer war von der tiefen Gläubigkeit der Schule des reinen Landes (des Amida-Buddhismus) erfüllt. Ein späterer Meister verband die Geheimnisse der Tedai-Schule mit der Praxis des Zen. Dogen las zweimal den ganzen Dreikorb. Aber die Praxis des Zen faszinierte ihn mehr.

In dieser Zeit seiner Mönchsstudien wurden viele Verwandte Dogens verbannt oder umgebracht. Diese bitteren Erfahrungen bestärkten ihn in seinem leidenschaftlichen Suchen nach Wahrheit. Er bat seinen Lehrer um die Erlaubnis, nach China zu gehen, um dort den Weg der Erleuchtung kennenzulernen. Der Meister entschloß sich, mit ihm aufzubrechen. 1223 erreichten sie nach einer mühsamen Seereise China. Die erste Begegnung mit dem chinesischen Zen war für Dogen eine große Enttäuschung. Der erste Abt, den er antraf, verstand die Suttras zu wenig. Die Lebensführung der Mönche war lax. Dogen fühlte sich in diesen ersten Monaten in China noch so wenig zu Hause, daß er nur tagsüber chinesischen Boden betrat. Zum Schlafen kehrte er immer noch auf sein Schiff zurück, das im Hafen lag.

Einmal traf er einen alten Koch auf dem Markt, der zum Hafen gekommen war, um japanische Pilze zu kaufen. Der Koch war zu diesem Zweck zwölf Meilen vom Kloster zum Hafen gewandert. Dogen lud ihn ein, bei ihm auf dem Schiff zu übernachten. Der Koch sagte, das widerspreche der Regel. Dogen fragte ihn, warum er als Koch in einem Kloster arbeite. Es wäre doch viel wertvoller, Zazen zu üben und die Suttras zu studieren. Der Koch antwortete: »Mein junger ausländischer Freund, es ist klar, du hast noch viel zu lernen über die wirkliche Bedeutung von Übung und Schrift.« Dann verabschiedete er sich und lud Dogen zum Besuch seines Klosters ein. Dieser alte, unbekannte Mönchskoch öffnete Dogen die Augen für die

Identität von Erleuchtung und Alltag. Das ganze Leben ist Zazen. »Die Lebensführung ist das Buddhagesetz.« Die einfachste Arbeit ist Begegnung mit der höchsten Wahrheit. Es gibt ein Nirvana der Kochtöpfe, unmittelbarer als das Nirvana der Schriften.

Dogen besuchte nun das Kloster auf dem Berg Tendo, eines der berühmtesten Zen-Klöster seiner Zeit. Aber auch hier enttäuschten ihn der Abt und die weisesten Mönche. Wieder fand er die tiefste Einsicht bei einem alten Küchenmeister: »Was sind Schriften«, fragte Dogen diesmal. »1, 2, 3, 4, 5«, antwortete der alte Mann. »Was ist Übung?« »Nichts ist verborgen, alle Dinge sind geoffenbart«, erwiderte der Mönch. Mit anderen Worten: Schriften sind ein bloßes Aufzählen. Wer Schriften studiert, gleicht demjenigen, der am Zählrahmen Kugeln schiebt. Aber Übung, nicht nur in der Meditationshalle, sondern in der Küche praktiziert, führt in eine Klarheit, die die ganze Welt umschließt. Der Weg zur Erleuchtung, so schließt Dogen, darf von körperlicher Arbeit nicht getrennt werden. Wer zur umfassenden Wahrheit finden will, muß jeden Wunsch nach Ruhm und Reichtum aufgeben. Pflichterfüllung in den einfachsten Arbeiten ist eine Übung, die gleichzeitig der Ruhmsucht und der Gewinnsucht einen Riegel schiebt.

Am 1. Mai 1225 begegnete Dogen zum ersten Mal Tendo Nyojo (1163–1228), einem hervorragenden Zen-Meister seiner Zeit. Nyojo erkannte sofort Dogens Möglichkeiten. Er verglich ihre erste Begegnung mit dem Treffen von Buddha und Mahakâsyapa auf dem Geierberg, wo Buddha das Geheimnis des Zen dem ersten Patriarchen weitergab.

Endlich hatte Dogen seinen Meister gefunden. Nyojo war ein Meister der harten Übung. Er schlug diejenigen, die während der Meditation einschliefen, mit seinem Pantoffel oder mit der Faust. Dogen mußte alle seine Bindungen abbrechen und sich nur in die Übung versenken. Dabei mußte sein Geist weich und fließend sein, an nichts haftend. Während der Sommertrainings-Periode im Jahr 1225 schlief einmal des Nachts ein Mönch neben Dogen ein. Nyojo sagte mit lauter Stimme: »Beim Zazen sind Leib und Geist abgefallen. Wieso schläfst du?« Als Dogen dies vernahm, erlebte er die Erleuchtung. Er ging später in Nyojos Zimmer, entzündete Weihrauch und warf sich vor seinem Meister nieder. »Warum tust du das?« fragte der Meister. »Ich bin hierhergekommen, befreit von Körper und Geist.« »Dann lege Körper und Geist ab«, sagte der Meister.

Er bestätigte damit Dogens Erleuchtung. Aber er bestätigte sie so, wie sie ein Zen-Meister bestätigt: Du hast die Erleuchtung erlebt. Sie ist das völlige Freiwerden, das Ablegen von Körper und Geist. Aber dieses Freiwerden ist für dich nie Vergangenheit. Erleuchtung ist für den Erleuchteten ewige Gegenwart. Genau wie sie es auch schon für den Unerleuchteten war. Erleuchtung ist das Wesen des noch Unerleuchteten. Jeder ist Erleuchtung, und doch ist bei weitem nicht jeder erleuchtet. »Werde, wer du bist«, heißt die erste Regel für Unerleuchtete. »Sei, wer du bist«, sagt ein Meister dem neuen Meister.

Als Dogen nach zwei weiteren Jahren der Übung China verließ, sagte Nyojo zu ihm, man müsse, um Buddhas Erleuchtung weiterzugeben, alle Vorstellungen über Vergangenheit, Gegenwart und Zukunft hinter sich zurücklassen und erkennen, daß Erleuchtung immer da ist, gerade jetzt und niemals endend. Er gab Dogen das Siegel der Übertragung (das heißt, er stellte ihn in die Meisterahnenreihe, der er selbst angehörte) und empfahl ihm, abseits von Politik und Geschäften in den Bergen junge Mönche zur Erleuchtung zu führen.

Nach Japan zurückgekehrt, begann er die Arbeit an seiner ersten Abhandlung »Allgemeine Empfehlung des Zazen«. Das Buddha-Dharma ist grenzenlos, allumfassend, alldurchdringend, kein Erschaffen und kein Zerstören ist in ihm. Solange wir zwischen Dingen unterscheiden, sind wir vom Weg getrennt.

Zazen ist das völlige Übereinstimmen von Übung und Erleuchtung. Sitze aufrecht, laß ab von allen Gedanken, Körper und Geist finden zusammen. Deshalb sind auch Übung und Erleuchtung nicht mehr zwei, sondern eins. »Zazen ist das Dharma-Tor des Friedens und der Freude«, schrieb er. Leider verstanden ihn die Mönche in seinem alten Kloster kaum. Zudem hatte die Mönchsdisziplin und Einsicht in den Jahren seiner Abwesenheit arg nachgelassen. So verließ er sein Heimatkloster und zog in einen kleinen Landtempel bei Fukakusa.

Hier schrieb er das erste Buch des Shobogenzo. Er betonte damals im wesentlichen die folgenden vier Einsichten:

1. Zazen ist allein das richtige Tor zum Buddhaweg.
2. Übung und Erleuchtung sind nicht voneinander verschieden. (Zazen ist kein Stufenweg, der zur Erleuchtung führt.)
3. Alle Menschen haben Buddha-Natur. Im Buddha-Dharma gibt es keinen Unterschied zwischen Mönch und Laie, gescheit oder schwerfällig, Mann und Frau.
4. Der Buddha-Dharma zerfällt nicht. Jedermann hat den Samen der Erleuchtung in sich. Erleuchtung ist immer gegenwärtig.

Am neuen Ort versammelten sich bald so viele Schüler um Dogen, daß er in ein größeres Gebäude umziehen mußte. 1235 ließ er ein neues großes Kloster bauen, das erste völlig unabhängige Zenkloster Japans. Die Mönche auf dem Berg Hiei beneideten seine Erfolge und fürchteten seine Neuerungen. Sie versuchten im Sommer 1243 Dogens Kloster niederzubrennen. Da erinnerte sich Dogen der Mahnung seines chinesischen Lehrers, die Nähe der Politik und der großen Geschäfte zu meiden. Er ging nach Fukui und gründete dort sein zweites Kloster in der Einsamkeit. Nach einem kurzen Aufenthalt in der Kapitale (auf Wunsch eines Generals) kehrte er wieder in sein zweites Kloster zurück, wo er weiterhin viele Schüler anleitete und eifrig schrieb. Nach langer Krankheit starb er am 28. August 1253.

5. Werde, wer du bist

Im vierten Kapitel des Shobogenzo erläutert Dogen die Grunderfahrung des Zen: »Unser Geist ist der Buddha.« Dogen gibt zu, daß diese zentrale Lehre des Buddhismus, wie er es nennt, zwar von allen Buddhas und Patriarchen übermittelt worden ist, daß sie sich aber trotzdem in den alten indischen Texten noch nicht findet. »Erst bei den chinesischen Zen-Meistern wurde diese Vorstellung voll entwickelt. Viele der ersten Schüler und Gelehrten verstanden diese zentrale Lehre falsch und gingen in die Irre« (Shobogenzo I, 40).

Dogen trifft mit seinen Bemerkungen nicht nur den innersten Kern des Buddhismus. Wenn wir jeder Mystik die Freiheit der Worte und die Liebe zu dieser oder jener Bildwelt zugeste-

90

hen, dann ist die zentrale Lehre des Buddhismus, wie Dogen sie nennt, die zentrale Lehre aller Mystik schlechthin. »Unser Geist ist der Buddha.« »Gott ist uns unendlich nahe.« »Dein Selbst ist dein Weg zur Befreiung.« »Mitten in der Höhle des Herzens wohnt Atman, das höchste göttliche Licht.« »Gott ist Liebe, wer in der Liebe bleibt, der bleibt in Gott und Gott in ihm.« Diese und ebenso viele andere mystische Perspektiven stellen den Menschen nicht nur unmittelbar *vor* die Wahrheit, sie stellen ihn *in* die Wahrheit. Wahrheit ist hier und jetzt, dir näher, als du dir selber bist. Oder mit anderen Worten: Mystik ist, religiös betrachtet, Leben unmittelbar zu Gott, Menschsein in uneingeschränkter Gottesnähe. Philosophisch betrachtet ist Mystik Leben in der Identität von Wahrheit und Leben.

Der Mystiker wartet nicht auf eine Gottesbegegnung am Ende der Zeit, in der Vollendung. Vollendung ist hier und heute, als lebendige, dynamische Identität von Ewigkeit und Zeit. Der Mystiker blickt auch nicht auf eine vergangene Offenbarung zurück, um die mangelnde Gottesnähe der Gegenwart damit zu vergleichen. Warum nehmen wir an, daß damals am See Genezareth Gott den Menschen näher war, als er es uns heute ist? Kann die Wahrheit sich verflüchtigen? Kann Gotteserleben degenerieren? Die Erfahrungsangst kann zunehmen. Aber die Erleuchtung war in Savatthi und Rajagaha, den Hauptstätten der Buddhalehrer, dem Menschen nicht näher als heute, und das Reich Gottes, die Liebe Gottes zum Menschen ist heute nicht weniger wirklich als damals in Kapernaum.

Natürlich neigt das Herz des Menschen und sein Denken im religiösen Empfinden und philosophischen Denken immer wieder zum Dualismus. Wir trennen Hier und Damals, die Erleuchtung in der Schar der Buddhajünger und die Erleuchtungschancen heute, das Reich Gottes mitten unter den Menschen in der Zeit des Neuen Testaments und unsere sehr komplizierte Gottesbeziehung heute. Damals war Spontaneität und Unmittelbarkeit, heute sind Gott und Erleuchtung komplexe Begriffe, die eventuell auf eine Wirklichkeit hinweisen. Aber vielleicht ist diese nur eine Fiktion der später Geborenen. Erlebt haben wir nichts.

Nun wäre es falsch, wollten wir alles Denken im Hier und Drüben nur als Ausdruck einer vormystischen Erlebnisangst deuten: Hier die Zeit, dort die Vollendung, hier das Heute, dort das Damals der Offenbarung, hier das gottferne Leben und dort eventuell Gott. Natürlich muß der Vormystiker Leben und Wahrheit, Existenz und Gott, Dasein und Erleuchtung, Damals und Heute auseinanderreißen. Sonst sähe er sich selbst plötzlich unmittelbar vor Gott gestellt. Aber dieser religiöse oder philosophische Trennungswille und diese Unterscheidungsmanie haben auch ihre positive, vormystische Seite. Sie schützten den Menschen vor dem unmittelbaren Erleben der Wahrheit. Aber sie schützten ihn auch vor einem statischen Mißverständnis der Wahrheit.

In der Liebe zum Denken in Diastasen steckt auch die Einsicht, daß die Wahrheit, wenn sie eins ist mit dem Leben, nach Verwirklichung ruft. Die Welt wird nicht durch Gott verklärt. Das Ich wird nicht durch Erleuchtung dekoriert. Unser Geist ist Buddha, sagt der Zen-Mystiker. Die Konsequenz lautet: Ich bin Buddha, also will ich auch Buddha sein. Oder in der Sprache christlicher Mystik: Ich bin geliebt von Gott, also will ich diese Liebe auch leben.

In allen Diastasen der vormystischen Religion und Philosophie liegt schon die positive Erkenntnis: Falls wir einmal zur Wahrheit finden, dann schreit diese Wahrheit nach Verwirklichung. Dann wird zwangsläufig der ganze Alltag zur Übung.

Mystik kennt, genau besehen, keine Unterscheidung zwischen Religion und Leben, zwischen Gottesdienst und Arbeit, zwischen Meditation und Küchenarbeit. Kurz: Alles Denken in Diastasen ist Ausdruck einer vormystischen Erlebnisangst. Wahrheit darf nicht hier und heute erlebbar sein. Aber gleichzeitig ist alles Denken in Diastasen, wenn es nicht zur Doktrin erstarrt, auch schon eine Warnung vor einer statischen und unmystischen Identität.

Realität und Wahrheit sind nicht statisch eins, statisch wie eine Buddhastatue. Sie sind nur dynamisch eins: Du bist Erleuchtung, also sei erleuchtet. Du bist geliebt. Also lebe diese Liebe. Zur Identität von Damals und Heute, von Heiligkeit und Profanität, von Urgrund und Erscheinung – und vor allem auch zur Identität aller Erscheinungen – findet das fließende Denken, nicht das Beharren auf Standpunkten, keine sich behauptende Doktrin.

6. Unerleuchtet glauben?

Daß der im biblischen Zeugnis lebendige Glaube mit keinem mystischen Weg in eins fällt, sondern sich in mancher Hinsicht grundsätzlich von jeder Mystik unterscheidet, wurde und wird immer wieder erkannt. Nicht das »Daß«, nur das »Wie« der Unterscheidung ist manchmal seltsam einsichtsmüde. Man bespricht eine Mystik, die man mit irgendeiner pantheistischen, monistischen, gnostischen oder pseudodionysischen Lehre identifiziert, und vergleicht sie mit einem Glauben, der anscheinend vor allem an seine lehrhaften Positionen, an seinen Theismus, seinen Personalismus oder an seinen Christozentrismus glaubt.

Eigentlich unterscheidet man eine Mystik, die noch keine Mystik ist, von einem Glauben, der noch kein Glaube ist. Das Resultat ist eine Liste wohlbekannter weltanschaulicher Divergenzen und ein penetranter Duft herber Ahnungslosigkeit, der nicht nur Mystikern in die Nase sticht. Wenn das biblische Zeugnis vom Glauben spricht, dann ist nie ein Glaube an irgendwelche weltanschaulichen Positionen gemeint. Der erste Glaube glaubt an keinen Theismus und an keinen Personalismus. Er glaubt an Gott, und er glaubt mit Gott. Er nimmt teil an Gottes Glaube. Gott glaubt an den Menschen. Der Mensch erlebt diesen Glauben Gottes an den Menschen und wird in diesem Erleben selber zum Glaubenden.

Ich kann mir nicht vorstellen, daß der erste Glaube auch nur um Haaresbreite weniger unmittelbar sein könnte als die Erleuchtung des Zen. Erlebt der Glaubende diesen Glauben Gottes an den Menschen irgendwie blasser, distanzierter, weniger betroffen, weniger verwirrt und weniger begnadet als der Zen-Jünger seine Wahrheit? Und erlebt der Glaubende den Glauben Gottes weniger lebensnah, weniger alltagsfreundlich, weniger naturnah und weniger gegenwartsbezogen?

Ein Glaube, der nur noch an das Erleben der Früheren und der Anderen glaubt, ist nicht mehr der erste Glaube. Im Hier und Heute erlebt der Glaubende den Glauben Gottes. Die Küchenarbeit kann ihm nicht weniger ein Tor zum Glauben Gottes sein als das Rauschen eines Bergbaches oder die Stimme eines Meisters im Glauben.

Ich erwarte vom ersten Glauben, daß er nicht weniger ist als Mystik, sondern mehr, daß er nicht hinter die leidenschaftliche Wahrheitsliebe und Erlebnisfreude der Mystik zurückfällt, sondern daß er über sie hinausführt (vor allem in Richtung auf die Gemeinde). Ich erwarte vom ersten Glauben, daß er in mir die Liebe zur Wahrheit weckt, die sich durch keinen Widerstand aufhalten und durch keinen Quasiglauben hinhalten läßt, die keine Frage und auch keinen Zweifel scheut, die keine Verwirrung flieht und nicht ruht, bis die Wahrheit sie findet. Und ich erwarte vom ersten Glauben, daß das Erleben der Wahrheit nicht weniger als eine Erleuchtung ist, nicht weniger eingreifend und nicht weniger das ganze Menschsein verwandelnd.

Der Erleuchtete ist der Mensch, der zu seiner Mitte fand und findet. Ich erwarte, daß der erste Glaube nicht Details in meinem Leben korrigiert, sondern daß er mich in meiner Mitte wandelt. Der erste Glaube muß ein neues Menschsein schenken. Würde ich weniger erwarten, würde ich die Wahrheit unterfordern. Ich würde den ersten Glauben verachten, wollte ich annehmen, daß er unerleuchtet sei.

Ist dieser erleuchtete Glaube ein Sturz in die Abgründe irgendwelcher mystischer Dunkelheit, ein *sacrificium intellectus* im Banne einer nebulösen Gefühlsduselei? Der erleuchtete Glaube ist ein Sturz in den Irrationalismus nur für den, der sich Rationalität ohne Einsicht denkt. Erkenntnis ist das eifrig, aber oft vergebens verfolgte Anliegen des vormystischen Glaubens. Einsicht ist die Gnade der erlebten Wahrheit.

Der Glaubende muß kein Anhänger einer Girlanden-Philosophie sein, um zu sehen, wie das Hier und Jetzt sich mit dem Damals und Dort verbindet, wie die Dinge und Wesen, vorher in Vorstellungen immer nur unzureichend erfaßt, im Erleben zueinander finden.

Die Gegenwart Gottes ist für den erleuchteten Glauben kein Licht, das bloß auf einen einsam Glaubenden fällt, sondern ein Licht von einzigartiger Klarheit, das keinen Ort und keine Zeit ausspart. Der erleuchtete Glaube ist kein Sturz in Irrationalismus, sondern ein Hineingenommenwerden in eine Klarheit, die die Welt ausleuchtet. Der erleuchtete Glaube braucht keinen Spiegelsaal eines Hua-yen-Meisters, um in einem Licht zu stehen, das er bisher so noch nie erschaute. Glaube ist erleuchtet in der Gegenwart Gottes, und diese Gegenwart Gottes ist die Klarheit, die jeden Augenblick mit jeder vergangenen und gegenwärtigen Zeit und jeden Ort mit jedem andern Ort verbindet.

Natürlich ist diese Einsicht, die dem Glauben geschenkt wird, nie vollkommen. Auch der Glaube selbst ist nie vollkommen. Gerade der erleuchtete Glaube weiß um seine Unvollkommenheit. Aber er ist auf geheimnisvolle Weise vollendet. Die Wahrheit hat ihn erreicht. Aber er hat diese Wahrheit noch in keiner Weise adäquat ergriffen. Vollendet ist die Wahrheit, die sich ihm öffnet. Unvollkommen ist die Antwort des Glaubenden. Der erleuchtete Glaube ist vollendet und unvollkommen zugleich.

Wohin aber führt die Einsicht den Glaubenden? Enthüllt sie ihm Überwelten? Läßt sie ihn Ewigkeiten schauen? Führt sie ihn in unerahnte Tiefen? Einsicht ist kein Weg in Überwirklichkeiten oder in mysteriöse Abgründe. Einsicht führt zum Weltsein der Welt, zum Menschsein des Menschen. Die Gegenwart Gottes ist ein Licht, das nicht über oder jenseits dieser Welt erstrahlt. In Lehren und Konzepten läßt sich diese Gegenwart Gottes nicht einfangen. Das nahe herbeigekommene Reich Gottes ist nur in Gleichnissen zu denken. Aber gerade jenseits der Vorstellungen ist die Gegenwart Gottes ein Licht, das den Erlebenden und sein Verständnis aller Dinge verwandelt. Ich kann mir keinen ungeteilten Glauben vorstellen, der nicht zur Erleuchtung oder zu dem nicht die Erleuchtung fand.

Exkurs
Ist vollkommene Mystik noch Mystik?

Mystik ist das Sterben des Ich und das Freiwerden des Menschen für sein Selbst, ein Zerbrechen all dessen, was Ich ist, und ein Erleben des göttlichen »Ich bin«, ein Erleben seiner Einheit im eigenen Nichtsein. Wenn aber das Ich stirbt, kann dann nur noch Selbst sein? Und können wir am Ziel der mystischen Reise immer noch von Mystik sprechen? Oder wird Mystik, wenn sie ihr Ziel erreicht, nicht zu etwas völlig anderem, Neuartigem, vielleicht sogar Gegensätzlichem?

Man mag einwenden, die Frage sei rein theoretischer Natur. Denn in dieser Zeit erreicht kein Mensch das völlige Absterben des Ichs und das reine Freiwerden seines Selbst. Höchstens in der ewigen Vollendung wäre das Ziel vollkommen erreicht. Also bleibt jeder Mensch Mystiker: der Erleuchtete, indem sein Selbst sein Ich durchdringt und von innen her umgestaltet, der Noch-nicht-Erleuchtete, indem sein Ich nach dem sucht, was es einzig ausfüllt, nach dem Selbst, das er, ohne es zu kennen, in seiner Tiefe erahnt.

Obwohl also kein Mystiker in der Zeit sein Ziel vollkommen erreicht, gibt es Mystik, die von ihrem Ende her den eigenen Weg und das eigene Leben erschaut. Sie nimmt vorweg, was sie erst vollends erreichen wird: Sie spricht nur noch vom Selbst, wie wenn kein Ich wäre.

Der alte Buddhismus der Theravada-Schule analysiert das Menschsein restlos unter dem Gesichtspunkt der Unpersönlichkeit. Da ist für den Klardenkenden kein Ich mehr und keine Person, die sich nach Erlösung sehnen könnte. Da ist nur noch Anatta, Nicht-Persönlichkeit. In dieser reinen, vollendeten Mystik des Theravada erreicht die Mystik eine Grenze, wo sie in ihr Gegenteil umschlägt. Es ist, wie wenn das Wissen um das Ziel den Weg selbst zwar nicht erübrigen, aber doch überblenden würde. Das Licht der Vollendung, das auf den Weg des Unerleuchteten fällt, blendet jeden, der noch nicht angekommen ist. Oder mit einem Gleichnis des Buddha gesprochen: Das Boot wird versenkt, mit dem der nun Angekommene das andere Ufer erreicht. Es gibt keine Lehre mehr und keinen Erlösungspfad, es gibt einen Erlösungsbedürftigen und keinen Erlösten mehr am anderen Ufer. Es gibt nicht einmal mehr ein Selbst am anderen Ufer. Und deshalb gibt es auch keine Mystik mehr.

Mystik, die ihr Ziel erreicht, hebt sich selber auf. Weil aber das Ziel zum Maß für den Weg und die Erleuchtung zum Licht für das Leben vor der Erleuchtung wird, verlieren sich das Hoffen und Ahnen, das Ringen und Suchen des Unerlösten im Glanz dieser Vollendung. Ein Glanz, der in seiner Reinheit und seinem fleckenlosen Weiß alle noch nicht Erleuchteten blendet, wird über kurz oder lang mit ein Grund dafür, daß die Unerlösten nicht mehr die Erleuchtung finden. Der Buddha wurde zum Lehrer der Wesen, um ihnen den Weg zur großen Befreiung zu zeigen. Aber das Licht dieser Befreiung, das ins Auge der Unerlösten fällt, blendet diejenigen, die es führen sollte.

Mystik, die ihr Ziel erreicht, hat sich selbst hinter sich zurückgelassen. Nur dort können wir noch von Mystik sprechen, wo noch ein Ich im Sterben liegt oder seinem Sterben entgegengeht, oder täglich wieder neu in seinen Tod hineingehalten wird.

Wen das reine Selbst erfüllt, der verläßt den Raum der Mystik. Die völlig Selbstverwirklichten sind keine Mystiker mehr. Bloß vom Gesichtspunkt der Selbstverwirklichten aus läßt sich deshalb auch nicht mehr ein hilfreicher mystischer Pfad aufzeigen. Es lassen sich nur noch aus eigenem Erleben geborene Lehren entwickeln, die den andern Erleuchtung spiegeln, ohne sie zu schenken.

Die Mystik der Vollendeten lebt noch als Grenzfall aller Mystik, solange Vollendete oder beinahe Vollendete sie vertreten. In der nächsten Generation wird die reine Mystik bereits schon zu seltsamer Doktrin. Der Erleuchtungsweg endet in buddhistischer oder wie auch immer gearteter Doktrin (jede Mystik kennt die Konsequenzen der reinen Mystik, die kein Sterben des Ich mehr kennt). In formelhaften Wendungen wird das einstmals Erlebte endlos beschworen. Aber es sind keine Wege mehr, die dieses Licht einstiger Vollendung nun noch aufzeigt. Die Formeln bewegen sich im Kreis. Dieser ist das Symbol der Vollendung. Jedes mystische Denken, das zur Kreisbewegung wird, will vom Ende her den Weg erschließen und nimmt die Ewigkeit als Maßstab für die Zeit.

Im Endergebnis zeigt das Bedenken des Weges, vom Standpunkt der reinen Vollendung aus, einen Weg, den niemand begeht, eine Erlösung, die niemand erreicht (weil kein Ich und kein Selbst ist, das sie erreichen könnte), ein Nirvana, aber eines für niemand. Oder in den bekannten Versen von Buddhaghosa:

Niemand vollbringt eine Tat,
Niemand den Lohn davon hat,
Nur reine Dharmas rollen hin,
Das ist der Lehre wahrer Sinn.

Kein Brahmâ hat durch seine Macht
Dies Dasein hier hervorgebracht,
Nur reine Dharmas sich bedingen,
Die vielen Ursachen entspringen.

Das Leid ist, niemand ist, in dem's entsteht,
Die Tat ist, doch kein Mensch, der sie begeht,
Nirvâna ist, doch keiner, der verweht,
Der Weg ist, aber keiner, der ihn geht.

(Buddhaghosa, Visuddhi Magga 602, 513,
zitiert bei H. VON GLASENAPP: Pfad zur Erleuchtung, 1974, 74)

Wenn diese Stufe der Lehrentwicklung erreicht ist, hat die reine Mystik sich schon in reine Doktrin verwandelt, in eine Lehre, die durch Konsequenz besticht und durch elitäre Kälte die Ahnungsvollen erschaudern läßt. Nun ist die Zeit gekommen, mit dieser Doktrin oder gegen sie wieder ins Unmittelbare zu finden. Wer kein Ich mehr spürt, das sterben möchte, führt keinen Menschen mehr auf dem mystischen Pfad. Mystik ist der Tod des Ichs, das Erleben, daß sein »Ich bin« mein »Ich bin« ersetzt. Aber nur, wer noch erlebt, führt andere auf dem Weg des Erlebens. Die vollkommen Ichfreien erstarren in ihrer Vollkommenheit.

IV.
Geheimnis
und Gelassenheit

1. Taoismus – Geheimnis und Verwandlung

Kaum ein mystischer Weg verbirgt sich derart tief im Dschungel seiner Geheimnisse wie der Taoismus. Es ist kein Zufall, daß der wichtigste Text der taoistischen Schulen, *Taoteking,* bereits im ersten Kapitel auf die Unbeschreiblichkeit des Tao, der Urwirklichkeit, verweist:

> Der SINN, der sich aussprechen läßt,
> ist nicht der ewige SINN.
> Der Name, der sich nennen läßt,
> ist nicht der ewige Name.
> »Nichtsein« nenne ich den Anfang von Himmel und Erde.
> »Sein« nenne ich die Mutter der Einzelwesen.
> Darum führt die Richtung auf das Nichtsein
> zum Schauen des wunderbaren Wesens,
> die Richtung auf das Sein
> zum Schauen der räumlichen Begrenztheiten.
> Beides ist eins dem Ursprung nach
> und nur verschieden durch den Namen.
> In seiner Einheit heißt es das Geheimnis.
> Des Geheimnisses noch tieferes Geheimnis
> ist das Tor, durch das alle Wunder hervortreten.
>
> (LAOTSE: Taoteking, übertragen von Richard Wilhelm, 1976, 41)

Das letzte Kapitel dieser Spruchsammlung bestreitet allen Weisen das Recht, das einzig Wesentliche, das Tao, zu erfassen. Wie können wir es wagen, die taoistische Mystik zum Gegenstand mystologischer Untersuchungen zu machen? Es braucht ein absurdes Quantum an wissenschaftlicher Unverfrorenheit, wenn wir den Taoismus in den Gesichtskreis unserer Mystikstudien miteinbeziehen. Das Faktum, daß wir uns vor anderen mystischen Wegen mit unseren wissenschaftlichen Perspektiven nur graduell, nicht prinzipiell in besserer Position befinden, sollte uns immer bewußt bleiben. Eine wissenschaftliche Erforschung der Mystik ist im besten Fall eine liebevolle Arroganz.

Laotse sieht im letzten Kapitel seiner (oder angeblich seiner)

Spruchsammlung den Weisen als Verkörperung der perfektionierten Ahnungslosigkeit:

> Wahre Worte sind nicht schön,
> schöne Worte sind nicht wahr.
> Tüchtigkeit überredet nicht,
> Überredung ist nicht tüchtig.
> Der Weise ist nicht gelehrt,
> der Gelehrte ist nicht weise.
> Der Berufene häuft keinen Besitz auf.
> Je mehr er für andere tut,
> desto mehr besitzt er.
> Je mehr er anderen gibt,
> desto mehr hat er.
> Des Himmels SINN ist fördern, ohne zu schaden.
> Des Berufenen SINN ist wirken, ohne zu streiten.

Im Taoismus sind nicht nur manche Wegstrecken des mystischen Weges geheimnisumwittert. Der Weg des Taoismus führt vom ersten bis zum letzten Schritt durch den Dschungel seiner Mysterien. Geheimnisumwittert sind schon die Gründergestalten, die ersten großen Lehrer dieser Mystik. Der gelbe Kaiser, der im dritten Jahrtausend vor Christus, begleitet und beraten durch seine drei unsterblichen Frauen, die erotische und mystische Künste übten, gilt allgemein als legendäre Gründergestalt. Sicher ist diese Berufung auf den gelben Kaiser aber kein Zufall. Wahrscheinlich tradiert der Taoismus magische, erotische und mystische Künste, die weit in die Vorgeschichte Chinas zurückreichen.

Taoismus ist archaische Mystik, philosophisch vertieft, durch die Begegnung mit dem Konfuzianismus und mit dem Buddhismus verwandelt, vom Maoismus unterdrückt und in jüngster Zeit zum Spielplatz zahlreicher westlicher Wahrheitssucher erwählt. Taoismus gleicht einem Strom, der aus der Vorzeit in die Geschichte des klassischen China hinüberfließt, sich in zahllose Richtungen und Sekten aufteilt und heute wahrscheinlich in das Meer einer postmodernen, weltweiten Neomystik einmündet, in eine magisch gefärbte und therapeutisch orientierte, manchmal auch erotisch verspielte Geheimnisfreude, die sich zum religiösen Grundgefühl des nächsten Jahrhunderts ausweiten könnte.

Der Taoismus hat sich, trotz der massiven Unterdrückung (die meisten taoistischen Klöster wurden aufgehoben), Refugien auf Taiwan und überall bei den chinesischen Kolonien erhalten. Heute wird er von New Age-Gläubigen und Laienmystikern aller Schattierungen entdeckt. Gerade das Faktum, daß er archaische Geheimnisse und Praktiken und Vorstellungen übernommen und weiterentwickelt hat, macht ihn besonders aktuell. Je urtümlicher das Geheimnis, desto größer seine Bedeutung für unsere postmoderne und geheimnisfreudige Gegenwart.

Früher haben westliche Interpreten des Taoismus und westlich angekränkelte chinesische Interpreten ihrer eigenen Kultur die unmögliche und entsetzliche Verwirrung von Philosophie und Magie, von magischen Heilkünsten und luziden Einsichten, von Sexualmagie und Mystik, von Geomantik und Weisheit, von innerer Alchemie und mystischem Tiefsinn, von Scharlatanerie und Poesie bedauert. Aus dem allgemeinen Wust magischer Praktiken meinte man die reine Philosophie, die man vor allem im *Taoteking* ausgebreitet sah, herausdestillieren zu müssen, um so zu einem aufgeklärten Taoismus zu finden. Heute wird nicht nur von Interpreten desselben bestritten, daß sich Alchemie und Philosophie, Magie und Mystik im Taoismus sauber trennen lassen.

Das Verständnis aller mystischen Wege hat sich verändert. Mit welchem Recht halten wir Einsichten und Erkenntnisse für das eigentlich und einzig Mystische? Als ob Mystik nicht ein Weg der Verwandlung wäre, der das ganze Menschsein miteinbezieht. Und wo steht geschrieben, daß Mystik Magie überwindet? Wenn Magie eine Art vorwissenschaftliche, intuitive, kindliche Beziehung zur Welt bezeichnet, die durch eigenartige Entsprechungen Einfluß auf diese Welt zu gewinnen sucht, dann setzt doch Mystik, als Liebe zum Geheimnis der Wirklichkeit, nicht das Ende der magischen Denkweisen und Praktiken voraus. Es gibt sehr wohl magisch gefärbte Mystik und mystisch verklärte Magie.

Der Basistext des Taoismus, das *Taoteking*, verlockt zwar zur eigenen Deutung. Auch für Europäer ist jede Übersetzung ein steter Versuch, sich selbst zu deuten. Aber was für ein Mißverständnis, wenn wir meinen, es ließe sich aus dem Wust der mystisch gefärbten Magie des Taoismus eine reine Philosophie als Quintessenz dieser Mystik herausdestillieren! Was für ein farbloses Produkt einer Konsequenzmanie ist dieser sogenannte philosophische Taoismus der westlichen Interpreten!

Laotse, die bei weitem am meisten verehrte Gestalt im Taoismus, steht auf der Grenzlinie zwischen Legende und Geschichte. Viel weiß man von ihm nicht. Er soll – so will es die spätere Überlieferung – im 6. Jahrhundert vor Christus im Staate Tschou gelebt haben. Schon als Kind habe er wie ein Greis ausgesehen. Greisenhaftigkeit im positiven Sinn ist Inbegriff der Weisheit, der mystischen Reife und mindestens ein Vorbote der im Taoismus so leidenschaftlich gesuchten Unsterblichkeit. Laotse, so weiß es die Legende, war schon als Neugeborener ein Greis, weil er Jahre im Leib seiner Mutter verbracht hatte. Später wurde er Archivar des Staates Tschou.

Als der Ruf seiner Weisheit sich verbreitete, soll Konfuzius zu ihm gekommen sein. Laotse habe aber seinen berühmten Besucher nur sehr barsch behandelt und ihn auf die Wertlosigkeit seiner Ritenfrömmigkeit und auf seinen absurden Ehrgeiz hingewiesen. Konfuzius, alles andere als verärgert, habe die Weisheit des Laotse gepriesen, den er mit einem Drachen verglich, der auf Wind und Wolken zum Himmel aufsteigt. Der Drache in den Wolken als Symbol der höchsten Einheit aller Gegensätze, Symbol der vollkommenen Harmonie. Der Drache ist Yang, der Wind ist Yin. Im Drachen, der durch die Wolken fliegt, ist die ganze Wirklichkeit ausgewogen sich selbst.

Das Gespräch zwischen Laotse und Konfuzius gründet wahrscheinlich weniger in einer historischen Begegnung zwischen den Vätern zweier verschiedener Wege. Der spätere Taoismus belegt in seiner Variante der Legende von der Begegnung die Überlegenheit und Eigenart des eigenen Weges, eine Überlegenheit, die eigentlich auch die Anhänger des Kung anerkennen müßten. Schließlich hat auch ihr Meister die Überlegenheit des Laotse erkannt. Die Legende, so spürt der Leser, ist nicht absichtslos. Sie ist Teil einer Auseinandersetzung zwischen einem deutlich mystischen und einem mehr ritualistischen Verständnis der eigenen Tradition. Gerade darin ist die Legende vom Besuch des Konfuzius bei Laotse auch ein Urmuster und geradezu ein Modell einer mystischen Apologie.

Die Anhänger der mystischen Wege sehen sich, wo immer sie sich umschauen, von Anhängern eines betonten Ritualismus oder einer betonten Rechtgläubigkeit umringt und angefeindet. Der Ritualist und der Rechtgläubige können dem Mystiker seine Freude am Geheimnisvollen nicht zugestehen, denn der Respekt und die zur Lebensform gewordene Rechtgläubigkeit verbieten diese Unmittelbarkeit der Gottesnähe.

Die Freude des Mystikers wirkt respektlos in den Augen der vorsichtigen Rechtgläubigen und des konsequenten Traditionalismus. Daß die Väter der Rechtgläubigkeit und des Ritualismus in direkter Begegnung mit den Meistern der Mystik deren Überlegenheit anerkennen und zugeben, daß die Mystiker die Einheit der Wirklichkeit nicht nur glauben, sondern erleben, das wäre der Wunsch jedes von religiösen Berührungsängsten der Traditionalisten geplagten Mystikers.

Als Laotse den Niedergang im Staate Tschou erlebte, soll er auf einem Ochsen reitend ins Ausland geflohen sein. Auf dem Grenzpaß soll ihn der Wächter, der ihn erkannte, gebeten haben, seine Weisheit niederzuschreiben und der Nachwelt zu hinterlassen. Laotse erfüllte in Eile seinen Wunsch und verließ dann seine Heimat mit unbekanntem Ziel. Trotzdem, so wird berichtet, habe er ein Alter von 160 oder 200 Jahren erreicht. Auch wird später noch sein Grab gezeigt, durchaus nicht in unbekannten, fernen Landen gelegen.

Taoteking, ein Büchlein mit 81 Kapiteln, ist wahrscheinlich nicht nur von einem Verfasser zusammengestellt. Uralte Spruchweisheit wird vom Verfasser mithineingewoben. Spätere Tradenten haben das Werklein wahrscheinlich ergänzt und mit Zusätzen erläutert. Trotzdem zeigt das Buch einen einheitlichen Duktus. Zugleich älter und jünger als Laotse, muß doch eine Hand, ein Weiser, diesem Werk etwa seine heutige Form gegeben haben. Der *Taoteking* ist ein zu genialer Wurf. Er läßt uns nicht nur an archaisches Spruchgut und spätere Kompilatoren denken. Wahrscheinlich ist das Werklein sogar – wie es die Legende will – in einem Zug geschrieben worden. So etwas schreibt ein Weiser in einer Nacht, oder es bleibt ungeschrieben.

Tschuangtse (4. Jahrhundert v. Chr.), in der heutigen Provinz Schantung geboren, lebte unter den Königen Hui von We (370–335 v. Chr.) und Süan von Tsi (342–324). Sein Leben spielte sich (wie das von Laotse) weitgehend im Verborgenen ab. Er war verheiratet, lebte bescheiden und trug geflickte Kleider. Als der König von We ihm in seiner Not helfen wollte, sagte er, seine einzige Not sei, daß er seine Einsicht über das Tao den verwirrten Menschen nicht mitteilen könne. Er wollte auch nicht als Berater des Königs an dessen Hof leben. So wie eine Schildkröte lieber lebe als tot in einem Tempel als Orakel verehrt zu werden, so halte er es auch. Er versuchte, in Gleichnisreden die Wirklichkeit sichtbar werden zu lassen, von der schon die früheren Mystiker sprachen. Im Anhang zu seinem Buch »Das wahre Buch vom südlichen Blütenland« (»südliches Blütenland« hieß damals seine Heimat Mong in Nordchina) spricht Tschuangtse von seiner Art zu lehren:

»Gleichnisreden biet' ich zumeist
Und alter Reden Worte gar viele,
Aus vollem Becher täglichen Trank,
Nur daß der Ewigkeit Licht ihn umspiele.

Unter meinen Worten sind neun Zehntel Gleichnisreden; das heißt, ich bediene mich äußerer Bilder, um meine Gedanken auszudrücken. Gerade wie ein Vater nicht selbst den Freier macht für seinen Sohn. Denn es ist besser, wenn ein Sohn von einem andern gelobt wird als von seinem eigenen Vater. Daß ich zu diesem Mittel greifen muß, ist aber nicht mein Fehler, sondern der Fehler der andern. Wer eins mit uns ist, wird uns verstehen; wer nicht eins mit uns ist, wird uns widersprechen. Denn jeder billigt das, was ihm entspricht, und tadelt das, was von ihm abweicht.

Unter meinen Worten sind sieben Zehntel Zitate von Worten, die von andern schon früher ausgesprochen sind. Solche Leute nenne ich meine verehrten Vorgänger. Wer aber nur den Jahren nach vorangeht und nicht erfahren ist im Getriebe des Webstuhls der Zeit, der ist deshalb, weil er älter ist, noch lange kein Vorgänger. Ein Mensch, der nichts hat, worin er andern voraus ist, ist kein Führer der Menschen. Wer kein Führer der Menschen ist, ist aber einfach ein Mensch der Vergangenheit. Die Worte endlich, die täglich wie aus einem Becher hervorkommen und gestimmt sind auf die Ewigkeit, sind solche, die einfach hervorquellen und dadurch erhaben sind über die Zeit. Jenseits der Worte herrscht Übereinstimmung. Diese Übereinstimmung aber kann durch Worte nicht zum übereinstimmenden Ausdruck gebracht werden, und die Worte decken sich mit dieser Übereinstimmung niemals ganz übereinstimmend. Darum gilt es ohne Worte auszukommen.«

(DSCHUAN DSI: »Südliches Blütenland« 17,1
nach der Übersetzung von R. Wilhelm, 1976, 1912[1], 285)

Tschuangtse greift zu Gleichnisreden, weil sich anders über den Weg der Mystik nicht reden läßt. Und er greift zu Zitaten der früheren Meister, weil für den, der ins Licht der Ewigkeit findet, das Erleben der anderen das eigene Erleben erläutert. Er spürt eine Übereinstimmung jenseits aller Worte mit denen, die den Weg der Mystik vorangegangen sind. Bei allem Reden in Gleichnissen und in Zitaten weiß er aber, daß es letztlich ohne Worte auszukommen gilt.

Das Geheimnis der Wirklichkeit läßt sich nicht aussprechen. Wer es ausspricht, hat es bereits verfehlt. Aber wer ins Geheimnis eintritt und sich als Teil im großen Geheimnis der Wirklichkeit sieht, der wird verwandelt. Er wird zum »Führer der Menschen«. Vorher war er bloß ein Mensch der Vergangenheit. Nun gewinnt in ihm die Ewigkeit Raum. Das Geheimnis der Wirklichkeit ist jeder Ort dieser Welt. Aber wird dieser Ort einmal bewußt betreten, steht jeder im Licht der Ewigkeit, und keiner bleibt unverwandelt in vergangener Ahnungslosigkeit.

Wie angedeutet, können nur Gleichnisreden und Zitatensammlungen tiefer in dieses Geheimnis der Wirklichkeit führen. Eine Gleichnisrede von Tschuangtse schildert das Erleben des Mystikers bei seinem Eintritt ins große Geheimnis. Die Spruchsammlung von Laotse, wahrscheinlich zum Teil auch damals schon mit Zitaten von früheren Weisen durchsetzt, läßt die Kraft der Verwandlung erahnen, die den ergreift, der sich dem großen Geheimnis öffnet.

2. Der Flußgott gleitet ins Meer hinaus

Die Zeit der Herbstfluten war gekommen, Hunderte von Wildbächen ergossen sich in den gelben Fluß. Trübe wälzte sich der angeschwollene Strom zwischen seinen beiden Ufern, so daß man von der einen Seite zur anderen nicht mehr einen Ochsen von einem Pferd unterscheiden konnte. Darüber wurde der Flußgott hochgemut und freute sich und hatte das Gefühl, daß alle Schönheit auf der Welt ihm zu Gebote stehe. Er fuhr auf dem Strome hinab und kam zum Nordmeer. Da wandte er das Gesicht nach Osten und hielt Ausschau. Aber er entdeckte nicht das Ende des Wassers. Darüber drehte der Flußgott sich um, blickte auf zum Meergott und sagte seufzend: »Was da im Sprichwort steht: Wer hundert Wege kennt, hält sich für unvergleichlich klug, das trifft auf mich zu. Wohl habe ich schon Leute getroffen, die von menschlicher Größe nicht viel wissen wollten, aber ich habe ihnen nie recht geglaubt. Erst bei Euch jetzt sehe ich, was wirkliche Größe und Unerschöpflichkeit ist. Wäre ich nicht vor Eure Tür gekommen, so wäre ich in Gefahr, dauernd verlacht zu werden von den Meistern der großen Ankunft.«

Der Gott des Nordmeers Jo sprach: »Mit einem Brunnenfrosch kann man nicht über das Meer reden, er ist beschränkt auf sein Loch. Mit einem Sommervogel kann man nicht über das Eis reden, er ist begrenzt durch seine Zeit. Mit einem Fachmann kann man nicht vom LEBEN reden, er ist gebunden durch seine Lehre. Heute bist du über deine Grenzen hinausgekommen, du hast das große Meer erblickt und erkennst deine Ärmlichkeit: so wird man mit dir von der großen Ordnung reden können. Von allen Wassern auf Erden gibt es kein größeres als das Meer. Alle Ströme ergießen sich darein, kein Mensch weiß wie lange, und doch nimmt es nicht zu. An der Sinterklippe verdunstet es, kein Mensch weiß wie lange, und doch nimmt es nicht ab. Frühling und Herbst verändern es nicht; Fluten und Dürre kennt es nicht. Darin besteht seine unermeßliche Überlegenheit über Flüsse und Ströme. Und dennoch halte ich mich nicht selbst für groß. Das kommt daher, daß ich das Verhältnis kenne, in dem meine Gestalt zu Himmel und Erde steht, daß ich meine Kraft empfange von den Urmächten des Lichten und Trüben. Ich bin inmitten von Himmel und Erde nur wie ein Steinchen oder ein Bäumchen auf einem großen Berg, das in seiner Kleinheit nur eben sichtbar ist. Wie sollte ich mich da selber für groß halten?

Denkst du etwa, daß die vier Meere inmitten von Himmel und Erde nicht nur einer kleinen Erhöhung oder Vertiefung in dem großen Urmeer entsprechen? Um die Zahl aller Dinge zu bezeichnen, redet man von Zehntausenden, und der Mensch ist nur eben eines davon. Von all den vielen Menschen, die die neun Erdteile bewohnen, sich von Körnerspeise nähren und zu Schiff und Wagen miteinander verkehren, ist der Einzelmensch nur Einer. Wenn man ihn also vergleicht mit den Myriaden von Wesen, ist er da nicht wie die Spitze eines Härchens am Leibe eines Pferdes? Und nun ist alles, was die großen Männer der Weltgeschichte bewegt und bekümmert hat, nichts weiter als diese Dinge. Daß diese Leute sich selbst für so groß halten, darin gleichen sie dir, wie du soeben dein Wasser noch für das größte gehalten hast.«

(a. a. O. 179 f.)

Das Ich des Noch-nicht-Mystikers gleicht einem Flußgott, der stolz auf seinen Herbstfluten ins Meer gleitet. Das Ich des Anfängers auf dem Weg der Mystiker gleicht dem Flußgott, der sich plötzlich auf dem Meer treiben sieht. Und das Ich des Mystikers gleicht nur noch dem Ich des Meergottes, der sogar die großen Männer der Weltgeschichte mit der Haarspitze am Körper eines Pferdes vergleicht. Er selbst, als Leitbild für den Mystiker, kennt sein Verhältnis zu Himmel und Erde. Mystik ist das Ich des Menschen, das dem Selbst begegnet und das sich nun wie ein Tropfen in einem Ozean oder wie eine Haarspitze am Leib eines Pferdes erlebt.

Die Wirklichkeit des Selbst oder des Tao, wie es die Taoisten nennen würden, stellt das Ich an seinen rechten Ort und in seine rechten Dimensionen. Das Ich ist beinahe bedeutungslos, verglichen mit dem Selbst. Wer das Meer erlebt hat, lernt seinen Fluß erst richtig einschätzen. Natürlich ist dieses Ich nicht wertlos. Es ist ein – wenn auch nur winziger – Teil des Selbst. Der Fluß wird zum Teil des Ozeans. Aber das Ich ist beinahe zu vernachlässigen im Vergleich mit diesem Selbst. Mystik ist die Ahnung für die unendlich große Wirklichkeit, zu der wir gehören.

Wenn aber diese Ahnung nicht aufbricht? Wenn das Ich in sich selbst verschlossen bleibt? Der Aufbruch zur Selbstfindung läßt sich nicht bewerkstelligen oder organisieren. Mystik ist eine Frage der rechten Zeit. »Mit einem Brunnenfrosch, sagt der Gott des Nordmeeres, kann man nicht übers Meer reden. Mit einem Sommervogel kann man nicht über das Eis reden. Mit einem Fachmann kann man nicht vom Leben reden, er ist gebunden durch seine Lehre.« Solange wir Fachleute sind, braucht uns kein Selbst zu berühren. Das Ich informiert sich über den Gang durch diese Welt, und das Ich wird sicherlich seinen Weg finden. Erst wenn das Ich an sich selbst zerbricht oder wenn das Selbst mindestens als Ahnung spürbar wird, erhält das Reden vom Ich und vom Selbst seinen Sinn. Vorher ist schon der Versuch, ein Ich und ein Selbst zu unterscheiden, verlorene Liebesmühe.

3. Gefahrlos in die Tiefe tauchen

»erreiche den gipfel der leere
bewahre die fülle der ruhe
und alle dinge werden gedeihen
so kann ich ihre rückkehr erschauen
von allen dingen in ihrer vielfalt

findet ein jedes zurück zur wurzel
wurzelwiederfinden heißt stille –
was man nennen mag: rückkehr zum wesen
rückkehr zum wesen heißt ewigdauern
ewigdauerndes kennen heißt klarheit
wer ewigdauerndes nicht kennt
wirkt blindlings zum unheil
wer ewigdauerndes kennt, umfaßt alles
wer alles umfaßt, gehört allen
wer allen gehört, ist königlich
königliches gleicht dem himmel
der himmel gleicht dem Dau
das Dau gleicht der ewigkeit
wer dauert im Dau
taucht in die tiefe gefahrlos.«

(LAUDSE: Daudedsching, 1985, 66, übersetzt von Ernst Schwarz)

Leere ist hier zwar begrifflich weder die Shunyata oder das Nirvana der Buddhisten noch die Leere der christlichen Mystik. Sie ist *wu*, ursprünglich aus dem Zeichen Wald und Feuer zusammengesetzt. *Wu* gleicht einem abgebrannten Wald. Oder *Wu* ist wie Asche: Ende, Erlöschen und Anfang aller neuen Möglichkeiten. Wo alles Formgebundene verbrennt, erscheint das Leere als Urmöglichkeit und Urkraft. Dieses Nichts ist Tao, Sinn und Wahrheit, Richtung und Wurzel. Erst im eigenen Leerwerden finden wir zur Wurzel aller Dinge. Wer aber in diese Leere und in diesen Ursprung aller Dinge zurückfindet, wer zum Wesen zurückkehrt, dem kann alles Geformte nichts mehr antun. Er steht wie ein König über oder in allen Dingen. Er bewegt sich gefahrlos in den Gefahren der Welt.

Man kann sich fragen, wie die Taoisten alter Schule sich dieses Leerwerden und diese Rückkehr zur Wurzel dachten und wie sie dies praktizierten. Der spätere Taoismus ist im dauernden Geben und Nehmen mit buddhistischen Wegen bereichert und verändert worden. Aber gleichzeitig hat gerade der Taoismus sich mit uralten schamanistischen und magischen Traditionen derart eng verbunden, daß zwischen Mystik und Magie manchmal kaum mehr unterschieden werden kann.

Die Rückkehr zur Wurzel ist auch mit geheimen Ritualen inszeniert worden. In die ganze Weite der Verse des *Taoteking* hineingestellt, erweist sich diese Rückkehr aber doch deutlicher als mystischer Pfad: In einer Zeit bedrückender sozialer und politischer Verhältnisse (vgl. Kap. 75 des Taoteking) beschränkt sich der taoistische Weise aufs Wesensnotwendige (Kap. 59). Er versucht, nichts Überflüssiges zu tun. Er stellt sich selbst in den Hintergrund (Kap. 2). Er erkennt den Wert des Nichthandelns (Kap. 43). Er tut nie etwas Großes und wirkt im Verborgenen (Kap. 63). Er stellt sich selbst hintenan und sucht nichts Eigenes (Kap. 7). Er kennt kein größeres Glück und kein besseres Leben als im Einklang mit der Urwirklichkeit zu leben. Aus dieser Einheit heraus, in diesem Gleichklang mit der Urwirklichkeit muß er sich selbst kein Denkmal setzen. Er verändert nicht die Welt. (Wir spüren die gewaltige Aktualität dieser Mystik: In einer Menschheit, die in ihrer eigenen Weltgestaltung und ihrem Aktivismus zu ersticken droht, ist diese Rückkehr zur Wurzel das *sine qua non* fürs eigene Überleben.)

In allem aber, was der Mystiker tut und nicht tut, »taucht er gefahrlos in die Tiefe«. Der Mystiker scheut keine Tiefe, er flieht kein Dunkel, er meidet kein Geheimnis. Aber er zerredet auch kein Geheimnis und zerstört kein Dunkel mit seinem Wissensdrang. Er schweigt und verbindet sich mit allen Dingen, nicht in der oberflächlichen Wahrnehmung, sondern in der Tiefe der Meditation. In ihr erlebt er die Rückkehr zur Wurzel. In dieser Tiefe findet er den Keim aller Dinge. In der Wurzel ist nicht mehr ein Hier oder Dort und ein Dies oder Das. In ihr ist Gemeinschaft über alle Gegensätze der sichtbaren Welt hinaus. In der Rückkehr zur Wurzel erkennt der Mystiker die Verwandtschaft aller Wesen und aller Dinge und seinen Ort in dieser Welt.

4. Glaube als aktive Gelassenheit

Der christliche Glaube ist keine vorderorientalische Variante altchinesischer Mystik. Nur eine doppelte Ahnungslosigkeit könnte dies behaupten. Aber ich kann mir auch nicht vorstellen, daß der wirkliche christliche Glaube das Geheimnis der Wirklichkeit nicht kennt. In einer geheimnislosen Welt würde diesem Glauben alles entweder zum Problem oder zur Banalität. Entweder müßte sich dieser vormystische Glaube über alles den Kopf zerbrechen, oder er könnte mit den Dingen und

Wesen dieser sichtbaren Wirklichkeit nur noch gedankenlos umgehen, wie wenn alles, was ist, nur Werkzeug wäre in der Hand des Menschen. Jedes Gefühl für die Einheit der Wirklichkeit würde erlöschen.

Ohne Sinn für das Geheimnis entfremdet sich der Mensch seiner Welt. Er kennt kein Miteinander und Füreinander mehr. Er kennt nur noch das Für-sich-selbst. Nur das Geheimnis verbindet die Welt und den Menschen. Nur das Geheimnis macht den Menschen und das Tier zu Schicksalsgenossen. Streiche das Geheimnis der Wirklichkeit aus deinem Leben, und du stehst allein in einer Welt voller Probleme und Banalitäten. Dem Mystiker ist nichts ein nacktes Problem oder eine banale Gegebenheit. Zum Problem, das der Mystiker zur Genüge auch kennt, schenkt ihm sein Erleben den größeren Zusammenhang. Der Brunnenfrosch hat andere Perspektiven.

In allem Wissen um Probleme erlebt der Mystiker Gelassenheit. Die wirklichen Aufgaben lassen sich nicht lösen, wenn man nicht zu ihrer und zu seiner eigenen Mitte findet. Der geheimnisferne Alltag fällt von einem Extrem ins andere: Der Aktivismus, das hektische Bewältigen- und Gestalten-Wollen, schlägt um in Passivität, ins resignierte Nichts-ausrichten-Können.

Wer ins Geheimnis eintritt, dem eröffnet sich eine dritte, bessere Möglichkeit. Die taoistischen Texte sprechen vom Nicht-Tun und meinen dabei jedes Nicht-Tun, das mehr bewirkt als jede Aktivität oder Passivität. In diesem Nicht-Tun bleibt nichts ungetan (Taoteking 37). Wir könnten von einer »aktiven Gelassenheit« sprechen, von jener Form der Teilnahme, die nichts erzwingen und alles reifen lassen will. In der aktiven Gelassenheit sucht der Kopf nicht mehr durch Mauern zu stoßen. Nicht nach vorgefaßtem Plan gestalten wir die Welt. Wir geben den tieferen und wirksameren Kräften in uns und in dieser Wirklichkeit die Möglichkeit, sich zu entfalten. Aktive Gelassenheit gestaltet das Leben nicht nach vorgefaßten Meinungen, sondern aus der Tiefe dieser Wirklichkeit heraus. Das Geheimnis, von dem sich der aktiv Gelassene umfangen weiß, gestaltet mit ihm und in ihm Leben.

Es verwundert uns nicht, daß die Probleme, die sich in dieser Gelassenheit regeln, gelöst sind, während jedes Problem, das der bloße Aktivismus löst, ein Dutzend neuer Probleme nach sich zieht. Das Nicht-Tun, bei dem nichts ungetan bleibt, ist mehr als nur eine altchinesische, in mystischem Erleben geborene Idee. Sie ist ein notwendiges Korrektiv für jede vormystische, christliche Ethik, die nur noch zwischen hilflosem Aktivismus und ebenso hilfloser Passivität hin- und herpendelt. Ich meine, das Ethos des ersten Glaubens müßte durchtränkt sein vom Geist heiliger Gelassenheit, der aktiven Geduld und des Nicht-Tuns, in dem nichts ungetan bleibt. Unnötig zu betonen, daß das christliche Ethos neben der aktiven Gelassenheit auch andere Werte kennt. Christliche Ethik ist nicht nur engagierte Ruhe. Aber ist sie weniger? Darf der Christ vormystisch und geheimnisarm zwischen verzweifelter Aktivität und resignierter Passivität hin- und hertaumeln?

Das Geheimnis der Wirklichkeit verwandelt jeden, der es betritt. Der Flußgott lernt im Meer zu schwimmen. Der Brunnenfrosch springt aus dem Brunnen heraus. Der Aktivist beginnt zu meditieren. Die Welt des Banalen wird vom Glanz des Geheimnisvollen umhüllt. Einsamkeit löst sich von innen her auf.

Wenn dieses Eintreten ins Geheimnis der Wirklichkeit Mystik ist, dann kann ich mir einen vormystischen Glauben kaum mehr vorstellen. Nicht um das Geheimnis der Wirklichkeit herum oder über alle Geheimnisse hinweg führt der christliche Glaube, sondern tiefer ins Geheimnis der Wirklichkeit hinein, vielleicht so tief, bis nicht ein Es erlebt wird, sondern die tiefste Tiefe der Wirklichkeit im Verständnis des christlichen Glaubens: LIEBE.

Exkurs
Archaische Mystik und Meditation

Die verlorene Unmittelbarkeit
Die archaische Mystik der Schamanen erläutert sich selbst in mythischen Bildern:

Am Anfang wußten die Menschen noch nichts vom Tod. Sie verstanden die Sprache der Tiere und lebten in Frieden mit ihnen. Sie arbeiteten nicht und fanden doch reichlich Nahrung. In dieser Urzeit war der Himmel von der Erde noch nicht geschieden. Erst später rückte der Himmel weit von der Erde und ist nun der Erde fast unerreichbar fern. Oder der Himmel war – nach einer anderen mythischen Sicht – damals noch mit der Erde dauernd verbunden.

Über einen Weltberg, einen Urbaum, eine kosmische Leiter oder eine Liane konnten die Menschen nach Belieben in den Himmel steigen. Diese Verbindung ist nun zerbrochen. Der Weltberg reicht nicht mehr bis in den Himmel. Die Liane wurde abgeschnitten. Die Leiter wurde zerbrochen. Zwischen dem Paradies und dem Land der gefallenen Menschen wurde ein Engel mit flammendem Schwert hingestellt.

Wie kann nun der Mensch wieder zurück in die Ureinheit finden? Die Paradiesmythen der verschiedensten Ethnien erzählen von jenem einfachen Zugang zu Gott, den die Menschen der Urzeit noch hatten. Sie sahen ihre Götter von Angesicht zu Angesicht, wann immer sie ihre Götter sehen wollten. Jetzt, so folgern die Mythen, ist dieser direkte Zugang zu Gott und der Aufstieg in den Himmel den meisten Menschen verwehrt. Nur noch einzelne finden den Weg. Diese einzelnen, Auserwählten, steigen in den Himmel hinauf in ihren Ekstasen, oder sie steigen in die Unterwelt und begleiten die Verstorbenen ins Land der Toten. Denn wenn der Aufstieg in den Himmel nicht mehr gelingt, so ist auch der Weg in die Unterwelt den Lebenden verwehrt.

Nur der Auserwählte – der archaische Mystiker – findet in besonderen Momenten seines Lebens, in seinen Ekstasen, noch in die verlorene Unmittelbarkeit zurück. Archaische Mystik nennen wir die Reise der Auserwählten zurück ins verlorene Paradies, ihren Aufstieg oder ihren Flug in den Himmel, ihre Begegnung mit den Geistern und Göttern von Angesicht zu Angesicht und ihren Weg in die Unterwelt, sowie ihre Begegnung mit der Seele der Kranken.

Archaische Mystik ersetzt nicht die verlorene Unmittelbarkeit. Während damals alle Menschen direkten Zugang zu den Göttern hatten, ist diese direkte Begegnung nur noch die Chance der Auserwählten. Und während früher fast nach Belieben jederzeit der Aufstieg zu den Göttern offenstand, muß heute der Auserwählte besondere Riten beachten und sich in Trance begeben. (Diese Forderung, daß nur in Trance der Zugang zum Himmel und zur Unterwelt möglich ist, geht so weit, daß die Auserwählten die Trance spielen müssen, wenn ihnen keine echte Entrückung gelingt.)

In den Seelenreisen der Auserwählten steht die Tür zum Paradies noch einen Spalt breit offen. Die archaische Gesellschaft ist darauf angewiesen, daß wenigstens dieser Spalt noch offen bleibt. Denn wer würde sonst dafür garantieren, daß die Seele eines Opfertieres auch wirklich zu Gott kommt? Wer würde sonst die Seele der Kranken wieder auffinden und die Seele der Toten begleiten? Die archaische Gesellschaft braucht Mystiker, die zurückfinden in die verlorene Unmittelbarkeit. Sie braucht Mystiker, die ihre Seele auf die Reise schicken können, bis hin in den höchsten Himmel und in die tiefste Unterwelt.

Der Schamane als Urmystiker?

Seit welcher Zeit in der Geschichte der Menschheit Schamanen auftreten, läßt sich nicht sagen. Es wäre leichtsinnig, wollten wir die ältesten uns bekannten Formen religiösen Lebens mit irgendeiner Urreligion identifizieren. Denn mit welchem Recht nehmen wir an, daß in den Jahrhunderttausenden der Prähistorie sich das religiöse Denken und Erleben nie gewandelt hat? Wenn wir uns vor Augen halten, wie vieles sich im religiösen Denken und Leben der Menschen in den letzten 5000 Jahren verändert hat, so wäre es leichtsinnig anzunehmen, in den vorangehenden ca. 500 000 Jahren habe sich nichts verändert.

Was den Schamanismus betrifft, so gibt es sogar deutliche Hinweise, daß der Schamane im strengen Sinn des Wortes, das heißt der archaische Mystiker Zentral- und Nordasiens, in mancher Hinsicht iranische, lamaistische und vielleicht sogar indische Traditionen aufgreift. Die Schlange, die in der Tracht der zentralasiatischen Schamanen eine große Rolle spielt, ist im Glauben der entsprechenden Völker unbedeutend. Manchmal kommt sie in der betreffenden Gegend überhaupt nicht vor. Die Trommel des Schamanen und der Kupferspiegel könnten sehr wohl lamaistischen Traditionen entlehnt sein. Es ist kein Zufall, daß Shirokogorov von einem »vom Buddhismus angereizten Schamanismus spricht« (M. Eliade stimmt dieser Formel zu, in: *M. Eliade*, Schamanismus und archaische Ekstasetechnik, 1975, 460).

Nun könnte man einwenden, der Lamaismus selbst sei schon

mit schamanistischen Traditionen durchtränkt. Man denke an den Einfluß der Bön auf den tibetischen Buddhismus. Wenn der Schamanismus Zentralasiens sich durch lamaistische Traditionen prägen läßt, so ist er vielleicht wieder nur sein eigener indirekter Erbe. Wie dem auch sei: Der klassische Schamane Zentralasiens, wie ihn die Ethnologen kennengelernt haben, ist so, wie er dem Ethnologen begegnet, sicher kein Urmagier und Uryogi, kein Repräsentant eines Urglaubens. Wahrscheinlich verbreitete sich der Schamanismus in der später erforschten Form erst im Zusammenhang mit der Ausbreitung des Lamaismus in Nordasien, also erst seit etwa 1000 Jahren.

Um die Mitte des 11. Jahrhunderts, so weiß die Überlieferung der Manschu zu berichten, sei der Schamanismus bei ihnen aufgetreten, habe sich aber erst unter der Ming-Dynastie (14.–17. Jahrhundert) ausgebreitet, (Eliade, a. a. O. 459). Ähnliche Überlieferungen deuten in gleicher Richtung: Der klassische Schamane ist ein Neuling in der Religionsgeschichte. Aber die Mystik, die er lebt, entspricht in ihren Grundzügen der Mystik vieler Medizinmänner, Magier, Zauberer, Geistheiler in Indonesien, Australien, Afrika und Amerika. Ekstatische Mystik im Dienst der Gemeinschaft ist offensichtlich auf keinen Kulturkreis und keinen Kontinent beschränkt. Sie ist vielleicht so etwas wie eine menschliche Grundmöglichkeit, die sich auch heute wieder aufgreifen und aktualisieren läßt.

Natürlich können wir alle Workshops in Neo-Schamanismus in unserer Gegenwart und alle Handbücher mit praktischen Übungen zur schamanistischen Trance im eigenen Wohnzimmer belächeln. Ein Faktum läßt sich nicht übersehen: Schamanismus als ekstatische Mystik im Dienst der Gemeinschaft, als Seelenreise ins Land der Götter, der Toten und der Geister, im Dienst der Daheimgebliebenen ist die archaischste Form einer ausgeprägten Mystik, die uns bis in die Gegenwart wenigstens rudimentär überliefert ist. Wahrscheinlich finden wir im sogenannten Schamanismus nicht nur Zentral- und Nordasiens, sondern aller Kontinente auch so etwas wie Mystik in ihren elementarsten Formen.

Es hat seinen Sinn, wenn wir auf diese elementarsten Formen der Mystik besonders achten. Denn wie an vielen Stellen der menschlichen Geschichte, so hat auch in der Geschichte der

Mystik das Spätere das Frühere – wenn überhaupt – nur mit verheerenden Konsequenzen ersetzt. Alle späteren Formen der Mystik müßten eigentlich diese archaische Ekstasenmystik integrieren. Sonst verliert das mystische Bewußtsein oder Überbewußtsein die ganze Tiefe seiner dunklen Seele und die Beziehung zur menschlichen Gemeinschaft und zur Gemeinschaft aller Lebewesen auf dieser Erde.

Wer ins Nirvana finden will, muß sich den Drachen und Geistern stellen, die sich ihm auf dem Weg nach innen in den Weg stellen. Und wer ins reine Glück einer ungetrübten Gottesliebe finden will, darf die Tiere nicht vergessen, die in ihm auf ihn warten. Und wer für sich Erleuchtung und Befreiung sucht, darf nicht vergessen, daß der Erleuchtete fähig ist, im Dunkeln zu sehen. Der wahrhaft Erleuchtete flieht nicht das Dunkel. Er durchlebt und durchschaut es. Der archaische Mystiker scheut sich nicht, alle Ängste und Schrecken seiner Gemeinschaft zu durchleben. Er geht, ähnlich wie später Christus für andere, durch jedes Dunkel und jede Nacht.

Mystik als Krankheit

Verschiedentlich wurde die archaische Mystik mit psychischer Erkrankung verglichen. Man sprach im Blick auf die Schamanen des Polarkreises von »arktischer Hysterie« (A. Ohlmarks, zit. bei Eliade a. a. O. 33). Die große Kälte, die langen Nächte, die Wüsteneinsamkeit, der Vitaminmangel usw. hätten die psychische Gesundheit arktischer Völker beeinflußt und Geisteskrankheiten oder schamanistische Trance verursacht. Der Unterschied zwischen einem Epileptiker und einem Schamanen bestehe nur darin, daß dieser seine Trance willentlich hervorrufen könne.

Auch von nicht arktischen Formen des Schamanismus wurden ähnliche Diagnosen gestellt. Man hat frappante Beziehungen zwischen Geistesverwirrung und verschiedenen Formen des südasiatischen und ozeanischen Schamanismus entdeckt (Eliade, a. a. O. 34).

All diese Beobachtungen werden durch Selbstzeugnisse oder Berichte aus der Familie der Schamanen bestätigt: Vilmos Dioszegi sammelte auf seinen Reisen durch Sibirien viele Berichte von schamanischen Berufungserlebnissen durch Krankheit. Einmal fragte er einen ehemaligen Schamanen der Sagay am Flusse Yes, wie er seine Kräfte erworben habe. Dieser hüllte sich in Schweigen. Aber seine Frau erzählte die Geschichte ihres Mannes (Holger Kalweit: Die Welt der Schamanen, 1987, 84):

>»Wie er zum Schamanen geworden ist? Krankheit überkam ihm, als er 23 Jahre alt war, und mit 30 Jahren wurde er ein Schamane. So wurde er zum Schamanen: nach der Krankheit, nach den Folterqualen. Sieben Jahre lang war er krank. Während seines Leidens hatte er Träume: Mehrmals wurde er zusammengeschlagen, manchmal zu fremdartigen Orten entführt. In seinen Träumen ist er ziemlich weit herumgekommen und hat viele Dinge gesehen... Ja, Krankheit übermannte ihn. Und er blieb ziemlich lange krank. Derjenige, der von der Schamanenkrankheit befallen wird und nicht zu praktizieren beginnt, muß schwer leiden. Er kann verrückt werden oder gar sein Leben lassen. Deshalb wird ihm geraten: ›Du mußt das Schamanentum anerkennen, damit du nicht mehr leidest!‹ Einige sagen sogar: ›Ich wurde zum Schamanen, nur um der Krankheit zu entrinnen.‹«

Der angehende Schamane hat oft keine andere Wahl, als Schamane zu werden. Die Alternative wäre Wahnsinn oder Tod. Mystik ist für den Schamanen sozusagen wie der einzige Weg aus seiner Geistesverwirrung. Sobald der Kranke zum Schamanen wurde, fühlt er sich von seiner Krankheit geheilt. Wenn Schamanismus und jede archaische Mystik eine Krankheit sind, die nur psychisch labile Menschen befällt, so ist die archaische Ekstasemystik aber auch gleichzeitig eine Krankheit, die sich selber heilt. Archaische Mystik ist psychische Erkrankung und Psychotherapie in einem. M. Eliade hat mit Recht darauf hingewiesen, daß »der Geisteskranke als mißglückter, besser noch als nachäffender Mystiker« (Eliade, a. a. O. 36) bezeichnet werden kann.

Vielleicht müßten wir heute diese Sicht ergänzen: Geisteskranke sind Mystiker ohne mystische Heilung. Mystiker der bloßen Krise, der bloßen Auflösung. Vielleicht gilt ähnliches auch von den Opfern der Drogenszene. Der Drogensüchtige könnte ein verhinderter Mystiker sein. Seine Biographie und seine Umwelt erlauben ihm aber nicht, die eigene verborgene Mystik zu leben. Nun sucht er Bewußtseinserweiterung mit anderen Mitteln.

Auch der Schamane benutzt in manchen Kulturen Halluzinogene. Aber er wird auf dem Weg seiner Drogenerfahrung initiiert und begleitet (vgl. Michael Harner: Der Weg des Schamanen, 1986, 39 ff.). Vom Stand der Geschichte der Mystik aus betrachtet, zeigt die Drogenszene zum einen ein gewaltiges Bedürfnis nach eigenem mystischen Erleben, nach Innenschau und Unmittelbarkeit, zum anderen aber ein völliges Fehlen an mystischer Schulung und wirklicher mystischer Tradition. In der Drogenszene wird die archaische Mystik zum Zerrbild ihrer selbst.

Wir nannten archaische Mystik eine Erkrankung, die sich selber heilt. Diese Selbstheilung entspricht im inneren Erleben des angehenden Schamanen einem Drama, wie es entsetzlicher und befreiender nicht vorgestellt werden kann. Der angehende Schamane erlebt häufig seinen eigenen Tod. Er stirbt, bevor er stirbt. Er durchlebt seinen Tod in seiner Initiation. Häufig erlebt er dieses Sterben als Zerstückelt- und Zerlegt-Werden. Er wird bis auf die Knochen ausgehäutet, und sein Skelett wird zerlegt. Erst nachher wird er wieder zusammengesetzt. Wie reich und zugleich dramatisch dieses Initiationserleben des Schamanen sein kann, zeigt das Erleben eines avamsamojedischen Schamanen, das A. A. Popov aufgezeichnet hat (Eliade, a. a. O. 48 ff.).

Von der Traumreise zur Meditation

Warum hat sich das mystische Erleben nicht mit den archaischen Seelenreisen begnügt? Wenn der Geist des Menschen auf seiner Traumreise alles findet, was er braucht, wenn er sein Sterben und Wiedergeborenwerden erfährt und befähigt zu jeder Heilung in den Körper zurückfindet, warum suchen wir dann traumlos abstrakte mystische Wege? Oder mit anderen Worten: Warum mystische Philosophie entwerfen, wenn die Traumreise sicherer und spontaner in alle Wahrheit führt?

Archaische Mystik ist Traumreise als Sterben und neues Geboren-Werden. Der Traum führt von der Realität zur Wirklichkeit. Das träumende Ich sucht sich den Weg zum Selbst. In der späteren Mystik ändern sich die Akzente. Das denkende Ich möchte in die Wahrheit finden, die jedem Ich zugrunde liegt. Das denkende Ich sucht nach Einsicht. Das Bewußtsein will zum Selbst finden. Oder es wird zum Lehrer auf dem mystischen Pfad. Dabei entdeckt dieses Bewußtsein, daß es nicht von allem zu jedem schweifen darf, wenn es in die tiefste Wahrheit finden will. Es muß sich konzentrieren lernen, wenn es Einsicht gewinnen will.

Das träumende Ich muß frei umherziehen können, wenn es in die Wahrheit finden will; das wache Ich muß sich in Konzentration und Achtsamkeit schulen. Meditation wird zur mystischen Disziplin par excellence. Dabei spielt es zunächst keine große Rolle, ob diese Konzentration der Aufmerksamkeit einem Wort, einer Vorstellung, einer Erfahrung, einer Silbe, einem Klang, einer bestimmten Stelle im Körper oder außerhalb des Körpers gilt. Entscheidend ist nur, daß der wache Geist sich an ein Hier und Jetzt bindet und sich von diesem Woraufhin seiner Aufmerksamkeit nicht abbringen läßt. Der frühe Yogi der Upanishadenzeit bindet sein Denken zum Beispiel an den eigenen Atem oder an sein Herzzentrum. Wenn ihm das gelingt, dann gewinnt er eine Einsicht, die dem an nichts nachsteht, was die archaische Seelenreise an besten Früchten ergab: Er findet die Quelle aller Wirklichkeit.

Diesen Wechsel von der archaischen Mystik zur Meditation dürfen wir uns nicht als abrupten Wandel vorstellen. Auch auf dem Weg zur mystischen Einsicht führt nicht während Jahrtausenden bloß der Traum, um nachher dem wachen Geist zu weichen. Auch die archaischen Mystiker waren schon denkende Menschen, und auch die meditierenden Mystiker sind nicht immer traumlos wach. Die Traumreisen der archaischen Mystik verbinden sich auf vielfältige Weise mit dem jetzt eingeübten Wege wacher Aufmerksamkeit. Nur die Akzente haben sich verschoben. War früher Mystik vor allem Traumreise, so ist sie jetzt vor allem meditative Achtsamkeit.

Das neue Gewicht meditativer Wege zeigt sich in allen Zeugnissen frühester Mystik. Denn ins Licht der Geschichte tritt die Mystik erst im Ringen um wache Einsicht. Die früheren Wege mystischer Traumreisen sind eigentlich immer prähistorisch. Sie lassen sich nicht schriftlich fixieren. Und sie brauchen auch keine Aufzeichnung. Traumreisen, in Wort und Schrift fixiert, sind immer Anachronismen. Warum sollte ein Schamane sein Erleben in ein Buch binden? Es ist so, wie er es erlebte, nur *sein* Erleben. Die meditative Mystik aber sucht sich eine Gemeinschaft von Lehrer und Schülern, von Meister und Jüngern, eine gemeinsam übende und reflektierende Gruppe. Sie schafft sich zuerst Anweisungen und später Lehrtexte zur spirituellen Praxis.

Wie wir uns diese frühesten spirituellen Praktiken vorzustellen haben, zeigen andeutungsweise die frühen Upanishaden. Die mystischen Philosophien und philosophischen Mystiker um 800 v. Chr. sind noch Schamanen und doch schon Yogis; sie sind Traumreisende und disziplinierte Denker in schönster Verbindung. Sie denken und phantasieren, sie beobachten und spekulieren, sie konzentrieren sich auf den Atem, auf die Ursilbe Om, auf einen Mythos, auf ihr Herzchakra und lassen plötzlich wieder ihrem träumenden Ich freien Lauf.

Ein Beispiel für dieses Miteinander von Philosophie und Traumreise ist die sogenannte Fünffeuerlehre, der Mythos von der Seelenreise über den körperlichen Tod hinaus. Die Unsterblichkeit des Atman, des Selbst, ist in meditativer Versenkung erschaut. Aber die ganze Reise mit vielen Etappen ist eigentlich eine archaische Traumreise, fast eine Schamanenreise als Grundmuster zur Deutung des Todes und des Schicksals des Menschen im Tod. Nicht weniger faszinierend ist das Ineinander von Phantasie und Achtsamkeit in den frühesten Zeugnissen bewußter Meditation, zum Beispiel in Chandogya Upanishad 8, 1, vielleicht dem frühesten Zeugnis für Herzchakra-Achtsamkeit.

Archaische und meditative Mystik

Bereits die archaische Mystik zeigt Stadien des mystischen Weges, die sich, *mutatis mutandis*, auch in jeder späteren Mystik wiederfinden, später allerdings meist nicht mehr so bilderreich und einer Traumreise nicht mehr so nahe. Alles, was in der archaischen Mystik geschieht, könnte noch als Geschehen im Bereich der Träume und der Tagträume verstanden werden. Auch in seinen Ekstasen bleibt der archaische Mystiker beinahe ein Träumender.

Die spätere Mystik rückt weiter weg vom Land der Träume durch ihre bewußte geistige Schulung, durch das Einüben der Meditation. Gerade deshalb führt die mystische Reise jetzt nicht nur zu Geistern und Göttern, zu Tiergeistern, in Himmelssphären und in die Unterwelt. Sie führt, weil sie alles Bildhafte und Traumähnliche transzendiert, ins Alles und Nichts, ins Sein ohne Grund und Grenze, zum Gott über Gott, ins Ur-licht ohne Schatten.

Trotz dieser bedeutenden Unterschiede zwischen der archaischen und der späteren, reflektierten Mystik finden sich schon in der archaischen Mystik Elemente, die auch im meditativen Erleben wieder auftreten können:

a) *Mystik des Aufbruchs.* Der Mystiker kann nicht anders als aufbrechen, um selbst zu erleben. Er würde krank werden, wollte er in seinem bisherigen Leben verharren.

b) *Mystik der Reise.* Der Weg nach innen führt auch in die Weite. Der Mystiker durchlebt seinen inneren Kosmos. Alle inneren Mächte erwarten ihn auf seinem Weg. Mystik wird zum Drama, zum geistigen Abenteuer, das mehr als nur eine Möglichkeit des Scheiterns in sich birgt.

c) *Mystik der Begegnung.* Die Macht, die den Mystiker zu führen vermag, die ihn heilt, findet den Reisenden, oder der Mystiker findet zu ihr.

d) *Mystik der Freundschaft.* Der Mystiker und die ihn heilende Macht freunden sich an. Sie begleiten sich gegenseitig.

e) *Mystik des Einsseins.* Der Mystiker weiß sich von dem nicht mehr getrennt, was er als helfende Macht erlebte.

f) *Mystik des Alltags.* Der Mystiker lebt seine neugefundene Kraft unter den Menschen. Er wird zum Seelenbegleiter und Heiler. Wie er selber auf seiner Reise durch seine Macht begleitet wurde, so begleitet er jetzt andere oder geht stellvertretend für andere in Bereiche der Wirklichkeit, die den anderen, hilfesuchenden Menschen noch verschlossen sind.

g) *Mystik des Sterbens.* Die ganze mystische Reise ist ein Sterben vor dem Sterben, eine Todeserfahrung vor dem körperlichen Tod. Der Mystiker ist der bereits einmal Gestorbene und wieder ins Leben Zurückgekehrte. Alle anderen Menschen werden einen ähnlichen Weg, weniger vorbereitet, in ihrem Sterben gehen. Es liegt nahe, daß der Mystiker, der bereits einmal Gestorbene, sie auf ihrem Weg begleitet. Der Mystiker beherrscht »Die Kunst des Sterbens«.

V.
Das Selbst
und die Allgestalt

1. Indische Spiritualität – Selbstfindung und Meditation

Wie kam es, daß Indien in den Jahrhunderten unmittelbar vor der Erleuchtung des Buddha, in der Zeit der frühen Upanishaden, einen mystischen Aufbruch erlebte, der bis heute nachwirkt und der – wie es scheint – noch wenig von seiner ursprünglichen Kraft und Lebendigkeit und bunten Erlebnisweite verloren hat? Weshalb kann die indische Spiritualität noch immer aus einer Quelle schöpfen, die vor bald 3000 Jahren aufbrach und die sich scheinbar gar nie ausschöpfen läßt?

Historische Umstände mögen diesen Aufbruch vorbereitet haben. Die Kultur der Indoarier hatte sich Jahrhunderte nach der Einwanderung auf dem indischen Subkontinent bereits derart eng mit dem Leben und Denken der vorarischen Einwohner Indiens berührt, daß die religiösen Folgen nicht mehr länger ausbleiben konnten. Die indoarische Spiritualität, in den vedischen Gesängen vor allem noch am irdischen Glück und am guten Einvernehmen mit den vielen göttlichen Wesen interessiert, erlebt nun ihre eigenen Riten und Gesänge nicht mehr nur in ihrer religiösen und magischen Kraft, sondern als Anstoß zu mystischem Erleben. Das Opfer, vorher als Gabe und als erlebbare Gemeinschaft mit den Göttern gedacht, wird immer deutlicher in eins gesetzt mit dem Drama der Weltentstehung und dem Abenteuer der Selbstfindung: Im Opfer wird Welt und im Gesang bricht die Urwirklichkeit auf. Wer opfern und wer singen läßt, tritt in eine Urwirklichkeit, die ihm nicht nur irgend etwas, sondern Sein, Bewußtsein und Glückseligkeit gewährt.

Vielleicht ist die altindische Mystik die Antwort einer religiösen Kultur, die einer anderen religiösen Kultur nicht mehr ausweichen kann und die sich ihre Wahrheit nun in einer neuen Innerlichkeit, in einem neuen Aufbruch nach innen, schenken läßt.

Zum religiösen Umbruch kam die sich abzeichnende soziale

Verunsicherung. Die neue Mystik bewegte zuerst zu einem guten Teil diejenigen, die für Fragen des Rituals und der Religion gar nicht zuständig waren, die Krieger- und Fürstenkaste. Die Unzufriedenheit dieser ratlos fragenden Laien mit den Antwortmöglichkeiten der an sich zuständigen Priester ist noch in manchen Gesprächen aus der frühen Upanishadenzeit spürbar. Was sollen Laien in ihrer Erkenntnisnot tun, wenn die Erkenntnismöglichkeiten der Priester sie im Regen stehen lassen? Die altindische Mystik ist auch eine Antwort der denkenden Laien auf die Dürftigkeit der Priestertheologie. Vielleicht gilt dies für jede andere Mystik noch bis heute: Im Nebeneinander der verschiedenen religiösen Wahrheiten und Traditionen wendet sich der suchende Geist nach innen, und wo die Priestertheologie nur noch sich selbst überzeugt, beginnt unter den Laien ein Suchen nach eigener Unmittelbarkeit.

Diese äußeren Umstände allein erklären aber nicht die Lebendigkeit und andauernde Aktualität altindischer Mystik. Die indische Mystik verbindet sich immer wieder mit der Kunst der Meditation, mit all jenen Methoden der Bewußtseinsschulung und der Bewußtseinsveränderung, die das mystische Erleben vorbereiten, einleiten und vertiefen können. Schon die Induskultur kennt in der Gestalt des sogenannten Protoshiva ein Urbild des Yogin. Es scheint, daß das arische Indien, wenn es in der Zeit der frühen Upanishaden neue Erkenntnisse auf dem Weg der Meditation zu gewinnen sucht, damit Traditionen aufgreift, die es im vorarischen Indien vorfand. Wie dem auch sei, die Kunst, ja sogar die Technik der Meditation wurde in den verschiedenen spirituellen Traditionen Indiens bis in alle Raffinessen der Atemtechnik, der Körperhaltungen, der Konzentrationsübung und der Autosuggestion hinein entwickelt.

Jede Kultur kennt ihre Mystik. Aber in keiner anderen Kultur hat sich das mystische Erleben derart eng mit der Kunst und den Techniken der Meditation verbunden. Wahrscheinlich ist es diese ungebrochene Tradition meditativer Schulung, die Indien in den Quellen seiner eigenen Upanishadenmystik immer wieder neues Erleben zufließen läßt. Ohne die immer noch begangenen Meditationswege wären die Upanishadentexte, wie alle Quellen einstmals lebendiger Mystik, bald zum historischen Dokument verkommen.

Dieses Miteinander von meditativer Schulung und mystischem Erleben begegnet uns in fast allen Zeugnissen indischer Spiritualität. Das Leben und Werk Ramana Maharshis, eines Mystikers unseres Jahrhunderts, läßt uns erahnen, welche Kräfte indische Mystik noch heute in sich birgt.

Das Selbst ist die Macht, der der Meditierende nicht ausweichen kann (vgl. Kap. V.2). Es führt andere aber auch zur Allgestalt Gottes. Der Meditierende erlebt eine Überfülle des Göttlichen, wie sie Arjuna auf dem Kurufeld erschaut (vgl. Kap. V.3).

So eindeutig das enge Miteinander von mystischem Erleben und meditativer Schulung auch alle Wege indischer Spiritualität auszeichnet, die Wege selbst sind alles andere als einheitlich oder gar einlinig. Uniformität war nie ein erstrebter Wert. Entsprechend verschieden sind auch die Ziele, welche diejenigen erreichen, die einen Meditationsweg begehen. Indien ist – im Blick auf seine Spiritualität – ein Spiel mit tausend Möglichkeiten oder ein Abgrund aller mystischen Möglichkeiten und Unmöglichkeiten. Das Selbst, im mystischen Erleben erschaut, ist ein Nichts als Quelle aller Möglichkeiten: ein Alles an seiner Wirkung gemessen, ein Nichts für den, der sich das Selbst vorstellen will.

2. Wer bin ich?

1896, als Ramana Maharshi 17 Jahre alt war, »überkam ihn«, wie H. Zimmer es sagt, »das große Erwachen« (H. Zimmer: Der Weg zum Selbst, 1944, 37). Später hat der Meister vom Berg Morgenrot bei Tiruvannamali auf Drängen seiner Schüler dieses Erlebnis erzählt. Später wurde dieser Bericht aufgeschrieben, und bei meinem Besuch im Ramana Aschram in Tiruvannamalai, vor einigen Jahren, fand sich dieser Bericht im zentralen Meditationsraum, vor dem Samadhi des Meisters, auf einer großen Tafel an die Wand gehängt.

»Eines Tages also saß ich allein und fühlte mich keineswegs schlecht –, da packte mich jäh und unzweideutig der Schrecken des Todes. Ich fühlte, ich müsse sterben. Warum ich das fühlte, läßt sich durch nichts, was ich in meinem Körper empfand, erklären. Ich konnte es mir auch nicht erklären. Aber ich bemühte mich auch gar nicht, herauszufinden, ob meine Todesangst begründet sei. Ich fühlte einfach: ›ich muß jetzt sterben‹ und überlegte sofort, was ich tun solle. Ich dachte nicht daran, einen Arzt oder Verwandte oder gar Fremde zu fragen. Ich fühlte: diese Frage mußte ich selber lösen, hier und jetzt, auf der Stelle.

Dieser Schreck der Todesangst wandte mich nach innen. Ich sagte innerlich zu mir selbst, ohne einen Laut zu sprechen: ›jetzt ist der Tod da. Was hat das zu bedeuten? Was ist das: Sterben? Mein Leib hier stirbt.‹ Sogleich fing ich an, meine Sterbeszene zu spielen. Ich streckte meine Glieder lang und hielt sie steif, als wäre die Todesstarre eingetreten. Ich ahmte einen Leichnam nach, um meinem weiteren Erforschen den äußeren Schein der Wirklichkeit zu leihen, hielt den Atem an, schloß den Mund und hielt die Lippen fest aufeinander gepreßt, daß mir kein Laut entfahren konnte. Laß nicht das Wort ›Ich‹ oder irgendeinen Laut dir entschlüpfen! – ›Gut‹, sprach ich dann zu mir selber, ›dieser Leib ist tot. Starr, wie er ist, werden sie ihn zur Leichenstätte tragen; dort wird er verbrannt und wird zu Asche. Aber wenn er tot ist –, bin dann ›Ich‹ tot? Ist der Leib ›Ich‹? – Dieser Leib ist stumm und dumpf. Aber ich fühle alle Kraft meines Wesens, sogar die Stimme, den Laut ›Ich‹ in mir –, ganz losgelöst vom Leibe. Also bin ich ein ›Geistiges‹, ein Ding, das über den Leib hinausreicht. Der stoffliche Leib stirbt, aber das Geistige, über ihn hinaus, kann der Tod nicht anrühren. Ich bin also ein todlos Geistiges.‹

All das aber war nicht bloß ein Vorgang in meinem Denken, es stürzte als lebendige Wahrheit in Blitzen auf mich ein: ich ward es unmittelbar gewahr, ohne Überlegen oder Folgern. ›Ich‹ war ein höchstes Wirkliches, das einzige Wirkliche in diesem Zustande, und alles bewußte Geschehen, das an meinem Leib hing, war darauf versammelt. Dieses ›Ich‹ oder mein ›Selbst‹ blieb von diesem Augenblick an mit allmächtiger Anziehungskraft im Brennpunkt meiner wachen Aufmerksamkeit. Die Furcht vor dem Tode war ein für allemal vergangen. Dieses Verschlungensein ins ›Selbst‹ hat von jener Stunde an bis heute nicht aufgehört. Andere Vorstellungen und Gedanken mögen kommen und gehen wie viele Töne einer Musik, aber dieses Ich dröhnt als Grundbaß fort, der sie alle begleitet und sich mit ihnen verbindet. Ob mein Körper mit Sprechen, Lesen oder sonst etwas befaßt war, immer blieb ich auf dieses ›Ich‹ versammelt.

Vor dieser Wandlung hatte ich keine klare Erfahrung von meinem Selbst, ich war nicht bewußt darauf gerichtet. Ich empfand kein unmittelbares merkliches Interesse daran, geschweige denn eine dauernde Verfassung, darin zu verweilen. Die Folgen meiner neuen Einstellung wurden bald an meiner veränderten Lebensweise sichtbar.«

(H. ZIMMER, a. a. O. 37 ff.)

Das »Große Erwachen« von Ramana Maharshi führt uns zum Kernpunkt allen mystischen Erlebens. Das Ich stirbt und das Selbst entfaltet sich. Es ist, wie wenn der Mystiker eine Schale zersprengen würde, an die der Noch-nicht-Mystiker höchstens manchmal stößt: seine Person, sein Ich-Sein, wie er es bisher erlebt hat. Ramana braucht sich nicht zu fragen, warum sein Ich stirbt. Die Todesangst packt ihn scheinbar grundlos und unmittelbar. Der Grund dafür, so möchte der Beobachter vermuten, ist wahrscheinlich das Selbst, die höhere und einzige Wirklichkeit, die nicht ein Leben lang verdrängt werden kann. Der Noch-nicht-Mystiker versucht, so gut es geht, lebenslänglich Ich zu bleiben. Der Mystiker scheitert in diesem Bemühen. Er erreicht früher oder später den Punkt, an dem sein Ich in sich zusammenbricht und sich eine andere, tiefere Wirklichkeit, das Selbst, meldet.

Ramana kann und will seinen Schülern nicht sagen, wie und was dieses Selbst ist, das er als Tod des Ichs erlebte. Er kann es nicht sagen, weil das Selbst ein Licht ist, jenseits aller Vorstellung:

> »Das Selbst ist in sich selber strahlend Licht. Man soll sich aber besser kein Bild, keine Vorstellung davon machen. Die vorstellende Phantasie an sich bedeutet schon Bindung. Das Selbst ist Ausstrahlung jenseits von Dunkel und Licht –, das Gemüt soll es sich gar nicht ausmalen, das führt nur zur Bindung, indes das Selbst unwillkürliches, völlig unbezogenes Licht ist.«
>
> (H. Zimmer, a. a. O. 198)

Wenn sich aber auch nichts aussagen läßt über die Natur und das Wesen dieses Selbst, so kann es doch erlebt werden. Gerade weil es jenseits aller Vorstellungen liegt, kann nur das eigene Erleben und nicht die Lehre und die Vorstellung der anderen zu diesem Selbst führen. Was sich in keine Vorstellung und keinen Begriff fügt, dem kann ich mich nur im eigenen Erleben zuwenden. Jeder andere Weg führt nicht zur Wirklichkeit des Selbst.

Sowenig sich über die Art und das Wesen des Selbst aussagen läßt, so eigenartig deutlich äußert sich Ramana aber über seinen Ort. Es ist zwar in allen Wesen, aber es ist vor allem inwendig in uns, »im Herzen« oder in der »Höhle des Herzens«. Wer zum Selbst finden will, muß nach innen tauchen, wie ein Perltaucher, der sich Steine an die Füße binden läßt, um in die Tiefe zu gelangen (H. Zimmer, a. a. O. 165). Dieser Ort des Selbst läßt sich aber nur deshalb so genau lokalisieren, weil Ramana damit noch einmal auf die Notwendigkeit des eigenen unmittelbaren Erlebens hinweist: »Was im Herzen ist, kann nur jeder in seinem Herzen selbst erfahren. Such' nicht im Herzen deines Meisters. Such' nicht in heiligen Schriften und Ideen. Gehe den Weg in deinen eigenen Wesensgrund. Finde in dein eigenes Herz.« Der Schüler, der nur bereit wäre, beim Meister und in der Belehrung durch den Meister zu seinem Selbst zu finden, wird mit penetranter Deutlichkeit immer wieder auf seine Selbsterkenntnis verwiesen. Suche nicht im Außen. Du findest es nur in dir selbst:

> Der Schüler: An wen richtest du dein Geheiß, »Erkenne dich selbst«?
>
> Der Meister: An was immer du bist, – dir gebe ich den Rat: »Erkenne dich selbst«. Wenn das »Ich-Selbst« die Notwendigkeit fühlt, seinen Ursprung zu ergründen, oder den Antrieb empfindet, sich über sich selbst zu erheben, dann nimmt es den Rat an und steigt in die Tiefe und entdeckt dort die wahre Quelle der Wirklichkeit seiner selbst. Und indem es so beginnt, sich selbst zu erkennen, endet es damit, das Selbst zu gewahren.
>
> Der Schüler: Du sagtest, das »Herz« sei die Stätte des Selbst?
>
> Der Meister: Ja, es ist eine höchste Stätte des Selbst, daran zweifle nicht: das wahre Selbst wohnt dort im »Herzen« hinter dem Jîva oder »Ich-Selbst«.
>
> Der Schüler: Sag mir, ich bitte dich: wo im Leibe ist das?
>
> Der Meister: Mit deinem Denken wirst du das nicht erkennen. Mit deiner Phantasie kannst du es dir nicht vorstellen, wenn ich dir sage: die Stätte ist hier (damit wies der Meister rechts auf seine Brust) –, der einzige unmittelbare Weg, es zu erfahren, ist, daß du dir gar nichts vorzustellen versuchst, sondern es selber zu erleben trachtest. Dann erfährst du es und fühlst ganz von selbst, daß die Stätte des »Herzens« hier liegt. In den heiligen Schriften wird sie »hrid-guhâ«, die Höhle des Herzens, genannt, tamulisch »Ullam«.
>
> (H. Zimmer, a. a. O. 143)

Wir sprechen von den Symbolen als jenen Türen zur Wirklichkeit, in denen Realität, die sichtbare Welt des Vielen, und Wirklichkeit, die erlebbare Welt des Einen, nicht mehr getrennt sind, sondern sich berühren. Vielleicht ist das eigene Herz oder die Tiefe der eigenen Seele deshalb das schönste mystische Symbol, weil kaum ein anderes Symbol derart deutlich auf das eigene Erleben verweist. Wie kann ein anderer mir sagen, was in meinem Herzen ist? Wie kann ich durch Vorstellungen und Überlegungen erkunden, was ich in meinem Herzen bin? Ramana empfiehlt als Meditationshilfe das ständige Wiederholen der Frage: Wer bin ich? Sie lenkt unser Bewußtsein ins eigene Innen und führt zum Erleben nicht der an uns herangetragenen, sondern der ureigenen Wirklichkeit. Sogar der Berg Morgenrot, der als Shiva Linga gilt, und Shiva selbst als Nataraj, als König des Tanzes oder als Linga dargestellt, können noch als bloß religiöse Symbole mißverstanden werden. Es könnten Zeichen sein, die nur zur Betrachtung dienen. Aber die Höhle des eigenen Herzens, das ist die Wirklichkeit, die sich überhaupt nicht oder nur im eigenen Erleben erschließt. Das Herz ist das mystische Symbol par excellence, weil nur eigene Innenschau dieses Symbol zu betrachten vermag.

Das größte Hindernis auf dem Weg zum Selbst ist das Ich. Denn es hält sich für seine eigene Mitte, für seinen eigenen Grund und seine eigene Essenz. Das Ich identifiziert sich mit Wesenlosem und hält sich für wesentlich. Es identifiziert sich mit Vergänglichem und hält sich darin für ewig. Das Ich gleicht einem Wahn, den es zu durchbrechen gilt, bevor die Wahrheit des Selbst sich offenbart. Wie läßt sich der Wahn des Ichs durchbrechen?

Ramana gelang der Durchbruch zur Wahrheit in seiner Vorwegnahme des eigenen Sterbens im Alter von 17 Jahren. Aber kann jeder sich seinen Tod derart lebhaft vorstellen, um in seinem imaginären Sterben dann die Wahrheit des Selbst zu erleben? Ramana empfiehlt ein konsequentes Fragen und Forschen nach dem Selbst, das alles zur Seite legt oder bloß beobachtend zur Kenntnis nimmt, was das Ich ist oder was ihm entstammt. »Sei ein leidenschaftslos und gleichgültig Zuschauender.« Identifiziere dich mit nichts, was dem Ego oder dem Ich entstammt (Ramana spricht hier meist vom Ego, wo wir vom Ich sprechen). Das Selbst läßt sich finden, wo wir das Ich als Ich erkennen und wo es uns gelingt, zu allem Ich zu sagen: Das ist nicht mein Selbst:

»Das Ego in Gestalt der Ich-Vorstellung ist die Wurzel des Baumes aller Wahnvorstellungen; wird sie vernichtet, ist aller Wahn gefällt. Klebe nicht am Vielerlei der Vorstellungen, die dir beim Forschen nach dem

Selbst in den Anfangsstadien deiner Übungen kommen. Halte dich abseits von ihnen: ein leidenschaftslos und gleichgültig Zuschauender, der zu sich spricht: ›laß geschehen was mag, ich schaue nur zu.‹ Übst du ständig diese Haltung und verweilst ohne Wanken in ihr, so löscht das Selbst die Ich-Vorstellung im Leibe aus, sie ist die Wurzel aller Schwierigkeiten, fortzuschreiten auf der geistigen Bahn. Dieser leichte Weg, das Ich auszulöschen, verdient allein die Namen ›bhakti‹ (gläubige Hingabe), ›jnâna‹ (Erkenntnis), ›yoga‹ (Übung der Vereinigung mit Gott) oder ›dhyâna‹ (Sammlung in innerer Schau).«

(H. ZIMMER, a. a. O. 198)

Es gibt also Methoden zur Unterscheidung des Ich und des Selbst. Es gibt Mittel der Ichvernichtung, um das Selbst zu gewinnen, das sich hinter dem Ich verbirgt. Diese Methode der Ich-Auflösung und der Selbstfindung nennen wir Meditation.

3. Im Abgrund aller Möglichkeiten

Ich kenne keine eindrücklichere Vision des mystischen Erlebens als Abgrund aller Möglichkeiten und als Wirbel aller Unmöglichkeiten, als die Gottesvision im 11. Gesang der Bhagavadgita. Auch als legendäre Szene gestaltet, entspricht das, was das Dichterwort hier besingt, doch einem inneren Erleben. Arjuna möchte Krishna in seiner Allgestalt unverhüllt und ungekürzt erkennen. Krishna tut Arjuna diesen Gefallen. Aber Arjuna verliert in dieser Gottesvision nicht nur beinahe sein Leben, sondern auch seinen Glauben. Alles, was er von Gott bisher dachte oder hörte, alle Formen irgendwelcher tradierter Heiligkeit stürzen in einen Abgrund von Feuer und Rauch. Arjuna erlebt das Alles und Nichts, die mystische Leere, in der alles gründet, das Nichts als Urquell aller Möglichkeiten. Mystische Gotteserfahrung, aus der Leere geboren, ist das Ende jeder nur überlieferten Gottesvorstellung: Arjuna spricht, von der Vision zutiefst erschüttert:

15. Alle Wesen, alle Götter,
    Seh' an deinem Leib ich hangen,
    Brahma auf dem Lotussitze
    Samt den Sehern und den Schlangen.
16. Viel Gesichter, Arme, Leiber,
    Viele Augen, du Gewalt'ger,

Aber weder Ziel noch Anfang
Seh' an dir ich, Vielgestalt'ger.

17. Auf dem Haupte glänzt die Krone,
In der Hand trägst du die Keule,
Unermeßlich, schwer zu schauen,
Strahlst du wie des Feuers Säule.

18. Unvergänglich-Höchster bist du
Und des Urgesetzes Hüter,
Bist der Hort des Universums
Und des Weltenalls Gebieter.

19. Mond und Sonne sind dir Augen,
Arme reckst du, ungeheuer,
Opferflamme loht vom Mund dir,
Sengt das All mit ihrem Feuer.

20. Erd und Himmel, Ost und Westen
Wird von dir allein umhüllet,
Und das All, das Wunder schauend,
Wird von banger Furcht erfüllet.

21. Händefaltend Götterscharen
Dich besingend zu dir treten,
Seher, Heilige und Weise
Dich verehrend zu dir beten.

22. Staunend sehn dich Rudra's, Vasu's,
Sadhya's, Aditya's, Gandharven,
Vischva's, Marutas, Aschvinen,
Yakscha's, Asura's und Larven.

23. Zitternd sehn die Wesen deinen
Leib mit manchem Aug' und Munde,
Mancher Hüfte, manchem Fuße,
Manchem weitgesperrten Schlunde.

24. Seh' ich dich mit off'nen Mündern
Glühend bis zum Himmel ragen,
Seh' ich deine Augen funkeln,
Muß ich voller Furcht verzagen.

25. Deine Münder, zähnestarrend,
Einem Weltenbrande gleichen,
Seh' ich's, schwinden mir die Sinne,
Und ich muß vor Angst erbleichen.

26. Alle Söhne Dhritaraschtras
Samt den Helden, ungezählten,
Und von uns'rer Seite alle
Krieger, alle kampfgestählten,

27. Strömen ein in deine Rachen,
Die hier abgrundtief rings gähnen,
And're mit zermalmtem Haupte

Hängen zwischen deinen Zähnen.
28. Wie im Meere endlich eingehn
All' der vielen Flüsse Wogen,
Werden sie von deiner Münder
Grausen Flammen eingesogen.
29. Wie die Motten zu dem Feuer
Eilen, bis sie sich versengen,
Also scheinen sie zum Tode
Sich nach deinem Mund zu drängen.
30. Alle Wesen, Vischnu, scheinst du
Mit dem Munde zu verschlingen,
Mit den Strahlen deines Glanzes
Dieses Weltall zu durchdringen.

(Aus Bhagavadgita 11, in der Übersetzung von
ROBERT BOXBERGER, 1955, 70 ff.)

Zur Deutung dieses Bildes, um die Arjuna nun bittet, die aber im Grunde ihm nicht zuteil wird, ist zu bedenken, daß sich Arjuna mit seinen Worten das Geschehene bereits deutet. Das Selbst, als Grund und Abgrund alles Wirklichen, verlangt nach allen nur denkbaren religiösen Vorstellungen und verschlingt sie. Es ist kein Zufall, daß alles, was im Glauben Arjunas seine Bedeutung hat, hier erscheint und im Abgrund Gottes verschwindet, nicht, damit es gänzlich zerstört werde, sondern um sich zu wandeln.

Keine religiöse Tradition kann vor der mystischen Leere bestehen. Alles zerbricht im Sturm dieser göttlichen Unmöglichkeiten. Aber gerade indem die traditionellen Bilder zerbrechen, zeigt sich Gott als derjenige, der er ist, und schenkt dem Arjuna wieder die Gnade, ihn nicht mehr in der Allgestalt, sondern nur noch als Freund und Wagenlenker zu erleben.

Der Urgott wird wieder zu Krishna, dem Freund. Das ist wahrscheinlich das eigentliche Ziel der Vision. Vor und nach ihr steht Gott als vertraute Gestalt neben Arjuna im Kampfwagen. Aber nach der Vision weiß Arjuna, wen er als Begleiter im Wagen mitführt. Vorher war er eigentlich ahnungslos.

Dieser nun mit neuen Augen erschaute Freund im Wagen Arjunas wird zum Symbol der Wandlung aller religiösen Bilder in der mystischen Leere. Vor dem Erleben des Urgottes, des Alles und des Nichts, ist Krishna selbst dem nächsten Freund nicht das, was er ist. Auch Arjuna kennt Krishna nur voller

Ahnungslosigkeit. Durch das Alles und Nichts hindurch wird Krishna für seinen Freund zu dem, der er ist. Erst jetzt kennt Arjuna seinen Kampfgenossen.

Ähnliches geschieht mit jeder religiösen Vorstellung und jedem religiösen Wert. Vor der Leere ist alles Glauben und Verehren im Grunde genommen fromme Ahnungslosigkeit. Vor der Leere kennt der Christ den Christus im besten Fall vom Hören-Sagen, und der Buddhist weiß um die Erleuchtung im besten Fall aus der Theorie der Mönche. Nach der Leere kann der Christ sich eigentlich erst ein Jünger Jesu nennen. Jenseits aller Theorien ist Menschwerdung Gottes für ihn das Geheimnis, das ihn selbst umfängt. Nach der Leere erst ist dem Buddhisten Erleuchtung kein Begriff mehr aus frommen Schriften, sondern eine überwältigende, wortlose Erfahrung. Vor der Leere war die Einheit Gottes dem Moslem Inhalt seines Bekenntnisses und vielleicht noch das Woraufhin seiner religiösen Leidenschaft. In der Leere und nach ihr braucht er kaum mehr von der Einheit Gottes zu sprechen. Sie ist ihm unendlich nahe Wirklichkeit.

Heißt dies nun auch, daß jede Leere den Gläubigen zu seinem Ausgangspunkt zurückführt? Daß jeder Arjuna am Schluß wieder auf dem Streitwagen neben seinem Krishna steht? Grundsätzlich findet jeder Mystiker durch die Leere wieder zurück in den eigenen Glauben. Wie könnte er anders? Denn um das zu gestalten und zu verarbeiten, was ihm widerfuhr, sind die heiligsten Traditionen des eigenen Glaubens die annähernd beste Hilfe. Nichts greift tiefer als die tiefsten Vorstellungen der eigenen Religion. Was könnte der Mystiker besseres wählen? Arjuna muß wieder zu Krishna in den Wagen steigen.

Mystik ist der weiteste innere Weg, den wir uns denken können. Sie führt den Menschen durch das Zerbrechen aller Glaubensweisen bis hinein in das Nichts. Aber sie stellt ihn auch wieder zurück in die überlieferten Glaubensweisen. Nur sieht der Mystiker jetzt alles, was er früher ahnungslos verehrte und pflegte, mit völlig neuen Augen. Jeder Mystiker steht nach dem Erlebnis der Leere wieder neben Krishna. Aber er steht am alten Ort mit neuen Augen. Er sieht seine Umgebung mit anderen Augen. Er ist noch immer Christ, Buddhist, Moslem oder Krishna-Verehrer. Und doch ist sein Glaube nur noch äußerlich mit dem Glauben vor der Leere zu vergleichen. Früher hat er nur geglaubt. Jetzt glaubt er aus eigenem Erleben heraus.

4. Wer glaubt, entdeckt seine Seele

Daß Welten die Spiritualisten Indiens vom christlichen Glauben trennen, ist jedem, der nach grundlegenden Glaubenslehren und wegleitenden theologischen Vorstellungen fragt, sofort offenkundig. Der Gott, der vor Arjuna in seiner Allgestalt erscheint, ist nicht der Gott der Bibel. Das Selbst, in das Ramana Maharshi findet, ist nicht die Seele, wie sie der neutestamentliche Glaube erfährt. Das Ich, das auf dem Weg nach innen abstirbt, ist nicht identisch mit dem, was das biblische Zeugnis als Sünde anspricht. Krishna ist zwar auch Inkarnation, aber er ist als Avatar eine Herabkunft Gottes, die mit Christus auf keinen Fall in eins gesetzt werden darf. Wer überall Identität erblicken will, muß gründlich von allen grundlegenden Denkmustern und Glaubenseinsichten absehen. Er muß sich in theologischer Kurzsichtigkeit üben, anders gelingt ihm das In-eins-Setzen von indischer und christlicher Spiritualität nicht.

Ebenso kurzsichtig wäre aber auch jene Theologie, die nur Unterschiede entdeckt. Daß Wahrheit auf Wahrheit verweist, daß Unmittelbarkeit Unmittelbarkeit berührt, daß Mystik zum christlichen Glauben führt, erkennt zwar der vielleicht noch nicht, der Denkmuster und Vorstellungen vergleicht. Für jeden aber, der sich auf das Erleben besinnt und die Mystik nicht nur als Vorstellungswelt, sondern als Erleben verstehen möchte, ist Unmittelbarkeit ein Tor zur Unmittelbarkeit und die indische Spiritualität ein Grund zur Besinnung auf den ungeteilten Glauben. Wer überall Identität entdeckt, der sieht nicht weit genug. Wer sich durch Wahrheit zur Wahrheit geleiten läßt, der findet in seinem Studium der Mystik einen neuen Zugang zum christlichen Glauben.

Ich kann mir den christlichen Glauben nicht seelenlos denken. Wer glaubt, findet in sein Selbst. Wer glaubt, entdeckt, daß er eine Seele hat. Dem vormystisch Glaubenden ist dies oft noch verborgen. Er hat zwar auch sein Seelenkonzept. Aber die Seele selbst, die ganze unberechenbare Innenwelt, verbirgt er nach Möglichkeit vor sich selbst. Sein Denken kann sich in dieser Innenwelt nicht zurechtfinden.

In der Seele wohnt für alles vormystische Denken Gefahr. Denn dieses bedenkt immer nur auf Distanz. Klarheit wird ihm nur zuteil, wenn der Denkende und das Bedachte sich beruhigend selten berühren. Wie könnte die Leidenschaftslosigkeit des reinen Beobachters vormystisch noch durchgehalten werden, wenn das Beobachtete dem Beobachter keine Distanz mehr gewährt?

Meditation ist *antarmukha drishti*, leidenschaftslose Innenschau. Meditation ist Übung in mystischer Innenschau, der furchtlose und leidenschaftslose Weg nach innen. Meditation ist leidenschaftslose Beobachtung dessen, was in keiner Weise mehr von meinem Selbst verschieden ist. Daß diese Furchtlosigkeit und Leidenschaftslosigkeit der Innenschau geübt sein will, und daß der Übende oft einen ihn begleitenden Lehrer braucht, ist nicht erstaunlich. Zu eigenartig und zu unberechenbar und zu gefahrvoll ist dieses Innen. Wer den Weg nach innen geht, erlebt Überraschungen erfreulicher und anderer Art.

Die Seele ist eine Welt, reicher und seltsamer als alles, was sich das vormystische Denken ausmalen kann. Es hat seinen guten Grund, daß sich das vormystische Denken – wenn immer möglich – an Seelenkonzepte hält. Sie helfen ihm, an die Seele selbst möglichst selten zu rühren (wer will schon den schlafenden Drachen wecken?).

Ich kann mir den christlichen Glauben nicht vorstellen ohne den furchtlosen und leidenschaftslosen Weg nach innen. Was immer geschieht, Christus begegnet den Jüngern nicht nur über den windgepeitschten Wassern des Sees Genezareth. Findet sich ein Innen oder ein Außen, in dem er nicht begegnet? Gott ruft im Innen, in der Seele, nicht weniger als im Außen, in der beobachtbaren Welt. Der Glaubende erkennt, daß er eine Seele hat, und er fürchtet sich nicht, in ihr Gott zu begegnen.

Überdies – was ist innen, was ist außen für den, der den mystischen Weg nicht scheut? War die Erscheinung des Krishna vor Arjuna auf dem Kurufeld ein inneres oder ein äußeres Geschehen? Schaute Arjuna in den Grund seiner Seele oder in den Grund der Welt? Wurde ihm eine letzte, überwältigende *antarmukha drishti*, ein Labyrinth innerer Welten geschenkt, oder fielen vor Arjuna die letzten Schleier in der Welt der äußeren Erscheinungen? Die Frage ist falsch gestellt. Im Erleben findet sich kein vom Innen getrenntes Außen mehr und kein Innen, das »nur« Seele wäre. Wenn es erlaubt ist, Unmittelbarkeit mit theoretischen Floskeln zu umhüllen: Der Mystiker erlebt sein Selbst als Mikrokosmos und seinen Kosmos als Makropsyche. Diese Formel klingt zwar wunderlich. Aber sie rührt ans mystische Erleben. Ich kann mir keinen ungeteilten christlichen Glauben vorstellen, der diese tiefste Gemeinschaft von Innen und Außen, von Seele und Welt nicht erfährt.

Die absurde Vielfalt der Gotteserscheinung vor Arjuna muß jeden abstoßen, der seelenlos an Gott zu glauben sucht. Von einem Gotteskonzept, von einer gereinigten, in sich geklärten Gottesvorstellung ist diese Erscheinung so weit entfernt wie der alttestamentliche Glaube von einer aufgeklärten Theologie. Dabei verwirrt nicht nur die Vielfalt der Gotteserscheinung, sondern die in diesem Gott sichtbare destruktive Gewalt. Gott verschlingt alle Wesen, die aus ihm heraus entstanden sind. Ist dies nicht ein Gott, der sich selber verzehrt? Ist dies nicht ein Abgrund von Feuer, in dem zuletzt auch der Abgrund selbst und das Feuer verbrennen?

Wollten wir diese Gotteserscheinung mit irgendwelchen religionsphilosophischen Ordnungsschemata einfangen, demonstrierten wir nur unsere Ahnungslosigkeit. Das Erleben des Arjuna ist nicht einfach pantheistisch. Es steht dem pantheistischen Denken nahe. Aber es durchbricht alle Systeme und Denkmodelle. Der Gott, der in allem ist, ist auch der Gott, der alles, vielleicht sogar sich selbst, verschlingt. Und der Gott, der vor Arjuna erscheint, ist auch nicht einfach ein persönlicher Gott oder eine unpersönliche Gottheit.

Wer will ordnen und einteilen, wenn die Seele anfängt, Gott zu begegnen? Solange wir seelenlos glauben, bleibt Gott eingeschlossen in gängige Gottesbilder oder in durchdachte Gotteskonzepte. Die Gotteserfahrung gleicht vormystisch einem Fluß, von sicheren Dämmen geführt. Aber wenn die Innenschau beginnt, wenn die inneren Tore sich öffnen, dann durchbricht das Wasser alle Dämme, auch jene der Rechtgläubigkeit. Denn was ist Orthodoxie und was ist Häresie auf dem Kurufeld?

Orthodoxie kann im mystischen Erleben nicht mehr versuchen, dieses Erleben zu reglementieren. Sie kann nur noch der Versuch sein, das zuerst kaum mehr Denkbare zu bedenken und das zunächst bizarre Erleben ins Leben der Gemeinschaft einzubringen. Orthodox ist so verstanden jene Mystik, die sich bedenken läßt und die das Leben der Gemeinschaft bereichert. Häretisch wäre jene Unmittelbarkeit, die kaum bedacht und kaum verstanden jede Gemeinschaft überfordert. So besehen ist die Erscheinung der Allgestalt Gottes auf dem Kurufeld ein Musterbild einer orthodoxen Gottesbegegnung. Poetisch gestaltet und in manchen Versen auf ihre Bedeutung hin befragt, wurde diese Erscheinung zum Zentrum der Bhagavadgita, jener Schrift, die mehr als jede andere zum Leitbild hinduistischer Spiritualität wurde.

Persönlich kann ich mir nicht denken, daß der christliche Glaube eine ihm vorauslaufende, das Erleben normierende Rechtgläubigkeit anerkennt. Zu offensichtlich hat Christus die Rechtgläubigkeit seiner Zeit abgelehnt. Daß der erste Glaube aber bedacht sein will und seine Unmittelbarkeit in die Gemeinschaft einbringen möchte, ist diesem ersten Glauben beinahe schon ins Gesicht geschrieben. Einsame Innerlichkeit und häretische Provokation der Gemeinschaft waren und sind nicht das Anliegen des ungeteilten Glaubens.

Noch weniger kann ich mir allerdings vorstellen, daß der erste Glaube seelenlos glaubt, daß er das Gotteskonzept der Gottesbegegnung vorzieht und die Klarheit einer vorgegebenen Theologie der Unmittelbarkeit des Erlebens. Natürlich ist die Seele auch für den Glaubenden eine Welt, die er nie durchschaut. Wenn diese Welt sich auftut, wird Glauben zum Abenteuer und Gott zu jener Macht, die alle Vorstellungen und Vorurteile durchbricht. Wer seelenlos glaubt, glaubt ohne Gefahr. Gott wird erscheinen, wie es sich gebührt. Oder er wird nicht mehr erscheinen. Er verblaßt zum Gottesgedanken. In der Seele ist Gott Nacht und Licht, Weg und Abgrund, Feuer und Wasser, Freund und Feind, Geist und Erde, Wind und Sturm, Klang und Schweigen. Und in der Seele ist Gott all dies auch wieder nicht. Er ist lebendig sich selbst.

Nicht daß es Gott nötig hätte, daß wir ihm die inneren Türen öffnen, damit er Raum gewinnt und sich entfalten kann, wo vorher für ihn nur Mauern existierten. Gott wäre nicht Gott, wenn er sich von irgendeinem Innen oder einem Außen ausschließen ließe. Aber der seelenfern Glaubende schließt sich von Gott aus. Er verschreibt sich an Gotteskonzepte und flieht den unendlich nahen, innen auf ihn wartenden Gott. Ich kann mir nicht vorstellen, daß der erste Glaube sich vor irgendeinem Innen oder einem Außen scheut und daß er Gott in irgendeinem Innen oder Außen ein- oder ausschließen möchte. Er hat keinen Grund, sich vor seiner Seele zu fürchten. Er glaubt als Meditierender. Er glaubt als Denkender und glaubt als Glied einer Gemeinschaft. Und gerade darin erweist sich der erste Glaube als ungeteilter Glaube. Es gibt keinen Bereich der Wirklichkeit, kein Innen und kein Außen, abgesondert und unberührt von seinem Erleben.

Exkurs
Meditation und Pseudomeditation

Wie verhält sich die Meditation zur Mystik? Ist alle Mystik auf Meditation angewiesen? Ist alle Meditation ein Beitrag zum mystischen Weg? Mir scheint, Meditation sei immer ein konsequentes Einüben der ersten Schritte auf einem mystischen Weg. Mehr als die ersten Schritte können wir nicht einüben. Unmittelbarkeit läßt sich nicht einüben wie ein paar Handgriffe oder Verhaltensweisen. Aber die ersten Schritte sind mögliche Lernschritte, in einer Gemeinschaft von Meditierenden fast drillmäßig exerzierbar. Vor allem die Erkenntnis des Vergänglichen als Vergängliches, des Ego als Ego, des Unwesentlichen als Unwesentliches läßt sich zum Beispiel vor einem Bild der Vergänglichkeit (zum Beispiel einem Skelett) einüben. Oder die Beachtung des eigenen Atems läßt uns Vergänglichkeit als Teil unseres Wesens erkennen. Oder die Konzentration auf ein Chakra, ein Körperzentrum, hilft uns, uns vom Unwesentlicheren, Peripheren abzuwenden.

Muß sich aber jede Mystik dieser Exerzitien bedienen? Sie muß es nur, wenn das eigene Erleben nicht schon das naive

Ichbewußtsein des Menschen zur Genüge erschüttert hat. Meditationsübungen ersetzen teilweise die notwendigen Lebenskrisen, die sonst erst den Mystiker in uns wachrufen. Aber sie ersetzen die persönliche Erschütterung (auch) nur zu einem Teil. Ist das Ichbewußtsein ungebrochen und unerschüttert, so führen Meditationsübungen nur zu spiritueller Eitelkeit und krankhafter Ich-Liebe. Meditationsübungen ohne die innere Bereitschaft, das Ich seinem Schicksal zu überlassen und dahin zu senden, wo es hingehört, in den mystischen Tod, blasen das Ich nur auf und werden zur gespreizten, eitlen Ich-Liebe. Meditation zur falschen Zeit, ohne Erschütterung, führt ins Gegenteil dessen, was sie eigentlich erreichen möchte. Aber dies heißt nicht, daß Meditation keinen Beitrag leisten kann zum mystischen Weg. Im Gegenteil, wenn der Boden gepflügt und der Samen gesät ist, dann gleicht Meditation dem täglichen Begießen. Meditation ist Seelenführung in Zeiten des persönlichen Umbruchs.

Könnte das erschütterte Ich nicht allzuleicht das Ich hassen wollen oder zerquälen? Meditation führt das Ich zum Selbst, ohne daß das Ich sich in Ichverachtung oder Ichfurcht verliert. Meditation läßt das Ich sterben, aber sie erstickt und zertrümmert es nicht. Meditation ist damit weise Selbstfindung. Sie unterscheidet sich von den gewaltsamen Methoden der Pseudomeditation, die das Ich erschlagen, um ein Selbst zu gewinnen, und die ein gebrochenes Ich ernten, wo dieses ein Selbst erhoffte.

Wer in den Strudel pseudomeditativer, spiritueller Gewalttätigkeit gerät, hat am Ende meist das Ich zerstört und das Selbst sich noch völlig verborgen. Er entrinnt dem Strudel nicht als Erleuchteter, sondern als innerlich zerbrochenes Ich. Meister der Pseudomeditation nehmen dieses Opfer in Kauf. Sie rechnen damit, daß auf ihren Wegen einige in die Erleuchtung und viele in den Wahnsinn finden.

Selbstverständlich gibt es zahllose Wege der Meditation. Das allen Gemeinsame liegt dort, wo der Meditierende versucht, das Ich und das Selbst zu unterscheiden. Theoretisch ist die Unterscheidung bald gemacht: Alles ist Ich, was ich an und in mir entdecke. Vor allem dies ist Ich, womit ich mich identifiziere, was mich umtreibt, was mich bewegt. Ja sogar mein Meditieren, mein Forschen nach dem Selbst ist noch Ich, weshalb Ramana sogar das Forschen nach dem Selbst als nutzlos gewordenen Stock sieht, den er nicht mehr braucht, weil er ans Ziel fand. Alles ist nichts. Es findet sich nichts in uns und an uns, was Selbst wäre. Aber gerade indem sich nichts findet und alles Ich und sein Gaukelspiel verschwindet, offenbart sich das Selbst. Denn ist das Ich als Ich erkannt, in seiner Vorläufigkeit durchschaut, so hat es auch schon seine Macht verloren. Es löst sich auf wie Nebel in der Morgensonne.

Meditation ist so besehen zunächst der Weg der konsequenten Unterscheidung zwischen dem Ich und dem Selbst. In ihrer Wirkung ist Meditation nicht ein Weg, sondern Ich-Auflösung. Denn würde der Meditierende versuchen, sein Ich gewaltsam aus dem Weg zu räumen, so müßte er – wie angedeutet – scheitern. Das Ich, das wir bekämpfen, gewinnt fast dämonische Macht über uns. Weit entfernt davon, sich aufzulösen, beginnt es uns zu verfolgen. Als Ich-Abtötung ist Meditation ein ständiger Kampf mit Dämonen, die ihre Macht gerade aus dem Faktum gewinnen, daß ich sie bekämpfe. Erst als Ich-Auflösung, als ruhiges Zur-Kenntnis-Nehmen all dessen, was ich bin und was nicht mein Selbst ist, verliert das Ich seine mich bindende Kraft, und das Selbst erscheint wie die Sonne hinter den Nebeln, die sich auflösen.

Meditation ist so verstanden ein konsequenter Weg der Desidentifikation. Kein Meister hat diesen Weg so konsequent gelehrt und gelebt wie der Buddha im Verständnis des Theravada. Nicht einmal von einem Selbst hinter dem Ich spricht der Buddha des kleinen Fahrzeuges. Zu allem, was der Meditierende an sich und in sich beobachtet, geht er auf Distanz und sagt sich: »Das bin ich. Das ist nicht mein Selbst.« Gerade in seiner Fähigkeit, sich mit nichts zu identifizieren, was er beobachten und erfahren kann, unterscheidet sich der Erleuchtete des Theravada von allen anderen Lehrern und Schülern:

»Unrechte Lehren gibt es sechs: Ein unbelehrter Weltling, der die Lehre der Edlen nicht kennt, betrachtet (erstens) die Körperlichkeit, (zweitens) die Empfindung, (drittens) die Wahrnehmung, (viertens) die unbewußten Tätigkeiten so: Dies ist mein, ich bin dies, dies ist mein Ich; ebenso betrachtet er (fünftens) alles, was er sieht, hört, denkt und erkennt, was er erlangt oder wünscht und worüber er nachdenkt; er glaubt (sechstens): Die Welt und das Ich (der Atman) sind ein und das-selbe, nach dem Tode werde ich beständig, ewig, immerwährend und unvergänglich sein, als immer derselbe werde ich fortleben. Auch die-sen Glauben betrachtet er so: Dies ist mein, ich bin dies, dies ist mein Ich.

Dagegen betrachtet ein wohlunterrichteter Edeljünger, der die Lehre der Edlen kennt, die Körperlichkeit, die Empfindung, die Wahr-nehmung, die unbewußten Tätigkeiten so: Dies ist nicht mein, ich bin dies nicht, dies ist nicht mein Ich; und alles, was er sieht, hört, denkt und erkennt, was er erlangt oder wünscht und worüber er nachdenkt, so: Dies ist nicht mein, ich bin dies nicht, dies ist nicht mein Ich. Und auch den Glauben: Die Welt und das Ich sind ein und dasselbe, nach dem Tode werde ich beständig, ewig, immerwährend und unvergäng-lich sein, als immer derselbe werde ich fortleben –, auch diesen Glau-ben betrachtet er so: Dies ist nicht mein, ich bin dies nicht, dies ist nicht mein Ich. Wenn er es so betrachtet, beunruhigt er sich nicht über etwas, das es nicht gibt.«

(K. Schmitt: »Buddhas Reden«, 1978, 74f.)

Nun könnte man meinen, dieses völlige Sich-nicht-Identifizie-ren, das bis zur Auflösung sogar jeder Vorstellung von einem Selbst führt, sei das genaue Gegenteil zum Meditationsweg des Vedanta, wie er uns zum Beispiel bei Ramana Maharshi begeg-net. Führt nicht der eine Weg in der Loslösung vor allem Ich zum Selbst und der andere in der Loslösung von allem Ich und Selbst zum Nichts? Diese theoretischen Divergenzen sind si-cher nicht zu übersehen, sie existieren aber doch nur in der Theorie. Wer aber aus einem mystischen Weg eine Theorie macht, der gleicht dem Menschen, der ein Floß auf den Schul-tern weiterträgt, nachdem er mit ihm den Fluß überquerte. Es ist sicher kein Zufall, daß das Gleichnis vom unnütz werdenden Boot in Majjimanikaya 22 unmittelbar der zitierten Passage von der rechten und der falschen Lehre vorausgeht.

»Ein Wanderer sieht auf seinem Wege vor sich eine große Wasserflut, das diesseitige Ufer unsicher und gefährlich, das jenseitige Ufer sicher und gefahrlos. Es ist aber kein Schiff zum Übersetzen da und keine Brücke zum anderen Ufer. Da denkt er: Vielleicht könnte ich mir Schilfrohr und Holzstämme, Zweige und Blätter sammeln, mir daraus ein Floß bauen und auf diesem Floß, mit Händen und Füßen arbeitend, heil an das andere Ufer gelangen. Diesen Plan führt er aus und kommt heil an das andere Ufer. Dort angelangt, denkt er: Dieses Floß ist mir von großem Nutzen gewesen, ich will es mir auf den Kopf und auf die Schultern laden und mitnehmen, wohin ich gehen will.

›Meint ihr, meine Bhikkhus, daß dieser Mann mit dem Floß richtig handelt?‹ – ›Nein, Herr!‹ – ›Wie aber würde er richtig handeln? Er würde denken: Dieses Floß ist mir zwar von großem Nutzen gewesen, jetzt aber will ich es auf trockenen Boden setzen oder ins Wasser versenken und (unbelastet) gehen, wohin ich will. So würde er mit dem Floß richtig handeln. So habe ich euch mit dem Gleichnis vom Floß, das zum Hinüberkommen, aber nicht zum Aufbewahren da ist, eine Lehre gegeben. Versteht ihr das Gleichnis vom Floß, dann gebt (ans Ziel gelangt) sogar die rechten Lehren auf, noch mehr aber die unrechten.‹«

(K. Schmitt, a. a. O. 74)

Mystik, auf den Kopf und die Schulter gebunden, wird wie das Boot zur reinen Belastung. In Theorien verwandelte mystische Wege führen zu endlosen Debatten und Meinungsverschiedenheiten. Und wie könnte es nicht Meinungsverschiedenheiten geben, wenn das mystische Erleben in die Sphäre der Meinungen abgleitet? Jeder Mystiker, der sein Boot auf seinem Kopf herumträgt, muß sich mit anderen über den Wert seines oder ihrer Boote streiten. Wer mit seinem Boot auf stürmischem Wasser übersetzt, hat andere Interessen.

Zusammengefaßt: Der Widerspruch zwischen einer Meditation, die ins Atman findet, und einer anderen, die Anatman erreicht, ist kein Widerspruch des Erlebens, sondern nur ein Widerspruch der Theorie. Und warum sollten wir theoretischen Widersprüchen mehr als beiläufige Aufmerksamkeit schenken, wenn alle Theorie bereits schon das Erleben entstellt?

VI.
Liebe
und Gebet

1. Sufismus – der Tod des Ichs in der Liebe zu Gott

Der Begriff »Sufismus« und »Sufi« leitet sich ab vom Begriff *Suf* (Wolle). Sufis tragen ein wollenes Gewand. Sie sind Asketen, der Armut verpflichtet (arabisch: *tasawwuf* »Mystik«). Sufismus ist aber weit mehr als eine äußere Übung in Armut, Wanderschaft, in Askese und Gebet. Er ist in den Augen der Sufis selber eine innere Haltung, ein Sein, ein neues Menschsein, geprägt durch die acht Qualitäten, die in acht Gesandten Gottes dargestellt wurden (diese acht Gesandten sind sozusagen die Ursufi).

> »Sufismus ist auf acht Qualitäten gegründet, die in acht Gesandten dargestellt sind: die Großmut Abrahams, der seinen Sohn opferte; die Hingebung Ismails, der sich dem Befehl Gottes hingab und sein Leben aufzugeben bereit war; die Geduld Hiobs, der geduldig die Heimsuchung durch Würmer und die Eifersucht des Allbarmherzigen ertrug; die symbolische Handlungsweise Zacharias, zu dem Gott sprach: ›Du sollst für drei Tage nur durch Zeichen mit den Menschen sprechen‹ (Sura 3/36), und von dem auch gleichermaßen gesagt wird: ›Als er seinen Herrn anrief mit heimlicher Anrufung‹ (Sura 19/2); die Fremdheit des Johannes, der ein Fremder in seinem eigenen Lande war und ein Fremdling für seine Mitmenschen, unter denen er lebte; die Pilgerschaft Jesu, der so abgelöst von weltlichen Dingen war, daß er nur einen Becher und einen Kamm mit sich führte – doch den Becher warf er hinweg, als er einen Mann aus seiner Hand trinken sah, und den Kamm, als er einen anderen Mann seine Finger statt eines Kammes benutzen sah; das Tragen von Wolle des Moses, dessen Gewand wollen war; und die Armut Muhammads, dem Gott der Allmächtige die Schlüssel aller Schätze auf Erden sandte und ihm sagte: ›Bemühe dich nicht, sondern versieh dich mit jedem Luxus mit Hilfe dieser Schätze‹, worauf er antwortete: ›O Herr, ich begehre sie nicht; laß mich einen Tag satt sein und einen Tag hungrig‹ (H 39–40).«
>
> (JUNAID [gest. 910], zit. bei Annemarie Schimmel:
> Mystische Dimensionen des Islam, 1985, 31 f.)

In diesem Zitat sind alle acht Ursufi eigentlich durch eine einzige Qualität verbunden, durch die Fähigkeit des Loslassens, durch die Bereitschaft zu innerer und äußerer Besitzlosigkeit. In einer Zeit der üppigen Moslemherrschaft, der reichen Herrscher und Bürger, finden die Sufis zur Besitzlosigkeit als dem Weg zu Gott. Sufis sind darin nicht nur Erben christlicher Wüstenväter und Mönche, sie sind auch Vorläufer der christlichen Bettelorden. Es ist kein Zufall, daß die Armutsbewegungen des Mittelalters auf die Kreuzzüge folgten oder zur Zeit der Kreuzzüge erstarkten.

Frühe Sufis haben Sufismus einmal so definiert: »Sufismus bedeutet, nichts zu besitzen und von nichts besessen zu werden.« »Die Sufis sind solche, ›die Gott allem anderen vorziehen und die Gott allen anderen vorzieht‹« (Schimmel, a. a. O. 32).

Manchmal spielen Sufis aber auch mit dem Begriff *safa* (Reinheit), wenn sie über Sufismus sprechen. Die Askese der Sufis und ihre Liebe zu Gott werden nun als Reinigung verstanden. »Wer durch Liebe gereinigt ist, ist rein... aber wer durch den Geliebten gereinigt ist, ist ein Sufi« (zit. bei Schimmel, a. a. O. 34).

Sufis versuchen auch, Adam als den ersten Sufi zu deuten. Adam war 40 Tage in der Einsamkeit, bevor Gott ihm seinen Geist einhauchte. Dann kam er als erleuchteter Mystiker aus der Einsamkeit.

Rumi hat den Sufismus einmal so definiert: »Was ist Sufismus? Freude finden im Herzen, wenn die Zeit des Kummers kommt.« Das mystische Gebet, das den Sufi bis in die Ekstasen der *unio* führt, ist gleichzeitig eine Art Tanz, Ausdruck der höchsten Freude.

Urfi, ein Hofpoet Akbars, meinte einmal, »die wichtigste Eigenschaft des echten Sufis sei es, dem Selbst zu entwerden, dem Liebenden zu, der sich in seinem Geliebten verliert« (Schimmel, a. a. O. 42).

Die wesentlichen Merkmale des Sufismus können wir wie folgt zusammenfassen:

1. Sufismus ist Liebe zu Gott in äußerster Besitzlosigkeit.
2. Sufismus ist ein Erleben des Geliebten im ekstatischen Gebet.
3. Sufismus ist ein inneres Geschehen, das den Menschen verwandelt und erst im vollen Sinn zum Menschen macht. Dieses innere Geschehen kann aber auch sehr leicht vorgetäuscht werden. Der Begriff »Sufi« wird zeitweise zum Inbegriff für religiöse Scharlatanerie und Ich-Sucht.

4. Sufismus ist ein Tod des Ichs in der Liebe zu Gott. In der Liebe zum Höchsten ist der Sufi bereit, alles zu opfern. Sufismus ist nicht selten eine Märtyrermystik.

Den religionsgeschichtlichen Ort des Sufismus kann das folgende Schema verdeutlichen, auch wenn sofort zugestanden werden muß, daß jedes Schema die geschichtliche Wirklichkeit verzerrt:

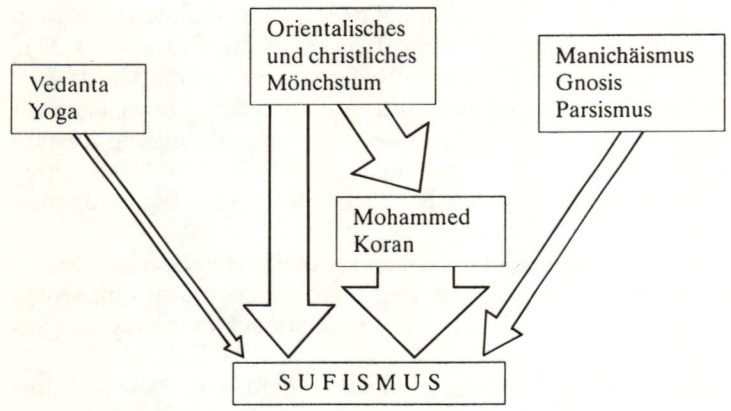

2. Gott spricht selbst sein Gebet (Rumi)

Maulana Jalaluddin Rumi gilt zu Recht als einer der größten Dichter der Mystik. Sein mystisches Lehrgedicht, das Mathnawi, umfaßt 26000 Verse. Dazu sind von ihm 36000 Verse lyrischer Poesie überliefert und eine Sammlung von Prosaschriften.

Rumi wurde am 30. Septmeber 1207 in Balch im afghanischen Zentralmassiv geboren. Sein Vater war dort ein angesehener Theologe. Von ihm sind Aufzeichnungen erhalten, die auf schockierende Visionen hinweisen. Schon dem kleinen Rumi werden von der Legende außerordentliche mystische Erlebnisse zugeschrieben. 1206 war Balch durch eine neue Moslemdynastie erobert worden. Dieses Blutvergießen war noch in aller Erinnerung. Der neue Herrscher in Balch ließ sich durch einen dem Sufismus sehr feindlich gesinnten Theologen beraten. Der Vater von Rumi, der auch schon als Mystiker galt, verließ 1219 die Vaterstadt, weil er in einer Vision den kommenden Mongolensturm vorausgesehen hatte. 1220 wurde Balch durch die Truppen von Dschingis Khan in Schutt und Asche gelegt.

Auf dem Weg in den Osten habe Rumi mit seinem Vater auch Attar besucht, den greisen Mystiker, der sofort das Talent des Rumi entdeckt habe. Die Dichtung Attars und vor allem auch die Verse seines Vorläufers Sana'i prägen das spätere Werk Rumis.

Rumis Familie zog zuerst zur Pilgerfahrt nach Mekka, dann lebte Rumi mit seinen Eltern eine Zeitlang in Syrien. Er scheint in Damaskus und Aleppo studiert zu haben. Dann zog die Familie nach Rum. Unter dem Namen dieser Landschaft wurde Rumi später bekannt, in Afghanistan heißt er aber weiterhin Balchi.

1228 wurde der Vater nach Konya, dem alten Ikonium, in die Hauptstadt des Seldschukenreiches gerufen, um an einer Medrese (Koranschule) Theologie zu lehren. In Ikonium hatte nicht nur der Neuplatonismus eine lange Tradition, auch das Christentum, wir denken an die drei Kappadozier, prägte während Jahrhunderten die religiöse Landschaft.

Nach dem Tod des Vaters, 1231, wurde Rumi dessen Nachfolger als Professor in der Koranschule. Bis dahin hatte sich Rumi nur mit nichtmystischer Erkenntnis befaßt. Aber ein Jahr nach dem Tod des Vaters kam ein früherer Schüler von ihm nach Konya. Durch ihn lernte Rumi erst das visionäre Werk seines Vaters und die Geheimnisse des mystischen Pfades kennen. Sein neuer Meister sandte ihn verschiedentlich in die vierzigtägige Klausur. Wahrscheinlich besuchte Rumi in jener Zeit auch Syrien.

1242 überrannten die Mongolen auch die östlichen Teile des Seldschukenreiches. Die Seldschuken mußten die Macht der Mongolen anerkennen und hohen Tribut zahlen. Auch Rumi erlebte die politischen Umwälzungen intensiv: »Feuer fiel in die Welt, der Rauch der Mongolenarmee« (Schimmel: Rumi, 1978, 18).

1244 traf Rumi Shamsuddin von Täbriz, die Sonne des Glaubens, in Konya. Rumi reitet auf einem Kamel. Shamsuddin fragt ihn: »Ist Bayezid größer als Muhammed?« Rumi antwortet: »Was für eine Frage. Muhammed ist das Siegel der Propheten – was hat er mit Bayezid zu tun?« Shamsuddin sagte: »Warum hat dann Muhammed gesagt: ›Wir kennen dich nicht, wie es sich gebührt.‹ Bayezid aber sagte: ›Preis sei mir, wie groß ist meine Majestät.‹« Rumi fiel infolge der Ungeheuerlichkeit dieser Frage vom Kamel und verlor das Bewußtsein.

Nun entwickelte sich eine Freundschaft zwischen dem etwa vierzigjährigen Gelehrten und dem wandernden Derwisch. Die Flamme der Freundschaft loderte so hell, daß Rumi für sechs Monate alles vernachlässigte. Tag und Nacht saß er mit dem Freund in der Zelle, ohne sich zu ernähren.

Shamsuddin muß eine überwältigende Persönlichkeit gewesen sein, allerdings auch Mystiker von außerordentlichem geistigen Hochmut. Selbst den großen Theosophen Ibn Arabi nannte er einen Kieselstein, verglichen mit Rumi, dem Rubin. Shamsuddin nannte sich selbst nicht nur einen Liebenden, wie dies bisher üblich war. Er nannte sich den Pol aller Geliebten (Schimmel, a. a. O. 19). Rumi war Shamsuddin schlicht und einfach verfallen. Das offizielle Konya mißbilligte die Freundschaft immer mehr, vor allem, weil Rumi seine Pflichten vernachlässigte. Nach zwei Jahren intensiver Freundschaft verließ Shamsuddin die Stadt, bevor es zu Tätlichkeiten gekommen war. Rumi war nicht zu trösten. Immer wieder schrieb er schmerzerfüllte Gedichte.

Wie er vernahm, daß Shamsuddin in Damaskus war, schickte er einen seiner Söhne mit Gold und Silber nach Syrien, um ihn zurückzuholen. Die beiden Freunde begrüßten sich überschwenglich, und Rumi wollte nun dafür sorgen, daß Shamsuddin ihm erhalten blieb. Er verheiratete den Freund mit einem Mädchen aus seinem Haus. Gleichzeitig ließ er ihn auch in einer Kammer seines Hauses wohnen. Der zweitälteste Sohn Rumis hatte Shamsuddin einmal in diesem Raum gestört. Bald entwickelte sich eine starke Feindschaft zwischen Rumis Freund und Rumis Sohn. 1248 starb die Frau des Freundes, wenig später verschwand Shamsuddin. Inzwischen steht fest, daß er ermordet und heimlich begraben worden ist. 1958 hat man sein Grab wieder entdeckt. Wahrscheinlich war der jüngere Sohn Rumis an diesem Mord wesentlich beteiligt. Man suchte diesen Mord vor Rumi zu verheimlichen und sagte ihm, Shamsuddin sei in Syrien gesehen worden. Rumi reiste nach Syrien, um ihn zu suchen, ohne Erfolg. Er konnte sich erst trösten lassen, als er erkannte, daß in der Liebe kein Ich und kein Du mehr besteht, daß also er selbst Shamsuddin ist. »Mein Herz ist der Muschel gleich, die Perle: des Freundes Bild. Ich passe nicht mehr in mich – er füllt ganz das Herz mir aus.« Von nun an wurde Shamsuddin zu seinem Dichternamen. Rumi nannte sich in der größten Zahl seiner Gedichte in der letzten Strophe Schams.

Nicht lange nach dessen Verschwinden begann eine neue Freundschaft. Rumi sah sich nun mit Salahuddin, einem Goldschmied in Konya, innerlich verbunden. Auch hier versuchte er mit Familienbanden die Freundschaft zu verewigen. Er verheiratete einen seiner Söhne mit einer Tochter des neuen Freundes. Als Salahuddin ein paar Jahre später starb, tanzte Rumi einen Wirbeltanz im Leichenzug, denn der Tod ist für Sufis eine geistige Hochzeit.

Trotz dieser Phasen seltsamster Emotionen war Rumi als Asket, als Mystiker und Gelehrter in Konya verehrt. Sogar die Vertreter der Regierung suchten bei ihm Rat. Aus dem immer größer werdenden Kreis seiner Freunde entwickelte sich allmählich der Derwischorden. Vor allem Poeten sahen sich angesprochen, unter anderen Hussamuddin, der letzte Freund des Rumi und nach seinem Tod der erste Nachfolger als Haupt des sich langsam organisierenden Ordens. Der zweite Nachfolger war dann Rumis Sohn. Er regelte die Tanzrituale des Ordens. Der Orden *Maulauwia* (oder türkisch *Mewlewiya*) ist als Orden der tanzenden Derwische bekannt. Im Tanz hatte Rumi sogar Rechtsbelehrung geben können. Auch anläßlich der Beerdigung Rumis wurde eifrig getanzt. Auf dem Grab Rumis in Konya steht noch heute:

> Komm' zu meinem Grab nicht ohne Trommel
> Denn bei Gottes Fest ziemt sich kein Kummer ...
> Ich bin Rausch, der Liebeswein mein Ursprung –
> sagt, was außer Rausch kann von mir kommen?

Rumis Gebete sind eigentlich *oratio infusa*, Gebete, die Gott selbst dem Mystiker eingibt:

»Du ließest aus mir Gebet wie Wasser fließen.
Schenk ihm Erhörung nun, wie du verheißen.«

Einmal beschreibt Rumi das Erleben eines Mystikers, der sich selbst völlig entwird. Gerade deshalb spricht nicht mehr er sein Gebet, sondern Gott selbst spricht in ihm:

»Da er entward, spricht Gott selbst sein Gebet,
bei dem Gebet und auch Erfüllung steht.«

(Schimmel, a. a. O. 167)

Ist dieses Gebet, das Gott im Menschen spricht, noch ein Gebet in menschlichen Worten oder nicht eher ein ekstatisches Beten in Zungen, ähnlich dem Zungenreden im frühen Christentum? Rumis *oratio infusa* ist oft eins mit dem mystischen Schweigen.

»Nun werde still und geh den Weg des Schweigen zum Nichtsein hin –
Wenn du nicht-seiend wirst, so wirst du gänzlich zu Lob und Preis.«

(Schimmel, a. a. O. 167)

Schweigen ist das Ende des Bittgebetes, aber auch das Ende des *dhikr*, des ständigen Gottgedenkens, wie es seit langem von Sufis geübt wurde. Rumi hat das Geheimnis des *dhikr* nie theoretisch erläutert. Aber in einem Vers hat er das Geschehen des *dhikr* sehr treffend ausgesprochen:

Und denke so inständig Gottes,
bis selber du ganz dich vergißt,
daß du im Gerufenen aufgehst,
wo Rufer und Ruf nicht mehr ist.

(Schimmel, a. a. O. 167)

Das Wichtigste im Beten ist also das Entwerden, das in der tiefsten Ruhe der Versenkung oder im ekstatisch tanzenden Beten erlangt wird. Erst das Entwerden des Menschen ermöglicht *oratio infusa*. Rumi erzählt eine Episode von seinem Vater, der einmal in tiefster Versenkung dasaß. Da es Zeit war zum vorgeschriebenen Ritualgebet, begannen einige der Jünger mit dem Ritus. Andere setzten sich neben den Sufi hin. Einem Jünger wurde nun gezeigt, daß die in Versenkung Betenden ihr Gesicht Mekka zugekehrt hatten; die rituell Betenden hatten zwar der Gebetsnische, nicht aber Mekka ihr Gesicht zugewandt (Schimmel, a. a. O. 168). Mit anderen Worten: Das Ritualgebet wendet sich oft nur nach dem äußeren Mekka. Das mystische Gebet, das Gebet des Entwerdens, wendet sich nach dem wahren Mekka.

Der Rechtsgelehrte, sagt Rumi, kennt das äußere Gebet, der Mystiker kennt die Seele des Ritualgebetes. »Vorbedingung für die Seele des Ritualgebetes ist, daß man vierzig Jahre im Größeren Heiligen Krieg (im Kampf mit sich selber) ist, daß man seine Augen und seine Seele zu Blut macht, daß man die Schleier der Finsternis überschreitet, daß man seiner eigenen Existenz abstirbt: daß man durch Gottes Leben lebendig ist und durch Gottes Existenz existiert« (Schimmel, a. a. O. 169).

Das Entwerden ist kein Kinderspiel, sondern ein jahrzehntelanges Ringen. Erst das Entwerden aber führt zu jener völligen Armut, die Gott im Menschen beten läßt:

»Du schenkst den Wunsch erst, betend uns zu neigen.
Dir ist zuletzt auch die Erfüllung eigen.
Du bist das Ende, Du bist der Beginn –
Wir sind ein Schweigendes, ein Nichts darin.«

(SCHIMMEL, a. a. O. 169)

Wenn die *oratio infusa* das eigentliche mystische Gebet ist und das Entwerden das Wunder der Verwandlung, das dem Betenden zuteil wird, dann sind Bittgebete fast verführerisch oberflächlich. Das gilt vor allem für Bittgebete in eigener Sache. Bittgebete für andere, vor allem für Feinde, haben eine gewaltige, versöhnende Kraft. Rumi empfiehlt, sogar für Christenmönche zu beten (A. Schimmel, a. a. O. 163). Für alle Bittgebete in eigener Sache gilt aber:

Gelobt sei Gott für diese Nicht-Erhörung.
Er wollte Nutzen; ich hielt's für Zerstörung.
Wie manch Gebet ist zum Verlust und Schaden –
Der reine Gott erhört es nicht aus Gnaden!

(SCHIMMEL, a. a. O. 162 f.)

Gott sei Dank gehen nicht alle Bittgebete in Erfüllung. Bittgebete sind aus dem Ich geboren. Das wahre Beten aber dient dem Entwerden, dem Tod des Ichs. Unerfüllte Bittgebete zwingen den Betenden, tiefer zu suchen, tiefer zu blicken. Zum Beispiel könnte das Resultat unerhörter Bitten sein, daß man Gott in seiner Gottferne, die Antwort Gottes schon in seiner eigenen Sehnsucht entdeckt.

Ausdrücklich verteidigt Rumi auch das spontane Beten des Dienstbereiten. Für sich nichts erlangen wollen, aber Gott seine unbeholfenen Dienste antragen, dies ist der Anfang allen Betens.

Ein Schäfer in der Wüste sprach einmal spontan und derb folgendes Gebet:

Wo bist du, daß ich dein Diener werde,
deinen Rock dir flick, dein Haar dir kämme,
wasche dein Kleid und töte deine Läuse,
Milch dir bringe, o du Hocherhabener?
Küß dein Händchen und massier dein Füßchen,
und zur Schlafenszeit feg' ich dein Plätzlein,
o du, dem ich alle Zicklein opfre...

Mose soll dieses Gebet des Hirten entsetzt gehört haben. Entsetzt habe er dem Hirten geboten, zu schweigen. Aber er wird belehrt, daß Gott dieses ehrliche Gebet mehr liebt als die korrekten Formeln der gebildeten Theologen.

Beten ist ein Entwerden für Gott und in Gott. Dieses Entwerden beginnt in der einfachen, spontanen Dienstbereitschaft.

Das tiefste Geheimnis des mystischen Gebets hat Rumi einmal mit einer Geschichte anzudeuten versucht. Sie hat zu Recht die gegensätzlichsten Reaktionen ausgelöst. Tholuck kommentierte 1821: »Was Abstruseres, was Gewagteres könnte man sich nicht vorstellen.« Nathan Söderblom meinte: »Sein ist das wunderbare Wort über das Gebet und die Erhöhung des Gebets, dessen tröstende Idee man noch einmal in der religiösen Literatur trifft, nämlich bei Pascal« (zit. bei A. Schimmel, a. a. O. 153). Annemarie Schimmel meint zu diesem Gedicht: »Für viele Religionshistoriker stellt es den vollkommensten Ausdruck der islamischen Mystik dar« (in: Mystische Dimensionen des Islam, 1985, 236).

Rumi schildert das Erleben eines Betenden, der scheinbar nie erhört wird:

»O Gott!« rief einer viele Nächte lang,
Und süß ward ihm sein Mund von diesem Klang.
»Viel rufst du wohl!« sprach Satan voller Spott:
»Wo bleibt die Antwort ›Hier bin Ich‹ von Gott?
Nein, keine Antwort kommt vom Thron herab!
Wie lange schreist du noch: ›O Gott!‹? Laß ab!«
Als er betrübt, gesenkten Hauptes, schwieg,
sah er im Traum, wie Khidr niederstieg
und sprach »Warum nennst du Ihn denn nicht mehr?
Was du ersehnst – bereust du es so sehr?«

Er sprach: »Nie kommt die Antwort: ›Ich bin hier!‹
So fürchte ich, Er weist die Türe mir!«
»Dein Ruf ›O Gott‹ ist Mein Ruf ›Ich bin hier!‹
Dein Schmerz und Flehn ist Botschaft doch von Mir,
Und all dein Streben, um Mich zu erreichen,
Daß Ich zu Mir dich ziehe, ist's ein Zeichen!
Dein Liebesschmerz ist Meine Huld für dich –
Im Ruf ›O Gott!‹ sind hundert ›Hier bin Ich!‹«
(M III 189 f.).

(Zit. bei A. Schimmel: »Mystische Dimensionen des Islam«,
1985, 236 f.)

Vielleicht ist die Gemeinschaft Gottes mit dem Menschen im Gebet nirgends so klar nachempfunden wie in dieser Geschichte vom scheinbar unerhörten Gebet. Wo ist Gott nicht für den, der sich ihm zuwendet? Und wo spricht er nicht zu dem, der Gott nicht mehr in Vorstellungen sucht? Liebt Gott den Menschen nicht auch in der Liebe des Menschen zu Gott? Glaubt Gott an den Menschen nicht schon dort, wo der Mensch nach Gott ruft? Gottes Freundschaft ist nicht erst eine Antwort auf die Liebesbeteuerung des Menschen. Seine Antwort geht jeder menschlichen Frage voraus.

3. Gedenke Gottes oft (dhikr)

Die eindrücklichste Form des mystischen Betens ist der *dhikr*, das Gedenken an Gott oder die Theomnemie, wie ein Sufi in Anlehnung an die Ostkirche sagt. (Mit diesem Begriff ist auch schon eine Wurzel des *dhikr* erkannt, das Herzensgebet der Ostkirche.) Das Gedenken an Gott kann entweder schweigend oder laut vollzogen werden. (Vgl. zum Folgenden: A. Schimmel, »Mystische Dimensionen des Islam«, 238 ff.)

Dhikr gilt als das wichtigste Tor auf dem Weg zu Gott. *Dhikr* läßt das Herz still werden. Ohne dieses Gedenken gleicht das Leben dem Wind.

In der Frühzeit des Sufitums war *dhikr* zu allen Zeiten und an allen Orten erlaubt (im Unterschied zum Ritualgebet). Das Herz des Gläubigen soll immer vom Gedenken erfüllt sein. Dieses Gedenken ist die geistige Speise des Mystikers. Der Sufi fürchtet sich dabei nicht, den Namen Gottes durch zu viele

Wiederholungen zu mißbrauchen. Er hält sich an Sure 33, 40: »Und gedenke Gottes oft.«

Dhikr ist das erste Zeichen der Gottesliebe. Wenn man jemanden liebt, wiederholt man ständig dessen Namen. Schon Mohammed soll das Gedenken mit dem grünen Baum inmitten verdorrter Bäume verglichen haben. Wer *dhikr* übt, läßt das Herz einem grünen Baume ähnlich aufblühen.

Die genaue Instruktion zum *dhikr* wurde dem Schüler in der Einweihung durch den Meister erteilt. Eine typische Sufilegende zeigt, wie das Wiederholen der Namen Gottes stufenweise zum eigenen Wesen wird:

> »Sahl sagte zu einem seiner Schüler: ›Bemühe dich, einen ganzen Tag lang ›O Allah! O Allah! O Allah!‹ zu sagen!‹ Er tat das auch am nächsten und übernächsten Tag, bis er sich daran gewöhnt hatte. Dann ordnete er an, er solle dies auch zur Nacht tun, bis die Worte ihm so vertraut wurden, daß er sie sogar im Schlafe aussprach. Dann sagte er: ›Wiederhole sie nicht mehr, sondern laß all deine Sinne damit beschäftigt sein, Gottes zu gedenken.‹ Der Schüler tat das, bis er ganz im Gedenken an Gott absorbiert war. Eines Tages, als er zu Hause war, fiel ihm ein Stück Holz auf den Kopf und zerschlug ihm den Schädel. Die Blutstropfen, die auf den Boden flossen, trugen die Inschrift Allah! Allah! Allah!«
>
> (Zit. bei A. Schimmel, a. a. O. 241)

Die genaue Formel des *dhikr* wird auf Mohammed oder sogar auf den Engel, der Mohammed inspirierte, zurückgeführt, manchmal auf die ersten Kalifen. Abu Bakr soll den schweigenden *dhikr* gelehrt haben, Ali den lauten. Durch eine ganze Kette von Meistern ist die jeweils rechte *dhikr*-Formel bis in unsere Zeit überliefert worden. (Auch diese Überlieferungsreihe hat in Indien ihre Parallelen.) Vom 9. Jahrhundert an wird der Rosenkranz verwendet, um die Wiederholungen der Formel zu zählen. Doch echte Mystiker wissen, daß ein Sufi in echtem Gedenken nicht mehr zählt, weil er ganz in seinem Gebet aufgeht.

Durch *dhikr* wird oft eine solche Hitze (»tapas« würden die Hindus sagen) entwickelt, daß der Schnee schmilzt und die Sufis schweißgebadet dasitzen. Indische Sufis übernahmen auch die Yogapraxis, vor einem Feuer an einem heißen Sommertag zu meditieren.

Auch wenn *dhikr* überall geübt werden kann, ist doch die Vorbereitung und oft auch die richtige Sitzhaltung wichtig. Je nach der Schule variiert sie. In der Regel wird der Schneidersitz gelehrt. Als Vorbereitung gilt auch, daß der Sufi sich das Bild des Shaiks vor Augen hält, der ihn während des *dhikr* unterstützen wird. Je nach Reifegrad des Schülers werden ihm verschiedene Formeln empfohlen.

Die zwei Hauptformen des *dhikr* sind das Gedenken mit der Zunge und das Gedenken im Herzen, das stille Gedenken, das meistens höher geschätzt wird als das laute Gedenken.

Dhikr führt den Sufi zum völligen Vergessen aller geschaffenen Dinge. Im *dhikr* ist fast zuletzt nur noch der Liebende und der Geliebte, am Ende ist nur noch Liebe, nur noch Gott. Wer Gottes gedenkt, im mystischen Gebet, der vergißt alle Dinge, weil »Gott ihm Ersatz für alle Dinge geworden ist« (Yusuf ibn Husain, zit. bei Schimmel, a. a. O. 244). Der Mystiker wird unabhängig von der Welt, er wird zum Herrscher der Welt (a. a. O. 244).

Weshalb hat der *dhikr* eine derartige, den Menschen ändernde Gewalt? Weil – so lautet eine Deutung – ein *dhikr* in uns selbst eingeschlossen ist. Als Gott das erste Mal mit Adam sprach, waren diese ersten Worte Gottes der Urdhikr. Gott hat einen *dhikr* in jeden Menschen gelegt. Der spätere Sufi-*dhikr* weckt nur diesen in uns liegenden *dhikr* zu neuem Leben.

Das Ziel des *dhikr* ist jenes Erleben, wo der Gedenkende und der Bedachte eins werden, wo nur noch Gott ist. Am Ende vergißt der Gedenkende auch sein Gedenken. »Wahrer *dhikr* ist, daß du deinen *dhikr* vergißt«, sagt Shibli. Auf dieser letzten Stufe ist der *dhikr* wortlos. Denn jede Anrede Gottes setzt noch eine Zweiheit voraus.

Bevor dieses letzte Schweigen alles umhüllt, kann der Mystiker auch das Gefühl haben, sein ganzer Leib werde zum Gebet. Jeder Körperteil wird ein Herz, in dem das Gebet erklingt. Ähnlich wie bei den Schamanen erleben manche Sufis eine »Zergliederung« auf ihrem mystischen Pfad. In grotesken Geschichten wird erzählt, wie einzelne Glieder sich vom Sufi lösen und selbständig Gottes gedenken. Als Ekstasetechnik hat das mystische Gebet der Sufis zweifellos auch schamanistische Wurzeln.

Dhikr wird oft mit Atemkontrolle verbunden. Ähnlich wie beim Herz Jesu-Gebet oder beim Namu Amida Butsu verbindet sich die Gebetsformel mit den Atemzügen. Nur so gelingt tiefe Konzentration. Das *la ilah illa Allah* wird zum Beispiel dreimal während eines Atemzuges ausgesprochen oder sogar neun- oder achtzehnmal. In Afghanistan und in Indien entwikkelte sich unter dem Einfluß des Yoga die Übung im langen Atem-Anhalten. Auch *dhikr* in Konzentration auf einzelne Punkte im Körper *(chakras)* kommt vor. So wird ein *dhikr* auf der rechten Brust, der linken Brust, in der Mitte der Brust und im Gehirn gesprochen.

Die Frage, ob der laute oder der stille *dhikr* besser sei, führte im 16. und 17. Jahrhundert in Zentralasien zur Spaltung eines Derwischordens, der auch politische Folgen hatte.

Der laute *dhikr* wurde auch gegen Ungläubige und gegen im Glauben Nachlässige eingesetzt. Die lauten, wiederholten Gebetsrufe werden damit fast zum Kriegsruf gegen den Unglauben und die Nachlässigkeit. Die Anhänger des lautlosen *dhikr* betonten demgegenüber, daß Mohammed gesagt haben soll: »Ihr ruft nicht einen Tauben an noch einen Abwesenden, sondern ihr ruft einen Hörenden, der mit euch ist, wo immer ihr seid.« Durch lauten *dhikr* würden auch die übrigen Moscheebesucher gestört. Lauter *dhikr* wurde immer mehr zur Ekstasetechnik.

Das rhythmische Wiederholen der Bekenntnisformel oder des Gottesnamens führt die Sufis zu Trancezuständen. Der Name Allah wird dabei oft auf den einen Buchstaben *h* reduziert, nach der linken Schulter *ha*, nach der rechten *hu*, und mit einer Kopfbeugung nach vorn *hi*. Oft werden diese lauten *dhikr*-Übungen im Kreis praktiziert, die rechte Hand auf die linke des Nachbars gelegt. Dabei beginnt der Kreis zuerst mit dem ganzen Glaubensbekenntnis, am Schluß steigert sich das Tempo und verkürzen sich die Formeln. Man ruft nur noch ha, hu, hi.

Die Namen Gottes spielen im lauten *dhikr* eine wichtige Rolle. Meistens zählte man 99 Namen Gottes. Der größte Name ist verborgen. Diejenigen, die auch den 100. Namen kennen, gelten als Wundertäter.

Der Rosenkranz mit 33 oder 99 Perlen diente der Aufzählung der 99 Namen, die in genauer Reihenfolge wiederholt werden.

4. Wenn das Nicht-Sein spricht (Der mystische Tanz)

Der Maulauwia-Orden (von Rumi ausgehend) ist der einzige Orden, der den Tanz institutionalisiert hat. Die Praxis des Tanzes ist seit langem weit verbreitet. Orthodoxe Muslime haben sich gegen diese Kreistänze aber häufig gewehrt. Die Orthodoxen bannen jede musikalische und rhythmische Begleitung im Gebet.

Wahrscheinlich beginnt die Praxis des Tanzes mit ekstatischem Zuhören. Von einem alten Sufi, al Haddad, dem Schmied, wird erzählt, daß er beim Hören einer Koransure vor seiner Werkstatt derart in Trance fiel, daß er mit bloßer Hand glühende Kohle aus dem Feuer holte. Noch später fällt der Tänzer derart in Trance, daß er sich Nadeln und Messer durch den Körper stoßen kann, ohne Schmerz zu empfinden. In ihrem Tanz begannen die Sufis zu wirbeln. Ihre Ekstase soll sich auch dadurch geäußert haben, daß sie sich ihre Kleider zerrissen und einzelne in der Ekstase gestorben seien, daß eine Negersufi weiß wurde, daß sie in Wirbeln plötzlich durch die Luft geflogen seien. Das Zerreißen der Kleider wurde von den Orthodoxen besonders heftig kritisiert.

Wenn Leute den Sufismus nur noch als ekstatisches Tanzen sahen, war die Gefahr des Mißbrauchs sehr nahe. Sinnliche und religiöse Ekstasen lagen und liegen oft zu nahe beieinander. Die gemäßigten Sufis betonten, daß Musik nur im Menschen weckt, was schon in ihm angelegt ist. Ein Mensch, der innerlich nicht an Gott gebunden ist, wird durch Musik und Tanz nicht zur *unio* mit Gott geführt. Anders der innerlich mit Gott Verbundene. Er kann durch Musik und Tanz zu *fana* finden, zum »Entwerden«, zur letzten Verbindung mit Gott. Es ist kein Zufall, daß Sufis die *unio* auch als Tanz mit Gott darstellen konnten.

Rumi ist der eindrücklichste Dichter des Sufi-Tanzes. In einem von Rückert übersetzten Gedicht beschreibt er die Musik als Tor zum Himmel:

»Einst sprach unser Herr Dschalaluddin dieses:
›Die Musik ist das Knarren der Pforten des Paradieses!‹
Darauf sprach einer von den dumm-dreisten Narren:
›Nicht gefällt mir von Pforten das Knarren.‹

Sprach unser Herr Dschalaluddin drauf:
›Ich höre die Pforten, sie tun sich auf,
doch wie die Türen sich tun zu –
das hörest du!‹«

(A. SCHIMMEL: Mystische Dimensionen des Islam, 261)

Rumi sieht den Tanz als Nahrung für die Seele. Durch das Wirbeln der Derwische werden Weintrauben gepreßt, wodurch der geistige Wein entsteht. Tanz ist für Rumi aber auch das Werden alles Seienden, das Menschwerden des Menschen.

»Hallte ein Ruf im Nicht-Sein: da
      sagte das Nicht-Sein: ›Gewiß!
Ich setz’ den Fuß in jenes Land,
      froh, grün und frisch mich zu zeigen!‹

Es hörte Gottes Urzeit-Ruf,
      tanzend ward es und berauscht;
Nicht-Sein war es und ward zum Sein –
      Herzen und Tulpen und Feigen!«

(A. SCHIMMEL: Rumi, 208)

Durch Tanz wurde das Nichtseiende zum Sein. Der Tanz steht am Anfang der Schöpfung. Das Ende alles Lebendigen wird wieder ein Tanz sein. In der Gegenwart erlebt Rumi das Entwerden im ekstatischen Tanz. Vielleicht sprechen wir aber, wie es schon vorgeschlagen wurde (Schimmel, Dimensionen, 253), besser von einem instatischen Tanz. Der Mystiker wird nicht aus sich weggetragen. Er wird in die eigene Tiefe finden. Er findet in sich Gott, Anfang und Ende alles Geschehens.

Im Lied eines Mystikers unseres Jahrhunderts wird der Tanz zur Bewegung alles Wirklichen schlechthin. In seine inneren Reigen fallen »wie viele Sterne«. Und im Wirbel des mystischen Tanzes trügt der subjektive Eindruck nicht: Die Himmel kreisen, wenn der Sufi kreist. In seinem Kreisen nimmt der Sufi teil am großen Tanz, genannt Himmel und Erde. Alles Lebendige tanzt. Die Bäume selbst rufen in ihrem Wirbel: Mewlana (= Rumi). Alles tanzt in Gott und mit Gott:

»Die Bäume, mit Tanzgewändern
bekleidet, flehen in Liebe
                              Mevlana
Das Bild in mir
Ist ein anderes Bild
In den Reigen in mir
Fallen wie viele Sterne!

Ich kreise und kreise
        die Himmel kreisen
Rosen erblühn mir im Antlitz.
Die Bäume im sonnigen Garten
   ›Er schuf den Himmel, die Erde‹ –
Die Schlangen lauschen dem Flötenlied
In den Bäumen mit Tanzgewändern...
Die Wiesenkinder berauscht...
Herz...
   sie rufen nach dir
Ich blicke lächelnd auf Sonnen
   die ihren Weg verloren
Ich,
   ich fliege
      die Himmel fliegen.«
     (Asaf Halet Chelebi [gest. 1958], zit. bei A. Schimmel,
              Mystische Dimensionen des Islam, 264)

5. Die menschliche Nichtheit und das göttliche »Ich bin«

»Als Hallaj im Gefängnis war, fragte ihn ein Derwisch: ›Was ist Liebe?‹ Er sprach: ›Du wirst es heute sehen und morgen sehen und übermorgen sehen!‹ An jenem Tage töteten sie ihn, am nächsten Tag verbrannten sie ihn, und am dritten Tag gaben sie seine Asche dem Wind...« (Diese Episoden, von Attar erzählt, zit. bei A. Schimmel, Mystische Dimensionen des Islam, 100).

Kein Sufi war und ist derart bewundert und bekämpft worden wie Al-Hallaj. Den Sufis und den Jüngern auf dem Sufipfad gilt er als der reinste Mystiker der Gottesliebe. Keiner hat sich, so sieht es der Freund des mystischen Islams, so sehr in seiner Liebe zur Einheit Gottes verzehrt und verbrannt wie Al-Hallaj. Gleichzeitig sehen schon die orthodoxen Zeitgenossen und mittelbaren Nachfahren Mansur nicht nur als Hexenmeister und Pseudosufi, sondern als heimlichen Revolutionären und Gotteslästerer: Ibn an Nadim, der sich auf feindliche Quellen stützt, schreibt wenige Jahre nach Al-Hallajs Tod:

»Al-Husain ibn Mansur al-Hallaj war ein gerissener Mann und ein Hexenmeister, der sich an die Sufischule heranmachte und ihren Sprachstil annahm. Er behauptete, jede Wissenschaft zu kennen, doch (seine Behauptungen) waren unwahr. Er wußte sogar etwas über Alchemie. Er war unwissend, frech, unterwürfig, doch mutig in der Gegenwart von Königen; er versuchte große Dinge und wollte dringend einen Regierungswechsel. Unter seinen Anhängern behauptete er, göttlichen Rang (zu haben), indem er von göttlicher Einigung sprach...

(A. SCHIMMEL a. a. O. 102)

Der schlimmste Vorwurf, den Al-Hallaj traf, lautete: Er vergottete sich selbst. Er soll behauptet haben: Ich bin die absolute, die schöpferische Wahrheit *(ana'l Haqq)*. Westlichen Interpreten galt er deshalb als offener Pantheist oder als verkappter Christ oder Vedantin. Das *ana'l Haqq* wurde nicht zufällig neben das *aham brahmasmi* der Upanishaden gestellt.

Der wirkliche Kontext dieses »Ich bin die absolute Wahrheit«, oder wie es auch allgemeiner übersetzt wurde »Ich bin Gott«, ist nicht mehr bekannt. Deutlich läßt sich noch erkennen, daß Al-Hallaj sich mit diesem Ausspruch von seinem Lehrer Junaid abhebt. Wahrscheinlich ist es kein Zufall, daß die Legende den berühmten Ausspruch von Al-Hallaj sozusagen dem alten Lehrer vor die Türe setzt, sicher nicht zu dessen Erbauung:

»Als er an Junaids Tür klopfte, fragte der Meister: ›Wer ist dort?‹, und er antwortete ana'l-Haqq, ›Ich bin die Absolute (oder: schöpferische) Wahrheit‹ (oder: die wahre Realität).«

(Zit. bei A. SCHIMMEL, a. a. O. 103)

Mit seinem Ausspruch *ana'l-Haqq* unterstreicht Al-Hallaj offenbar das Ureigenste seines mystischen Erlebens, also eine Erlebnisweise, die so nur ihm zukommt und die er so von keinem Lehrer übernommen hat. *Ana'l-Haqq* ist Ausdruck seiner und nur seiner Unmittelbarkeit.

Ebenso deutlich ist noch zu erkennen, daß Al-Hallaj auf jenen Ausspruch des Pharao in Sure 79,24 und des Satan in Sure 7,12 anspielt. In Sure 79 wird erzählt, wie Mose mit Wunderzeichen und Gottes Mahnung zum überheblichen Pharao gesandt wird (der das Maß überschreitet). Der Pharao verharrt aber in seiner sündhaften Überheblichkeit, ja versteigert sich zur gotteslästerlichen Aussage: »Ich bin euer höchster Herr.« »Da erfaßte ihn Allah mit der Strafe des Jenseits und des Diesseits« (79,25). Der Gotteslästerung folgt notwendig die Strafe. Der Pharao stirbt, ganz ähnlich wie Al-Hallaj auch in seinen eigenen Augen den Tod verdient hat, wenn er sich einmal zum *ana'l-Haqq* bekannte. Es macht den Anschein, als ob

Al-Hallaj in dieser Sure 79 eine Geschichte gefunden hätte, die auf verdrehte Weise das vorwegnimmt, was sein Leben auf andere, nun gottgewollte Weise erfüllt.

In Sure 7 wird erzählt, wie alle Engel sich nach der Erschaffung Adams sich vor Adam niederwerfen sollten. Nur der Satan weigert sich, dies zu tun. Von Gott gefragt, weshalb er sich weigere, antwortet der Satan: »Ich bin besser als er (Adam). Du hast mich aus Feuer erschaffen, ihn aber erschufst du aus Ton.« Worauf Gott sofort antwortet: »Hinab mit dir aus ihm«, fort mit dir aus dem Paradies.

In seinem in der Gefangenschaft geschriebenen Buch (Kitab at-tawasin) stellt Al-Hallaj die beiden erwähnten Koranstellen neben seinen Ausspruch *ana'l-Haqq*. Damit gibt er als Gefangener in seinem Martyrium deutlich zu verstehen, daß sein *ana'l-Haqq* um nichts dem Sündenfall des Satan oder der Überheblichkeit des Pharao nachsteht. Die Strafe muß folgen. Das *ana'l-Haqq* lädt alle rechtgläubigen Moslems ein, Al-Hallaj umzubringen. Auf der anderen Seite richtet sich das *ana'l-Haqq* selbstverständlich nicht nur an die Rechtgläubigen. Für den Mystiker könnte das Paradox nicht größer sein: »Pharao« – so sieht es ein späterer Mystiker – »sah nur sich selbst und verlor Mich, während Husain (Al-Hallaj) nur Mich sah und sich selbst verlor« (zit. bei A. Schimmel, a. a. O. 103).

Der Noch-nicht-Mystiker sieht das »Ich bin die Wahrheit« als Zeichen höchster Überheblichkeit, als Wahn der Selbstvergottung; der Mystiker sieht im gleichen Satz das reinste Zeugnis für den Tod des Ich. Im Erleben des Mystikers ist kein Ich mehr, das vergottet werden könnte. Da ist nur noch freier Raum für die höchste Wahrheit, der Mensch nur noch ein Gefäß für Gott.

Der sogenannte Pantheismus oder gar die Selbstvergottung bei Al-Hallaj ist also mindestens zweideutig. Sicher werden wir noch weitere Aspekte im sogenannten Pantheismus von Al-Hallaj entdecken, wenn wir uns kurz seinem Lebenslauf und einzelnen seiner Gedichte zuwenden.

Husain ibn Mansur al-Hallaj wurde 858 in der Provinz Fars geboren, wuchs in Wasit und Tustar auf, wo Baumwolle angebaut wurde. Der Vater war Baumwollhechler *(hallaj)*. Der

Jüngling wurde Schüler von Sahl at-Tustari und kam mit seinem Lehrer nach Basra. Später wurde er Schüler von Amr al-Makki und von Junaid in Bagdad. Seine Beziehungen zu Amr al-Makki kühlten sich ab, als er die Tochter eines anderen Mystikers heiratete. Diese Sufitochter blieb seine einzige Frau. Sein Sohn Hamd überlieferte später die meisten Angaben und Episoden zur Vita des Vaters. Mit dem Sufischwiegervater hatte Al-Hallaj bald Probleme. Der Schwiegervater verleumdete ihn als gerissenen Zauberer und abscheulichen Ungläubigen. Auf einer ersten Pilgerfahrt nach Mekka, die ein Jahr dauerte, unterwarf er sich in Mekka grausamen asketischen Übungen.

> »Überliefert wurde, daß Hallaj in vierundzwanzig Stunden vierhundertmal die Gebetsniederwerfung vollzog, weil er sich dazu verpflichtet fühlte. Man fragte ihn: ›Was soll – beim Rang, den du erreicht hast – so viel Mühe?‹, und er erwiderte: ›Weder Ruhe noch Mühe kennzeichnet den Zustand (hal) der Freunde. Ihr Merkmal ist mystisches Entwerden (fana) – weder Ruhe noch Mühe.‹«
> (Frühislamische Mystiker, aus Fariduddin Attars Überlieferungen und Äußerungen, 1984, 82)

Wieder heimgekehrt, soll Al-Hallaj seinen Lehrer Junaid besucht haben, und als er an die Tür geklopft hatte, auf die Frage des Lehrers »Wer ist da?« geantwortet haben: *ana'l-Haqq.* Daraufhin habe ihn Junaid mit den Worten verflucht: »Welchen Galgen willst du mit deinem Blut beflecken?« Dies sei um 896 geschehen, als Al-Hallaj 38 Jahre alt war. (Nach A. Schimmel, Al-Halladsch »O Leute, rettet mich vor Gott«, 1985, 17).

Der gewaltige Anklang, den Al-Hallaj bei vielen Moslems in Bagdad fand, weckte den Neid anderer Sufis. Er entzog sich den drohenden Feindschaften, indem er die Familie und Bagdad verließ und einige Jahre im Nordosten des islamischen Reiches herumzog: in Transoxanien, Ostiran und Sistan. Über Südpersien nach Basra zurückgekehrt, begab er sich mit einem großen Anhang auf seine zweite Pilgerfahrt nach Mekka (angeblich mit 400 Jüngern). Wieder nach Bagdad zurückgekehrt, entschloß er sich, ins Land der Ungläubigen zu ziehen. Er schiffte sich von Basra aus nach Gujarat ein, zog dem Indus nach durch Panjab hinauf, gelangte wahrscheinlich auch nach Kaschmir und kehrte über Transoxanien und Turkestan nach Bagdad zurück.

Ob er auf dieser Missionsreise viele Heiden bekehrt hat, ist unbekannt. Jedenfalls spielen später Al-Hallaj und der Sufismus im indischen Islam eine bedeutende Rolle. Seine Feinde warfen ihm vor, er sei nur nach Indien gegangen, um Hexenkünste zu lernen oder um mit den Karmaten, extrem schiitischen Gruppen, oder auf der Heimreise durch Zentralasien mit den Manichäern Kontakt zu pflegen. Vor allem suspekt wirkte Al-Hallaj, wenn er später im Yogastil Kopfstand übte und wenn seine Schriften wie manichäische Texte illustriert und beschrieben wurden. Vor allem erhielt er Briefe aus aller Welt nach Bagdad gesandt, geschmückt mit eigenartigen heidnischen Zeichen. Mit seltsamen Ehrentiteln sprachen ihn diese Briefe an. Die Regierung in Bagdad hat allen Grund, Al-Hallaj im Auge zu behalten.

Noch einmal vollzog er die Wallfahrt nach Mekka. Nach Bagdad zurückgekehrt, kaufte er sich ein Grundstück und widmete sich der Predigt. Seine Predigten auf Bazaren und Straßen waren allerdings von schockierenden Bemerkungen übervoll: Neben dem *ana'l-Haqq* wird besonders der folgende Vers mit entsprechendem Entsetzen viel zitiert: »Ich bin der, den ich liebe, und der, den ich liebe, ist ich.« Überdies rief er die Zuhörer auf, ihn zu töten. Auch sein Verhalten während seiner Predigten wurde immer seltsamer. Er schrie plötzlich auf, er weinte, um ebenso plötzlich in lautes Gelächter auszubrechen.

Al-Hallajs Botschaft von der ekstatischen Vereinigung des geschaffenen menschlichen Geistes und des ungeschaffenen göttlichen Geistes in den seltenen Augenblicken der Verzückung galt den Traditionalisten als ungehörig, unmöglich und unerlaubt. Ein blutjunger Kalif, auf seine wechselnden Wesire angewiesen, hörte auf den Rat der Traditionalisten und der Gegner des Al-Hallaj unter den Sufis und wollte ihn verhaften lassen. Zuerst floh dieser, wurde dann aber ergriffen, an den Pranger gestellt und nach einem ersten Prozeß für etwa sieben Jahre ins Gefängnis gesteckt, dort allerdings milde behandelt, weil er angeblich die Mutter des Kalifen geheilt habe.

919 wendete sich das Blatt. Minister Hamid hört, Al-Hallaj habe verschiedentlich behauptet, er könne Tote zum Leben erwecken und Geister dienten ihm. Offenbar war er doch ein gefährlicher Hexenmeister. Hausdurchsuchungen brachten

Briefe und Schriften aus fernen Weltgegenden mit geheimen Zeichen ans Tageslicht. Der Wesir, der schon immer den Tod von Al-Hallaj gesucht hatte, setzte den Oberkadi unter Druck. Er unterschrieb das Todesurteil. Am 26. März 922 wurden Al-Hallaj zuerst Hände und Füße abgehauen, dann wurde er entweder an ein Kreuz oder an einen Galgen gehängt, schließlich noch enthauptet.

Mit Al-Hallaj hatte der Wesir nicht nur einen unbequemen und unberechenbaren Volksgenossen aus dem Weg geräumt. Er hatte gleichzeitig seinem politischen Gegner Nasr al-Qushuri den Freund entrissen. Nasr war ein aktiver Kritiker der Verwaltung des Wesir. Die orthodoxen Schiiten und Sunniten hatten ihren Glauben von unberechenbaren Neuerungen befreit. Wenn Al-Hallaj das Herz aller Muslime bekehren und an die Stelle des blinden Glaubensgehorsams das Geheimnis persönlicher unmittelbarer Gottesnähe stellen wollte, war dies für religiöse und politische Führer mehr als nur ein riskantes Programm. Wo würden Gesellschaft und Glaube enden, wenn dieser einmal, von Al-Hallaj angeregt, zur eigenen ekstatischen Gottesbegegnung durchgefunden hätte? Der Tod von Al-Hallaj erlöste von manchen Unsicherheiten.

Al-Hallaj hatte überdies diesen Märtyrertod beinahe provoziert. Hatte er nicht schon lange die Zuhörer aufgerufen, ihn zum Nutzen aller umzubringen?

Ein anderer Schüler berichtet:
Ich sah Halladsch in die Moschee al-Mansur eintreten. Er sprach: »Leute, hört ein Wort von mir!« Da versammelten sich viele Leute um ihn; unter ihnen solche, die ihn liebten, und solche, die ihn ablehnten. Und er sprach: »Wisset, daß Gott der Erhabene euch mein Blut erlaubt hat – so tötet mich denn!«

Da weinten einige Leute, und ich trat aus der Menge heraus und fragte: »Meister, wie sollen wir einen Mann töten, der das Gebet verrichtet, fastet und den Koran rezitiert?«

Er sprach: »Freund, der tiefere Sinn, um dessentwillen Blut vergossen wird, liegt außerhalb von Gebet und Fasten und Koranrezitation. So tötet mich denn, damit ihr belohnt werdet und ich Ruhe finde. Ihr werdet Glaubenskämpfer sein, und ich werde als Märtyrer sterben.«

Da weinten die Leute, und er ging fort. Ich folgte ihm zu seinem Haus und fragte: »Meister, was soll das bedeuten?« Er sprach: »Es gibt auf der Welt nichts Wichtigeres für die Muslime, als mich zu töten.«

Ich fragte: »Wie ist der Weg zu Gott?« Er sprach: »Der Weg zwischen zweien, und ›Nicht ist Mir einer‹.« Ich sagte: »Erkläre mir das!« Er sprach: »Wer unsere Anspielungen nicht begreift, den leiten unsere Erklärungen nicht.« Dann sprach er:

»Ach bin ich's oder Du? Das wären ja zwei Götter!
O fern, o fern von mir, die Zweiheit zu bekennen!
In meiner Nichtheit ist für ewig Deine Er-heit,
Mein Wesen: immerfort zwieschichtige Verkleidung.
Wo ist Dein Wesen denn, mir fern, daß ich es sähe?
Schon war mein Wesen klar, bis es kein Wo mehr gibt.
Wo ist Dein Angesicht, das doppelt ich erstrebe –
Im Herzens-Nadir sei's, im Augen-Nadir sei's?
Ach, zwischen Dir und mir steht ein ›Ich bin‹ – das quält mich.
Heb' auf durch Dein ›Ich bin‹ mein ›Ich bin‹ zwischen uns!«

Und ich sagte zu ihm: »Möchtest du mir diese Verse nicht erklären?« Er sprach: »Keinem wird ihr Sinn anvertraut als dem Propheten Gottes aus wahrer Erkenntnis, und mir in der Folge.«
[Nadir: Gegenteil zum Zenit, unterster Punkt der Bahn eines Sternes]
(AL-HALLADSCH: »O Leute, rettet mich vor Gott«,
hrsg. A. Schimmel, 1985, 91 f.)

In der Martyriumssehnsucht des Al-Hallaj vollendet sich das, was manche seinen Pantheismus zu nennen pflegten. Wenn dieser sogenannte Pantheismus des Al-Hallaj eine bloße Weltanschauung wäre, würde er sich nicht wünschen, von den Rechtgläubigen umgebracht zu werden.

Der sogenannte Pantheismus des Al-Hallaj ist die Erfahrung, daß kein »Ich bin« mehr zwischen Gott und dem Menschen steht im ekstatischen Erleben der Mystik. Nur in der Nichtheit des Menschen ist Gottes Er-heit unmittelbare, ewige Gegenwart. Aber wo ist vollkommene, ewige Nichtheit?

Auch wenn der Mystiker schon den Ort erreichte, an dem es kein Ich und kein Wo mehr gibt, so entsteigt immer das Ich diesem Nichts. Gott muß durch sein »Ich bin« das »Ich bin« des Hallaj aufheben. Dann erst gilt: Ich bin die schöpferische Wahrheit. Wie löscht Gott für alle Zeit das »Ich bin« des Mystikers aus? Suizid wäre noch pervertierte Ichsucht. Auch Ich-Vernichtung ist noch eine Form der Ichsucht. Aber wenn Gott durch seine gehorsamsten Diener Al-Hallaj vernichtet, dann ist jedes »Ich bin« ausgelöscht.

»Es gibt auf der Welt nichts Wichtigeres für Muslime, als mich zu töten.« Sie müssen, wenn sie ihren Glauben ernst nehmen, die Satansrolle des Al-Hallaj erkennen. Er überhebt sich in ihren Augen wie der Pharao und der Satan mit seinem *ana'l-Haqq*. Wenn also noch ein Rest von wahrem Glaubensgehorsam in den Zeitgenossen steckt, dann bringen sie Al-Hallaj um. Und er selbst findet in die Ruhe seiner Nichtheit, ins reine göttliche »Ich bin«. Sie sind Glaubenskämpfer, und er findet ans Ziel seiner Mystik.

Das Martyrium ist der konsequente Schlußstein im Palast der Liebesmystik des Al-Hallaj. Der nur aus Gehorsam Gläubige braucht den Mystiker, um in seiner Feindschaft seinen Glaubensgehorsam zu bewähren. Der Mystiker braucht die Feindschaft des Glaubenskämpfers, um in seine Nichtheit zu finden, ins reine göttliche »Ich bin«. Mystik und Rechtgläubigkeit brauchen einander. Sie leben in einer eigenartigen Symbiose, sogar oder gerade dort, wo die Rechtgläubigen ihre Mystiker umbringen.

Warum, so mag man sich fragen, hat in vielen Formen der Mystik, von Al-Hallaj bis zur Schia, vom Urchristentum bis zu Dag Hammarskjöld, der Tod im Dienst des inneren Weges einen derart hohen Stellenwert? Vielleicht gerade weil erst im Märtyrertod sich wahre, göttliche Nichtheit und wahres göttliches »Ich bin« schenkt. Vielleicht ist jedes mystische Märtyrertum das schönste Zeichen dafür, daß Gott sein eigenes Ich bis an die Stelle des menschlichen »Ich bin« setzt. Der Mystiker erlebt in seinen Ekstasen seinen Tod, vorläufig und immer wieder korrigierbar.

Im letzten Sterben für Gott ist nur noch ein reines »Er ist«, oder mit anderen Worten: Der Märtyrertod – so sieht es mancher Mystiker – ist der Tod des Ichs eindeutiger, radikaler, vollkommener als jedes bloß innerliche Sterben. Wahrscheinlich bewegt sich das bekannteste und geheimnisvollste Märtyrersterben, der Tod Christi und seine Auferstehung, auch in diesen mystischen Dimensionen, neben allen anderen Geheimnissen, die dieses Sterben auch noch umschließt.

6. Gott spielt mit dem Ich

Rumi war seinem ganzen Wesen nach ein Mann spontaner Entschlüsse. Also könnte sein heftiges und immer überraschungsreiches Gotteserleben einfach Ausdruck seines gefühlsbetonten Lebensstils sein. Intuition – und vor allem plötzliche Intuition – gilt mehr als langes Erwägen. Für Rumi ist aber, was anderen nur Ausdruck einer fast unbegreiflichen, fast kopflosen Spontaneität erscheint, ein Erlebnis der höheren oder der höchsten Wahrheit, eine Gottesbegegnung mit allen Überraschungen, die jede Gottesbegegnung in sich birgt. Ein vorausberechenbarer Gott wäre für keinen Mystiker Gott. Schon der Anfang der bizarren Freundschaft zwischen Rumi und Schamseddin (Shamsuddin) ist für Rumi Liebe auf den ersten Blick und Gottesbegegnung in einem.

Die Heftigkeit dieser Freundschaft entspricht offenbar nicht nur Rumis Naturell. Es ist die Stimme Gottes selbst, die so plötzlich und heftig ins eigene Leben hineinklingt, oder die im eigenen Herzen ertönt. Denn nur die Wahrheit, die im eigenen Herzen aufglüht, kann den Mystiker derart ergreifen. Kann es verwundern, wenn Rumi noch leidenschaftlicher als andere Mystiker Gott als den ewig Neuen und überraschend Anderen erlebt?

Jeder Mystiker entwird und gleitet in eine Leere, die weniger dem absoluten Nichts gleicht als einem Strudel von tausend Möglichkeiten. Nicht zuwenig, sondern zuviel dringt in dieser Leere auf den Mystiker ein. Vor allem erlebt Rumi, daß Gott dort nach ihm greift, wo der Mensch Gott nicht erwartet. Gott gleicht einem Wesen, das uns immer im Rücken berührt. Sogar wenn der Mystiker Gott im Nichts sucht, sagt Gott zu ihm: Ich bin alles. Und wenn er ihn in Allem erahnen möchte, entflieht er ins Nichts:

»Ergreife den Saum Seiner Gnade,
    weil Er dir im Nu entflieht;
Doch spann' Ihn nicht straff gleich dem Pfeile,
    weil Er dir vom Bogen entflieht! ...
Sieh, was für Formen Er annimmt,
    und was für Künste Er kennt!
Er zeigt sich dir in Gestalten,

indess' Er der Seele entflieht.
Du suchst Ihn in Seinem Himmel:
    da glänzt Er mondgleich im Meer;
Du stürzt dich voll Sehnsucht ins Wasser,
    indess' Er zum Himmel entflieht.
Du suchst Ihn da, wo kein Ort ist –
    da deutet Er dir Seinen Platz;
Du suchst Ihn an jenem Orte,
    indess' Er ins Nichts dir entflieht...
So flieht Er. Und willst du Ihn malen,
    mit Linien begrenzen die Form,
So fliegt dir das Bild von der Tafel,
    das Zeichen vom Herzen entflieht!

                (A. SCHIMMEL: Rumi, 1978, 87f.)

Heißt dies nun, daß Gott mit dem Mystiker spielt, wie ein Kobold, der überall dort auftaucht, wo man ihn im Moment nicht erwartet? Rumis Zeilen zeigen, daß Gott nicht mit dem Selbst spielt, aber mit dem Ich des Mystikers. Die Vorstellungen des Mystikers, die er von Gott haben mag, die Gotteserwartungen, die er in sich trägt, werden alle durch das Gotteserleben ad absurdum geführt. Ein Mensch, der sich zuerst Gott denkt, um ihn nachher zu erleben, wird in der Leere der Mystik völlig irritiert. Die mystische Leere wird zum Wirbelwind aller Unmöglichkeiten. Die vormystische Theologie wird in der mystischen Leere auf Schritt und Tritt widerlegt. Sie kann nur aufgeben. Gott läßt sich nicht denken und in Gedanken nicht suchen. Er ist, was wir uns nie dachten, und er ergreift uns, wo wir ihn nie erwarten. Leere wird zum Wirbel aller Unmöglichkeiten, solange wir uns Gott vorstellen.

7. Mystik als Selbstvergottung?

Was wir über die Bescheidenheit des Ichs sagten, das sich selbst im Meer des Selbst wiederfindet, kontrastiert eigenartig mit anderen, offenbar recht geläufigen Aussagen von Mystikern, die, so scheint es wenigstens, sich selbst mit dem Unendlichen identifizieren und in ihrer *unio mystica* selbst zum Gott werden, dem sie sich zuwandten. Al-Hallaj wurde wegen dieser Identifikation seiner selbst mit Gott hingerichtet. Aus seinem Munde werden nicht zufällig die eindrücklichsten Zeugnisse dieser angeblichen Selbstvergottung überliefert, zum Beispiel das folgende Gebet:

> Du nahmst Dir zur Wohnung mein Herz,
>> Geheimnisse sind drin von Dir,
> Willkommen seist Du im Haus,
>> Gefalle die Nachbarschaft Dir!
> Kein andres Geheimnis als Du,
>> Das je ich gewußt, ist nun dort.
> Mit eigenen Augen sieh zu:
>> Ist wohl noch ein Eindringling hier?
> Die Nacht, da Du Dich von mir trennst,
>> Ob lang sie auch sei oder kurz –
> Gedenken und Hoffnung ist dann
>> Mein trauter Gefährte allhier.
> Ich bin ganz zufrieden damit,
>> Wenn Dir mein Verderben gefällt –
> O der Du mich tötest! Was Du
>> Erwählest, erwähle ich mir.
> Wollt' ich mich gedulden – doch
>> Herz kann fern von Herz nicht leben.
> Dein Geist mischte meinem sich –
>> Näherkommen, fern entschweben...
> Ich bin Du, genau wie Du
>> Ich bist, und mein Ziel, mein Streben.

> (AL HALLADSCH: »O Leute, rettet mich vor Gott«, 1985, 75)

Dieses angebliche Zeugnis der Selbstvergottung läßt sich nun selbstverständlich mystisch und nicht mystisch deuten; mystisch im Blick auf den Tod des Ichs, das dem Selbst Raum gewährt, und nicht mystisch, ohne auf die gewaltige, abgrundtiefe Differenz zwischen Ich und Selbst zu achten. Mir scheint, die mystische Interpretation sei viel näherliegend: Al-Hallaj spricht mit genügender Deutlichkeit vom Tod seines Ichs. Gott selbst bringt ihn um. Gott läßt das Ich sterben, dann erst gewinnt er Raum in seinem Diener. Gott fragt: »Ist wohl noch ein Eindringling hier?« Er will das einzige Geheimnis und die einzige Wirklichkeit im Menschen sein.

Erst wo das Ich ausgeräumt oder gestorben ist, wo der Mensch einem leeren Raum gleicht, nimmt Gott Wohnung in ihm. Daß das Ich zu Gott wird, davon kann in keiner Mystik die Rede sein. Ichvergottung ist das radikalste Mißverständnis der

Mystik, das ich mir vorstellen kann. Das Selbst kann und muß gar nicht vergottet werden. Es ist Hinwendung zu Gott, die Chance Gottes im menschlichen Leben. Das Selbst muß nur Raum gewinnen im Menschen. Ein Mystiker, seinem Ich gestorben und dem Selbst unendlich nahe, kann sprechen: »Ich bin Du, genau wie Du Ich bist.« Erst im Tod des Ich wird das Selbst zu seiner Lebensmitte. Von Ichvergötzung können wir nur reden, solange wir zwischen Ich und Selbst nicht unterscheiden.

8. Allmacht und Liebe

Al-Hallaj und Rumi gleichen dem Falter, der in der Flamme verbrennt. Als Sufis brechen sie auf, um Gott zu erleben. Aber wenn sie ihn erleben, wenn der Unnahbare und Heilige nicht mehr nur wie ein Herrscher über ihnen oder wie ein Freund vor ihnen steht, wenn sich nichts mehr findet, das den Geliebten vom Liebenden trennt, dann ist diese Gemeinschaft der Tod des Liebenden. Wer kann eine Flamme umarmen, ohne zu verbrennen? Der Mystiker als der bedingungslos Liebende nimmt diesen Preis in Kauf. Er bezahlt mit dem Tod seines Ichs für seine Liebe. Das körperliche Martyrium ist bei Al-Hallaj nur äußeres, sichtbares Zeichen für einen Prozeß, der innerlich schon lange unterwegs war. Al-Hallaj will ganz sein auf seinem Weg der Liebe. Außen und Innen sollen sich zusammenfügen. Die Aufforderung an die Glaubensgenossen, ihn umzubringen, ist für Al-Hallaj Ausdruck seiner Konsequenz.

Rumis Leben zeigt unter anderen Vorzeichen analoge Folgerichtigkeit. In seiner Liebe zum überall gegenwärtigen göttlichen Freund verbrennt Rumi beinahe, weil er ihn immer wieder in menschlichen Freunden entdeckt.

Beide Gottesfreunde wurden in eine Tiefe ihres Selbst geführt, wo Kräfte freiwerden, die alle Rücksichten sprengen, vor allem auch die Rücksicht aufs eigene Ich. Daß die islamische Mystik zu solchen Ausbrüchen leidenschaftlicher Gottesliebe führt – eine Mystik, die doch Gott vorerst als unendlich überlegene Macht erfährt –, überrascht nur den, der Majestät und Liebenswürdigkeit, das *mysterium tremendum* und das *my-*

sterium fascinans, noch als zwei Aspekte einer Wirklichkeit sieht. Für den Sufi sind der Allmächtige und der unendlich nahe Gott in keiner Weise voneinander zu unterscheiden. Braucht es nicht Allmacht, um einen Menschen in diese Tiefe seines Selbst zu führen, und braucht es nicht ein Herz, das an Gottes Allmacht teilnimmt, um Gott zu lieben und um in dieser Liebe zu sterben?

Vormystische Gemeinschaft ist geprägt durch ein Geben und Nehmen. Der vormystische Glaube sieht auch sein Verhältnis zu Gott als Empfangen und dankbares Antworten oder als Bitten und Empfangen. Die vormystische Religion führt zu den seltenen Höhepunkten des gegenseitigen Sich-Beschenkens: Gott schenkt sich dem Menschen, und der Mensch schenkt sich Gott. Sogar die Liebe in der Welt des Vorstellbaren entrinnt nicht diesem »Ich für dich und du für mich«. Die vormystische Theologie kennt auch nie endende Überlegungen zum Thema des Menschen und der Tat Gottes, zu Einsatz und Lohn, zu Gnade und Dankbarkeit.

Die Mystik fragt nicht mehr nach Lohn. Sie hat alle Vorstellungen von gegenseitigem Geben und Nehmen im Erleben hinter sich gelassen. Sie erlebt eine Liebe zu Gott, in der kein Ich mehr ein Du beschenkt und kein Du ein Ich. Alle Diskussionen um die Werkgerechtigkeit oder gar um den Willen zur Selbsterlösung dieser Mystik erübrigen sich. Im Unmittelbaren ist kein Geben und kein Nehmen mehr. Es ist nur noch Liebe. Dabei scheint mir, daß die Mystik in dieser Unmittelbarkeit wahrscheinlich das tiefste Geheimnis der Liebe lebt. Wo ist Liebe intensiver, bedingungsloser und ganzheitlicher gelebt worden als in der Liebe dieser Mystiker zu Gott und in der Liebe Gottes zu seinen Mystikern? Eine Tiefe, eine Radikalität der Liebe wird hier erlebt und durchlebt, daß wir sagen können, der Mystiker weiß, was Liebe ist.

Ich kann mir sehr gut vorstellen, daß sich der Glaube nicht durch dieselben Symbole leiten läßt. Aber auch er deckt im Gläubigen eine bisher nie gekannte Tiefe der Liebe auf. Ungeteilt ist der nachmystische Glaube gerade darin, daß er nicht mehr aufteilt: Er denkt nicht mehr in den Kategorien von Werk und Lohn, von Bitte und Antwort. Er erlebt, wie der erfolglose Beter in Rumis Geschichte, daß Gottes Stimme antwortet *in*

173

der Stimme des Rufenden. Ich kann mir nicht vorstellen, daß der ungeteilte Glaube nach himmlischem Lohn fragt. »Wenn ich dich habe, frage ich nicht nach Himmel und Erde«, betet der Psalmist, ein Mystiker des Alten Testamentes. Der ungeteilte Glaube gibt nicht und nimmt nicht. Er geschieht. Der Glaubende liebt und wird geliebt jenseits aller Vorstellungen von Geben und Nehmen. Der ungeteilte Glaube wächst über alle Vorstufen menschlicher Liebesfähigkeit hinaus.

Nicht nur die Mystik des Islam ist überzeugt, daß erst Gott im Menschen diese letzte, tiefste Form der Liebe zu wecken vermag. Alle personale Mystik erlebt ein Aufbrechen einer Liebe, anders und bedingungsloser als alles, was im vormystischen Leben bisher Liebe war. Wahrscheinlich wendet sich tendenziell apersonale Mystik immer zeitweise auch an ein göttliches Du, weil erst in der Begegnung mit diesem göttlichen Freund diese radikale Liebe aufzubrechen vermag. Schützt sich das Ich vor jener verborgenen Macht, daß es den allmächtigen Geliebten braucht, um sich bedingungslos dieser Liebe zu öffnen? Zerstört diese Liebe nicht jeden, den sie bewegt, es sei denn, der bedingungslos Liebende sei durch allmächtige Liebe gehalten? Jedenfalls sind Allmacht und Liebe im mystischen Erleben kein Gegensatz. Sie sind nicht einmal zwei Momente in einem·Geheimnis. Sie bedingen sich gegenseitig.

Daß Gott Liebe ist und daß der, der in der Liebe bleibt, in Gott bleibt, und daß Gott in ihm bleibt (1. Johannes 4,16), ist für den Mystiker unmittelbar gewiß. Nur wo Gott ist, ist der Mensch ganz sich selbst. Nur umfangen und geleitet durch Gott und nur als Antwort auf Gottes Liebe kann er sich diese radikale Liebe zugestehen. Daß Gott Liebe ist, ist für den vormystisch Glaubenden eine Hoffnung und eine Lehre. Für den Mystiker und für den nachmystisch Glaubenden ist Gott jene Allmacht, die dem Menschen erlaubt, ganz sich selbst zu sein und in einer Radikalität zu lieben, vor der er bisher zurückschreckte. Das Erleben öffnet Türen, die sich der Mensch bisher vor sich selber verschloß.

Exkurs
Das mystische Nichts

Nichts ist so unberechenbar, so unbegreiflich, so voller Überraschungen wie die mystische Leere. Sie ist, so könnten wir sagen, die Quelle aller ungeahnten Möglichkeiten und Unmöglichkeiten. Was diese Leere dem beschert, der sich ihr ausliefert und sich in ihr verliert, ist nie vorauszusehen. Vorauszusehen sind höchstens die Hilfsmittel, mit denen der Mystiker sein Erleben der Leere verarbeitet und gestaltet.

Als Abgrund aller Unmöglichkeiten kann der Mystiker nur in diese Leere hineingezogen werden und wieder zurückfinden, wenn er sich selbst das Erlebte irgendwie zurechtlegen kann. Als Hilfen zur eigenen Orientierung und zur Verarbeitung dienen ihm dabei die Bilder und Vorstellungen anderer Mystiker, vor allem die ihm schon vertrauten Bilder der eigenen religiösen Tradition. Der christliche Mystiker spricht vom Erleben der Dreieinigkeit, der Neuplatoniker vom Erleben des Einen, vom Ursprung alles Seins und Nichtseins, den kein Ja und Nein erreichen kann. Der Sufi spricht vom Erleben der Einheit Gottes, der Zen-Jünger vom Aufleuchten der Buddhanatur, der Taoist vom Heimkehren ins Tao. Ramana Maharshi spricht vom Eintauchen ins Selbst.

Nun wäre es ebenso verkehrt, wollten wir alles mystische Reden in eins werfen und sagen: Leere wird immer auf dieselbe Weise erlebt. Wer sind wir, daß wir den Abgrund aller Möglichkeiten und Unmöglichkeiten normieren könnten? Die Leere nimmt sich das Recht, dem Menschen tausend Gesichter zu zeigen (das mystische Judentum sprach von den 6000 Gesichtern der Tora am Berg Sinai, weil 6000 Juden damals unten am Berg standen). Die Leere hat, wo sie erlebt wird, so viele Gesichter wie Erlebende. Sie ist nie wieder genau dieselbe. Und sie bleibt sich auch im einzelnen Leben eines Mystikers nicht gleich. Leere ist das größte Abenteuer, das sich Menschen vorstellen können. Wäre sie ein reines Nichts, ruhig in sich selbst, gleich einer Wüste unter einer reglosen Sonne, dann müßten die Mystizisten die Leere nicht scheuen. Sie wäre geradezu ein idealer Ort für ein ruhiges, abgeklärtes Leben. Aber wer garantiert uns, daß die Ruhe nicht trügt, daß Stürme aufziehen?

Die Leere ist ein Abgrund aller Möglichkeiten und Unmöglichkeiten. Sie macht mit uns, was sie will. Wer sich auf sie einläßt, kann sich nur führen lassen. Der unbekannte christlich-neuplatonische Mystiker, der sich Dionysios nennt, spricht von *exairesis*, »plötzlich«. Plötzlich heißt das Dunkel der Leere. Unerwartet und unvorstellbar wird Leere nicht nur zur Fülle, sondern zur sichtbaren Gottesnähe und zu konkreter begegnender Liebe und zum Auftrag an den Menschen, der die Leere nicht scheut. »Plötzlich kommt zu seinem Tempel der Herr, nach dem ihr verlangt« (Maleachi 3,1 b).

Wie Leere zu Fülle, wie das Nichts zur Menschlichkeit Gottes und wie Mystiker zu Propheten oder zu Jüngern ihres Herrn werden, das läßt sich nicht erklären. »Plötzlich« heißt nicht immer »abrupt«, »schockartig«.

Es ist für den christlichen Mystiker kein Zufall, daß Gott, wenn er in die Welt kommt, es auf unvorstellbare Weise in einer Jungfrauengeburt tut. Und es ist nochmals kein Zufall, daß die Mystik aller Religionen in ihrer Liebe zum Unvorstellbaren hinter der Erzählung von der Jungfrauengeburt in keiner Weise zurücksteht. Wenn der angehende Buddha und der größte Weise Laotse in die Welt kommen, wo auch immer ein Mensch aus der Leere heraus angesprochen wird, ist die Überraschung perfekt. Wenn die Leere uns anspricht, geschieht immer das Unvorstellbare. Nur Wunderlegenden können es deuten. Und sie deuten auch nur, indem sie nicht deuten. Sie stellen nur fest: Was keiner sich vorstellen kann, ist dem Menschen zuteil geworden. Die Wundergeschichten und Legenden vom Erscheinen Gottes oder des Göttlichen in der Welt sind aus einem einzigen Erleben heraus geboren: Wenn Leere mich anspricht, geschieht mir das völlig Unvorstellbare.

Doch kehren wir zum Dunkel zurück, das wir mit Dionysios das Plötzliche, Überraschende nennen können: In seinem ersten Brief an Gaios, den Mönch, betont er, daß alles, was wir an Gotteserkenntnis erlangen können, keine wirkliche Gotteserkenntnis ist:

»Wenn aber jemand Gott sieht und erkennt, und ahnt, was er sieht, so weiß er: auch er hat nicht Gott gesehen, sondern nur etwas von dem durch Gott Seienden, das Er aufscheinen läßt, damit es erkannt werde. Gott selbst bleibt stets erhaben über alles Erkennen und über alles Sein, denn Gottes Wesen entspräche es nicht, im Geschaffenen zu verweilen, und Seine Offenbarung geht über jedes offenbarte Erkennen. So kann Er uns nur durch unser vollkommenes Nichtwissen vertraut werden und durch sein Nichthaften am Seienden: nur jenseits des Seienden ist Er, nur jenseits von aller Kenntnis kann Er erkannt werden. Begreife also du, daß jene vollkommene Unkenntnis im allerhöchsten und besten Sinne ein Wissen ist, ein Berührtwerden von Dem, Der erhaben ist über alles, was in den Bereich des Erkennbaren fällt.«

(Dionysios Areopagita: Mystische Theologie, 1956, 175 f.)

Heißt dies nun aber, daß dem Mystiker nichts anderes übrig bleibt, als sich ein Leben lang in göttlicher Unkenntnis zu üben? Ist das Loslassen und immer tiefer in die Leere Tauchen das einzige, was dem Mystiker zuteil wird? »Jenseits von aller Erkenntnis kann Gott erkannt werden.« Wenn alles Gott-Kennen, alles Sich-Kennen und Die-Welt-Kennen in sich zusammenbricht, jenseits von allem Wissen, erwartet den Mystiker die unmöglichste Möglichkeit: das plötzliche Angesprochen-Werden durch Gott. Oder mit den Worten des dritten Briefes an Gaios:

»Wir nennen ›Plötzlich‹, was unverhofft in uns einbricht und so aus dem Dunkel, in welchem es bis dahin verblieben war, unversehens ans Licht tritt. Auch die Heilige Schrift gebraucht diesen Ausdruck, wenn sie von Christi Liebe zur Menschheit spricht, von der Bereitschaft des Logos, für sie Fleisch zu werden, ich glaube, sie will damit ausdrücken, daß das jenseits von Sein und Wesen Wirkende auf sein Geheimnis verzichtet hat, um menschliches Wesen anzunehmen und sich uns dadurch in Liebe zu offenbaren. Ungeachtet solcher Offenbarung – oder vielmehr, um es in einer dem Göttlichen etwas würdigeren Sprache zu sagen: im Herzen dieser Offenbarung selbst – bleibt jedoch sein Göttliches Geheimnis vollkommen. Das Mysterium Christi ist unberührbar. So wie es in sich selbst ist, kann es nie von einer Erkenntnis oder einem Verstehen erreicht werden. Was immer wir von ihm aussagen mögen, es bleibt unsagbar. Was immer wir von ihm ergründen mögen, es bleibt unergründlich.«

(a. a. O. 176 f.)

Wenn aber alle Vorstellung zerbricht, zeigt Gott sich uns als der, der er ist. Jenseits aller Gottesvorstellung und aller Gotteserwartung ist, ungeahnt und unerwartet, Gott lebendige Gegenwart. Gott, so müßten wir schließen, braucht die Leere, um sich selbst in allen seinen Möglichkeiten zu zeigen. Die Leere ist der wahre Ort der Gottesbegegnung. Das Nichts ist sein schönster Tempel: »Du suchst ihn da, wo kein Ort ist, da deutet er dir seinen Platz.« Im Nichts, im Zerbrechen aller Vorstellung ist Gott dem Menschen besonders nahe.

VII.
Sympathie
und Glaube

1. Chassidismus – Unmittelbarkeit und Tradition

Wer nach einer mystischen Tradition auf der Ebene des Erlebens fragt, stellt – genau besehen – natürlich eine unmögliche Frage. Was heißt Vorher und Nachher, Vorbildung und Nachahmung, Gleichheit und Verschiedenheit auf der Ebene des Erlebens? Die Nichtfrage wird bloß zur Frage, wenn der Mystiker sie in seinen Bildern aufgreift. Solche mystischen Antworten zur Frage nach der mystischen Tradition zeigen uns ein eigenartiges Ineinander von Tradition und Neuschöpfung: Jedes mystische Erleben fängt mit sich selber an, und doch steht es in einer langen Tradition mystischer Unmittelbarkeit:

> »Der Baalschem sprach: ›Wir sagen: ›Gott Abrahams, Gott Isaaks und Gott Jakobs‹, und sagen nicht: ›Gott Abrahams, Isaaks und Jakobs‹; denn Isaak und Jakob stützen sich nicht auf Forschung und Dienst Abrahams, sondern selber forschten sie nach der Einheit des Schöpfers und seinem Dienst.‹«
>
> (M. Buber: »Die Erzählungen der Chassidim«, 1949, 128)

Der Gott Isaaks ist selbstverständlich auch der Gott Abrahams und wird wieder der Gott Jakobs sein. Und doch erleben Abraham, Isaak und Jakob Gott je auf ihre Weise und jeder unmittelbar. Einer übernimmt nicht einfach das Erleben des anderen. Sie übernehmen den sogenannten »Glauben« an Gott, das »Gott Erahnen«, »Nach Gott Fragen«, »Gott Verehren«. Aber in ihrem Erleben steht jeder unmittelbar vor Gott. Erleben kann nicht tradiert werden. Erleben ist immer original, oder es ist kein Erleben.

> »Wenn der Baalschem etwas Schwieriges zu erledigen hatte, irgendein geheimes Werk zum Nutzen der Geschöpfe, so ging er an eine bestimmte Stelle im Walde, zündete ein Feuer an und sprach, in mystische Meditationen versunken, Gebete – und alles geschah, wie er es sich vorgenommen hatte. Wenn eine Generation später der Maggid von Meseritz dasselbe zu tun hatte, ging er an jene Stelle im Walde und sagte: ›Das Feuer können wir nicht mehr machen, aber die Gebete können wir sprechen‹ – und alles ging nach seinem Willen. Wieder eine Generation später sollte Rabbi Mosche Leib aus Sassow jene Tat voll-

bringen. Auch er ging in den Wald und sagte: ›Wir können kein Feuer mehr anzünden, und wir kennen auch die geheimen Meditationen nicht mehr, die das Gebet beleben; aber wir kennen den Ort im Walde, wo all das hingehört, und das muß genügen.‹ – Und es genügte. Als aber wieder eine Generation später Rabbi Israel von Rischin jene Tat zu vollbringen hatte, da setzte er sich in seinem Schloß auf seinen goldenen Stuhl und sagte: ›Wir können kein Feuer machen, wir können keine Gebete sprechen, wir kennen auch den Ort nicht mehr, aber wir können die Geschichte davon erzählen.‹ Und – so fügt der Erzähler hinzu – seine Erzählung allein hatte dieselbe Wirkung wie die Taten der drei anderen.«

(G. Scholem: »Die jüdische Mystik in ihren Hauptströmungen«, 1967, 384)

Die Geschichte von den Nachfolgern Baalschems ist – nur oberflächlich besehen –, von einer eigenartigen Nostalgie erfüllt: »Damals war noch Gottesnähe und Kraft. Da war noch Wirkung und das ganze Wissen um den rechten Ort, die rechte Zeit und das rechte Wort und die rechte Meditation. Später ist all dies allmählich verlorengegangen.« Aber siehe da, was geblieben ist, das genügte. Wenn die Überlieferung auch zur bloßen Erzählung verblaßt, die Erzählung allein schon bewirkt dasselbe wie die ungekürzte, ursprüngliche Meditation. Mystik ist nie ein Phänomen der Vergangenheit. Vergangenheit kann Mystik nur werden als Reflexion. Als Unmittelbarkeit ist Mystik entweder Gegenwart oder sie ist nicht. Aber damit sie Gegenwart werden kann, dazu genügt schon eine Erzählung einmal erlebter Mystik.

Wir fragen uns, wie denn dies möglich ist, daß die bloße Erzählung allein schon das neue Erleben ermöglicht. Wird die Erzählung von früherer Unmittelbarkeit durch die gegenwärtige Mystik aktualisiert? Aktualisierung ist kein Begriff, der die mystische Hermeneutik auch nur annähernd trifft. Der Mystiker aktualisiert nicht nur Bekenntnisse und Erzählungen aus der Vergangenheit. Er wirft sich selbst hinein in den überlieferten Text. Zuerst bindet er seine Seele an die Seele des Mystikers der Vergangenheit. Dann spricht er mit seinen Lippen, als ob der tote Meister seine Lippen regen würde:

»Die Schüler fragten Rabbi Baruch: ›Wie kann wohl ein Mensch zulänglich im Talmud lernen? Da heißt es: Abaji sagte dies, Raba sagte jenes*! Es ist, als wäre Abaji aus einer Welt und Raba aus einer andern. Wie soll man beide zusammen aufnehmen und lernen?‹

181

Der Zaddik gab zur Antwort: ›Wer Abajis Worte aufnehmen will, muß erst seine Seele an Abajis Seele binden, dann wird er die Worte in ihrer Wahrheit lernen, wie Abaji selber sie spricht. Und will er dann Rabas Worte aufnehmen, muß er seine Seele an Rabas Seele binden. Das ist gemeint, wenn es im Talmud heißt: ›Wer ein Wort im Namen seines Sprechers spricht, dessen Lippen regen sich im Grabe.‹ Wie die Lippen des toten Meisters regen sich seine Lippen.‹«

*Abaji und Raba: Meister des Talmuds aus der ersten Hälfte des 4. Jahrhunderts.

(M. Buber, a. a. O. 184)

Natürlich wirkt es auf den historisch-kritisch geschulten Betrachter seltsam, wenn einer die eigene Seele an die Seele des Textes bindet. Wer spricht zuletzt in dieser Textauslegung? Ist es der Meister der Vergangenheit, ist es der Interpret der Gegenwart? Überall stoßen wir in der mystischen Tradition auf diese bewußt nicht zu beantwortende Frage, von der Bhagavadgita über das Christusverständnis des Evangelisten Johannes bis zur Tora-Interpretation des mystischen Judentums. Überall wirft sich das neue Erleben hinein in die überlieferten Spuren der alten Mystik. Überall bewegt der Jünger die Lippen des Meisters. Der Mystiker konsultiert nicht tote Meister. Der Interpret wird derart eins mit seinem Text und dessen Deutung, daß er keine Grenze mehr sieht zwischen sich, seinem Text und seiner Deutung.

Wenn der Evangelist Johannes Briefe schreibt, braucht er auch genau dieselbe Sprache und dieselben Vorstellungen, die Christus benutzt in den Christusreden des Johannesevangeliums. Der Schüler bewegt die Lippen des Meisters, und der Meister spricht aus dem Schüler. Wer könnte sagen, welcher Prozeß in diesem »die Seele an die Seele binden« überwiegt? Kann es nicht sogar so weit kommen, daß der Jünger, wenn er spricht, sich nicht mehr bewußt ist, *daß* er spricht? Ja, es gilt sogar als Regel: Wenn du dich selber sprechen hörst, dann breche deine Rede ab.

»Der Maggid sprach einmal zu seinen Schülern: ›Ich will euch die beste Art weisen, Lehre zu sprechen. Man soll sich selber gar nicht mehr fühlen, nichts mehr sein als ein Ohr, das hört, was die Welt des Wortes in einem redet. Sowie man aber die eigene Rede zu hören beginnt, breche man ab.‹«

(M. Buber, a. a. O. 205)

Dieses Verbinden der eigenen Seele mit der Seele des Textes und das Bewegen der Lippen des toten Meisters ist nur möglich, weil es, mystisch verstanden, eine Unmittelbarkeit von Seele zu Seele gibt, die sich das Ich nicht vorstellen kann.

Wenn die Textauslegung die Ebene des Erlebens erreicht, dann ist kein Unterschied mehr zwischen Lehrer und Schüler, zwischen Text und Interpret. Der distanzierte Beobachter sieht in dieser Einheit von Interpret und Text manchmal reine Willkür und eine Kette mystischer Mißverständnisse. Läßt sich zum Beispiel die Himmelsleiter im Traum des Jakob so deuten, daß der Interpret in dieser Leiter ein Bild des Menschen und damit auch sich selber sieht?

> »Zu den Worten der Schrift: ›Eine Leiter, auf die Erde gestellt, und ihr Haupt reicht an den Himmel‹, sprach Rabbi Ahron von Karlin: ›Wenn der Mann von Israel sich zusammenhält und fest auf der Erde steht, dann reicht sein Haupt an den Himmel.‹«
>
> (M. Buber, a. a. O. 325)

Oder haben die geschulten Textinterpreten, die Theologen und Philosophen nicht recht, wenn sie die mystische Verdrehung tradierter Begriffe bedauern? Wo ist in der Mystik noch Überlieferungstreue, wenn sich der Mystiker in seinen Text hineinwirft und sich mit der Seele seines Textes verbindet? Wo ist noch authentische Überlieferung der Wahrheit, wenn der Mystiker erst dort authentisch überliefert, wo seine Seele sich mit der Seele der früheren Meister verbindet?

Auf der Ebene der Unmittelbarkeit ist jeder Umgang mit überlieferter Wahrheit, so möchte der kritische Interpret meinen, ein Rest der reinen Intuition, ein bunter Wirbel spontaner Einfälle, jenseits aller Kontrollierbarkeit. Der Mystiker sieht die mystische Hermeneutik natürlich anders. Ihm ist, wie wenn durch das Einssein seiner Seele mit der Seele des Textes Totes auferweckt und Vergangenheit Gegenwart würde:

> »Die Kabbalisten bemächtigen sich der Begriffe der orthodoxen Theologen, aber unter ihrer Zauberhand entspringt im Herzen vieler scholastischer Begriffe und Abstraktionen eine verborgene Quelle neuen Lebens. Der Philosoph rümpft wohl die Nase über das, was in seinem Sinn ein Mißverständnis des philosophischen Begriffes ist. Was aber im philosophischen Verstande ein Makel an den Begriffen ist, kann im religiösen Sinne ihnen Dignität und Größe verleihen. Für den Mystiker entfaltet sich gerade in solchem Mißverständnis oft sein originellstes Denken:

ist doch das Mißverständnis oft nur die paradoxe Abbreviatur eines originellen Gedankenganges.«

(GERSHOM SCHOLEM: »Die jüdische Mystik in ihren
Hauptströmungen«, 1967, 26 f.)

Mystische Textdeutung ist ein Einswerden mit dem Text jenseits aller scholastischen Kontrolle. Nur deshalb wirken die Erzählungen von den Meditationen des Baalschem so ungebrochen wie damals die Meditationen selbst.

2. Was ist Chassidismus?

Chassidismus nennen wir jedes neue Erleben der tradierten jüdischen Wahrheit, das sich im Ostjudentum des 18. Jahrhunderts ausbreitet, durch Rabbi Israel Baal Schem-Tow und seinen Nachfolger angeregt. Wenn diese Bewegung jüdischer Mystik mit einer Kurzformel charakterisiert werden soll, so könnten wir sagen: Chassidismus ist popularisierte Kabbala. Kabbala ihrerseits ist eine eigenartige Synthese von biblischem und rabbinischem Judentum mit neuplatonischer Weisheit, altorientalischer Esoterik, islamischer Mystik, populärem Pantheismus und spanischer Romantik. Der Sohar, das Hauptwerk der Kabbala, wurde wahrscheinlich im Spanien des 13. Jahrhunderts geschrieben. Neuplatonisches und platonisches Erbe pflegt die Kabbala in ihrer Lehre von den Sphären, von den Urwirklichkeiten, die sich in die Welt hinein entfalten. An die Pythagoräer erinnert der Glaube an die schöpferische Kraft der Zahlen und an die Lehre von der Seelenwanderung.

Im Unterschied zur indischen Auffassung ist die Kabbala zum Teil (im Fall des Rabbi Lurja) überzeugt, daß die menschliche Seele sich nicht nur in Lebewesen, sondern auch in Pflanzen, Gewässern und Mineralien verkörpern kann. An indische Vorstellungen erinnert das Rechnen mit Welten vor der Erschaffung dieser Welt. Die Betonung des männlichen und des weiblichen Prinzips in der Weltschöpfung erinnert an chinesische Mystik. Das Verständnis des Menschen als eines Ebenbildes Gottes führt die Kabbala zum Verständnis des Menschen als eines Mikrokosmos. Die Betonung der Freude als wichtigstes ethisches Prinzip verbindet den Chassidismus mit der islamischen Mystik. Und die wichtige Funktion der geheimnisvollen Namen Gottes entstammt vielleicht sogar der altorientalischen Magie. Kurz, die Kabbala und in ihrer Nachfolge der Chassidismus sind ein Meer mystischer Gedanken und Erfahrungen; bei aller Synthese trotzdem volksnah und lebendig und immer wieder darauf bedacht, sich selbst in den biblischen Schriften wiederzufinden.

Zeitlich und örtlich steht dem Chassidismus die Ostkirche am nächsten. Mit ihrer Verehrung ihrer geheiligten Meister erinnert das orthodoxe Christentum an die Liebe der Chassidim zu den Zaddikim, den mystischen Meistern dieses Ostjudentums. Schlichtheit, grenzenloser Glaube, Menschenliebe, überirdische Freude, dies sind die Haupttugenden der Bewegungen, Tugenden, die die mystischen Meister in einem Übermaß verkörpern. Das talmudische Studium darf den Menschen nicht die Schlichtheit und Reinheit des Geistes zerstören. Unfruchtbare talmudische Debatten werden verschmäht. Als die schönste Lehre der Chassidim aber bezeichnet Langer die Durchgeistigung der Materie:

>Die schönste Lehre des Chassidismus ist zweifellos die von der Durchgeistigung aller Materie. Die ganze Materie ist nach dieser Weltauffassung erfüllt von geistigen ›Funken‹ der göttlichen Heiligkeit. Rein materielle Lebensfunktionen des Menschen wie Essen, Trinken, Baden, Schlafen, Tanzen und der Akt der Liebe werden vom Chassidismus entmaterialisiert und gelten ihm als die erhabensten gottesdienstlichen Handlungen.«

(GEORG M. LANGER: »Die neun Tore,
das Geheimnis des Chassidim«, 1959, 37)

Gerade dieses Erleben des göttlichen Funkens im alltäglichen Geschehen führt zu einer eigenartigen Verbindung von Trivialität und Tiefsinn, von Geheimnis und Alltäglichkeit. Am schönsten zeigt sich diese Verbindung in den Erzählungen von den großen Zaddikim. Mit Inbrunst werden diese Geschichten erzählt. Geschichten von den Zaddikim werden in ihrer geheimnisvollen Alltäglichkeit zur Mitte der religiösen Tradition. In allen Geschichten begegnet uns aber im Grunde immer ein Geschehen, das wir als erlebte Immanenz Gottes bezeichnen können. Gott umgibt alles und erfüllt alles. Dies glauben die Meister. Ihr Glaube ist aber nicht primär Reflexion. Sie erleben und leben diese Immanenz Gottes.

Rabbi Michal erklärt, daß man von allen Menschen lernen könne: »Auch von dem Unwissenden, ja auch von dem Bösen, kannst du lernen eine Einsicht zu erlangen, wie du dein Leben zu führen hast« (Buber, a. a. O. 255). Wie sollte man nicht von allen lernen, wenn man einmal Gottes Immanenz erlebt hat?

Ein anderer Zaddik betont, daß es einfacher sei, Gott im Exil zu dienen als in Jerusalem. Wie sollte Gotteserleben nicht gerade dort besonders überwältigend sein, wo Gott sich verbirgt?

Rabbi Sussja sieht das Leben des Erweckten als tapferen Weg durch die Hölle. Wie könnte ein Erweckter meinen, er könne Gott nur in einem Himmel finden?

Kurz vor seinem Tod fragte Rabbi Salman seinen Enkel: »Siehst du etwas?« Der blickte ihn erstaunt an. »Ich«, sagte der Raw, »sehe nur noch das göttliche Nichts, das die Welt belebt« (Buber, a. a. O. 421). Gott in der Welt ist keine Theorie, sondern Bewegung und Liebe, für den Mystiker ist er erlebte Wirklichkeit.

Derselbe Rabbi Salman fragte einmal einen Schüler: »Was ist Gott?« Der Schüler schwieg. Der Rabbi fragte noch zweimal. Der Schüler schwieg. »Warum schweigst du?« – »Weil ich es nicht weiß.« – »Weiß ich's denn?« sprach der Raw. »Aber ich muß sagen, denn so ist es, daß ich es sagen muß: Er ist deutlich da, und außer ihm ist nichts deutlich da, und das ist er« (Buber, a. a. O. 417).

3. Mystische Einfühlung

Auch Rabbi Elimelech besaß – wie die meisten chassidischen Meister – die Gabe, Gehörtes und Gelesenes nicht nur zu hören und zu lesen, sondern zu erleben. Einmal sagte Elimelech: »Ich erinnere mich nicht nur, wie alle Seelen Israels am Sinaiberg standen. Ich erinnere mich auch, welche Seelen neben mir gestanden haben« (M. Buber, a. a. O. 398).

Ekstatische Erlebnisse konnten ihn jederzeit überfallen. Um sich während der Sabbatfeier den Kontakt mit der sichtbaren Realität zu erhalten, blickte er häufig auf seine Taschenuhr.

Weshalb verliert sich die Seele so leicht im höchsten Licht? Elimelech erklärt diese Ekstasebereitschaft mit dem vorgeburtlichen Leben der Seele. Bevor die Seele in diese Welt tritt, zeigt man ihr das Urlicht, das einst alles erleuchtete und das Gott später, als der Mensch verdarb, verborgen hat. Von nun an hat die Seele das Verlangen, dieses Licht zu erreichen und sich im irdischen Leben diesem Licht Stufe um Stufe zu nähern. Diejenigen, die das Licht erreichen, die Zaddikim, in sie geht das Licht ein und aus, ihnen leuchtet es wieder in die Welt.

Rabbi Elimelech sagte von einem, der Elia erscheine ihm. Man fragte ihn: Wie kann einem einfachen Menschen Elia erscheinen, wenn dieser Elia nicht einmal großen Meistern erschienen ist? Elimelech antwortete:

»Du weißt, daß Elija nach seiner Entrückung der Engel des Bundes geworden ist und jeder Beschneidung eines jüdischen Knaben beiwohnt. Wie kann dies aber sein, da doch die Beschneidungen jeweilig zur gleichen Stunde nach dem Beten vollzogen werden, viele zugleich an allen Enden der Erde? Das will ich dir sagen. Weil Elija alles Volk Israel mit dem Geist der Umkehr schlug, daß es aufs Angesicht fiel und den wahren Gott ausrief, darum wurde ihm die Allseele Israels verliehen. So ist, wo immer ein Knabe zum Bunde dargebracht wird, ein Teil von Elijas Seele zugegen und geht in das Kind ein, nach dessen Art und Wurzel ein großes oder kleines Teil. Und bildet der aufwachsende Knabe seine Elijaseele zur Gestalt, dann erscheint ihm der Elija, der in ihm war. So hat der Mann, von dem ich sprach, das geringe Teil des Propheten, das in ihm ruhte, durch seine guten Werke zur Offenbarung gedeihen lassen. Ibn Esra aber hatte nicht die Kraft, das große, das ihm beigegeben war, zu vollenden.«

(M. Buber, a. a. O. 402 f.)

Diese Deutung der Elia-Vision führt uns wahrscheinlich zur Mitte der chassidischen Frömmigkeit und auch zur Mitte dessen, was wir mystische Sympathie nannten. Eine Elia-Vision ist kein Herbeikommen einer himmlischen Gestalt. Jede Elia-Vision ist ein Sichtbarwerden unseres inneren Elia, unserer Elia-Seele oder der All-Seele. Elia ist in allem Lebendigen.

Weshalb aber schenkte Gott ihm diese Gnade? Elia hat als eine Art Leitbild für alle Mystik sein Ich und die Gemeinschaft, in der er lebte, völlig Gott ausgeliefert. Nun schenkte ihm Gott die Gnade, daß er sich mit der All-Seele verbinden konnte.

Der Tod des Ichs bringt ihm Verbindung mit der All-Seele. Er erlebt jetzt nicht nur das göttliche Licht in sich. Er erlebt auch sich in allem Lebendigen. Denn Gott im Mystiker ist nicht ein Gott, den er besitzt, der ihm und nur ihm zukommen würde. Das tiefste mystische Erleben ist nicht nur das Durchbrechen zu einer eigenen inneren Wahrheit, sondern das Eintreten in den Grund aller Dinge. Die Einsamkeit des Mystikers verwandelt sich in eine fast grenzenlose Sympathie, in ein Miterleben und Mitempfinden mit allen Wesen.

Diese fast grenzenlose Kraft der Sympathie zeigt sich in den folgenden zwei Elimelech-Anekdoten: »Satan kam zu Rabbi Elimelech und sprach: Ich lasse es mir nicht länger gefallen, wie du mich mit Chassidim verfolgst. Glaub' nur nicht, daß ich euch nicht beikäme. Ich mache alle Welt zu Chassidim, dann habt ihr keine Kraft mehr.« Einige Zeit später ging Elimelech mit einem Stecken ins Lehrhaus, um etwelche Chassidim hinauszujagen. Unter der Tür führte Elimelech sein Vorhaben nicht aus. »Er getraute sich nicht, Satans Sendlinge auszusondern« (M. Buber, a. a. O. 402).

Der Mystiker in seiner fast grenzenlosen Einfühlung versteht nicht zuletzt auch die Nicht-Mystiker. Er versteht sogar die Satansdiener. Und er weiß, wie nahe ihnen Gott steht. Er versteht aber auch die eigene Frömmigkeit: »Es heißt im Psalm: ›Gut ist Gesang unserem Gott.‹ Rabbi Elimelech deutete es: ›Gut ist es, wenn der Mensch bewirkt, daß Gott in ihm singt‹« (M. Buber, a. a. O. 398).

Im wahren Gesang singt Gott im Mystiker. Alles andere ist noch ein oberflächliches Singen. Aber wenn Gott im Mystiker singt, dann ist dieser Gesang nicht mehr getrennt vom lauten oder leisen Gesang Gottes in allen Wesen. Mystik ist nicht Pantheismus als Doktrin. Aber sie ist ein Erleben einer Wahrheit, die den Menschen mit allen Mitmenschen und mit allem Wirklichen verbindet. Die mystische Wahrheit ist der Anfang einer neuen Beziehung zur Welt, eine Tür zu einer Sympathie, wie sie die Noch-nicht-Mystiker nicht für möglich halten. Die einen sprechen von Wahnsinn und von mangelnder Abgrenzung. Die anderen, die Mystiker, leben ihre neu gefundene Verwandtschaft mit allem, was ist.

4. Sympathie als Mitleiden

Von Rabbi Sussja, dem Bruder des Rabbi Elimelech, wird berichtet:

> Rabbi Sussja kam einst in eine Herberge und sah auf der Stirn des Wirts die Sünden vieler Jahre. Eine Weile blieb er still und unbewegt. Als er aber allein in der Stube war, die man ihm angewiesen hatte, fiel mitten im Singen der Psalmen der Schauer des Mitlebens auf ihn, und er schrie auf: »Sussja, Sussja, du Arger, was hast du getan! Ist doch keine Lüge, die dich nicht verlockt hätte, und kein Frevel, den du nicht gekostet hättest. Sussja, Törichter, Verwirrter, wohin nun mit dir?« Und er nannte die Sünden des Wirts mit Ort und Zeit einer jeden als seine eigenen und schluchzte. Der Wirt war dem seltsamen Mann nachgeschlichen; er stand vor der Tür und hörte seine Rede. Erst faßte ihn eine dumpfe Bestürzung, dann aber leuchteten Reue und Gnade in ihm auf, und er erwachte zu Gott.
>
> (M. BUBER, a. a. O. 381 f.)

Wenn wir die bisher erwähnten Episoden durchgehen und uns fragen, was Elimelech und Sussja als Mystiker von anderen Zeitgenossen unterscheidet, so stoßen wir sofort auf diese eigenartige Kraft der mystischen Sympathie. Der Mystiker erlebt in allem, was ihm begegnet, so etwas wie seine eigene Erlebnismöglichkeit. Er steht plötzlich an Stelle des sündigen Wirtes, er leidet mit den gefangenen Vögeln. Im Talmudstudium ist Sussja bloß schon vom Satz »Gott hat gesprochen« so betroffen, daß er verzückt ins Freie rennt und immer wieder ruft: »Gott hat gesprochen, Gott hat gesprochen.« Seine Narrheit ist seine mangelnde Distanz zu dem, was ihm widerfährt. Überall spricht Gott, und überall führt dieses Reden Gottes den Mystiker zu Exzessen der Anteilnahme.

> Unsere Weisen sagten: »Der Dreiste in die Hölle, der Verschämte in das Paradies.« Rabbi Sussja aber, der Narr Gottes, deutete das Wort also: »Wer sich in der Heiligkeit erdreistet, darf in die Hölle hinabsteigen, um das Niedere emporzuheben; er kann sich auf Märkten und Gassen ergehen und braucht das Böse nicht zu fürchten. Der Verschämte aber, der sich nicht zu erdreisten vermag, der muß sich an die Höhe des Paradieses halten, an Lernen und Beten, und muß sich hüten, daß ihn das Böse nicht berühre.«
>
> (M. BUBER, a. a. O. 383)

Der Gottesnarr geht durch die Hölle, bewußt und freudig, weil er weiß, daß er gerade in der Hölle Gott erlebt. Märkte und

Gassen fürchtet er nicht. Im Gegenteil, das Paradies, die Stuben der Gelehrsamkeit fürchtet er wahrscheinlich mehr als die Gaststuben, falls er überhaupt noch etwas fürchtet.

Dieses spontane und grenzenlose Mitempfinden macht den Gottesnarren, so möchten wir meinen, unendlich verletzlich. Wer mit allen Wesen derart mitempfindet, verbrennt. Aber eigenartigerweise verbindet sich dieses grenzenlose Mitempfinden auch mit der Kraft, Leiden in Freude zu verwandeln. Nichts, was geschieht, kann für den Gottesnarren nur Leiden sein. Alles ist auch Grund zur Freude.

Wir möchten nun annehmen, der Gottesnarr spiele sich selbst diese Freude vor. Er spiele Gelassenheit und Freude, wo eigentlich nur Grund zur Verzweiflung wäre. Der Ausspruch des Sussja: »Ich habe noch nie ein Übel erlebt«, läßt uns erschrecken. Ist die Mystik des Sussja die radikalste Form der Selbsthypnose? Geht dieser nur noch wie in Trance durch die Welt? Oder woher gewinnt er diese Sympathie ohne Vorbehalt, verbunden mit einer fast absurden Freude?

Wie kommt es, daß Mystiker diese Fähigkeit zur fast grenzenlosen Sympathie entwickeln, ohne sich selbst in all dem Leiden, das sie mitfühlen, zu zerquälen? Wer Gott erlebt, findet zum Herzen aller Wesen. Er fühlt mit allem, was ist, und zerbricht nicht. Denn nicht sein Ich fühlt. Gott fühlt in und mit ihm.

5. Der Nicht-Weg zum Glauben

Wenn sich Unmittelbarkeit durch keine Methode erzwingen und durch kein Programm einüben läßt, ist sie dann nicht entweder die Gnade des Augenblicks, ohne Mühe errungen, oder ein Niemals und Nirgends, eine Grenze, die alle Noch-nicht-Mystiker vielleicht ein Leben lang besprechen und doch nie erreichen? Der Durchbruch zum Unmittelbaren erscheint immer als paradox.

In der Welt des Vorstellbaren ist Unmittelbarkeit das Jenseits aller Vorstellungen, das schlichtweg Undenkbare. Im Erleben des Mystikers ist Unmittelbarkeit das Nächstliegende und Selbstverständlichste, ein Ziel, das der Noch-nicht-Mystiker vielleicht ansteuerte, das aber eigentlich schon immer in ihm lag. Weil aber der Mystiker nicht nur sein eigenes Erleben, sondern auch die Hoffnungslosigkeit des Noch-nicht-Mystikers kennt, deshalb wirken seine Geschichten vom Auffinden der Wahrheit wie Geschichten von der nächstliegenden Unmöglichkeit, wie Gleichnisse für das völlig Unvergleichbare, wie Koans, wie Bilder des Unvorstellbaren, wie Zeichen ins Nichts. »Wie trittst du vorwärts von der Spitze eines Mastes, der hundert Fuß hoch ist?« (Shibayama: »Zu den Quellen des Zen«, 1976, 378).

Gehst du? Gehst du nicht? Schreitest du? Schreitest du nicht? Setzest du deinen Fuß auf den Abgrund? Trittst du ins Nichts hinein? Dein Weg zur Erleuchtung ist ein Nicht-Weg. Du kannst deinen Fuß nirgendwo aufsetzen. Aber wenn du erlebst, daß Leere Erleuchtung ist, daß Leere das Ziel ist, was fällt dir dann leichter als der Schritt über die Mastspitze hinaus?

Nicht nur im Zen, überall stoßen wir in der Welt der Mystik auf Wegbeschreibungen, die eigentlich Führer ins Weglose sind, auf der einen Seite ein Innewerden einer reinen Unmöglichkeit, auf der anderen Seite ein Hinweis aufs Nächstliegende.

In den Erzählungen der Chassidim wird von einem Schüler von Rabbi Baruch erzählt, der sich Gott zu nähern sucht, indem er in Gedanken die Wesenheit Gottes ergründet. Er suchte, wie wir sagen würden, Gotteserleben durch theologisches Forschen zu erreichen. Rabbi Baruch zeigt ihm, daß sein Weg ein Nichtweg ist, ein plötzliches Sich-Auffinden jenseits der letzten Pforte:

Die fünfzigste Pforte
Ein Schüler Rabbi Baruchs hatte, ohne seinem Lehrer davon zu sagen, der Wesenheit Gottes nachgeforscht und war im Gedanken immer weiter vorgedrungen, bis er in ein Wirrsal von Zweifeln geriet und das bisher Gewisseste ihm unsicher wurde. Als Rabbi Baruch merkte, daß der Jüngling nicht mehr wie gewohnt zu ihm kam, fuhr er nach dessen Stadt, trat unversehens in seine Stube und sprach ihn an: »Ich weiß, was in deinem Herzen verborgen ist. Du bist durch die fünfzig Pforten der Vernunft gegangen. Man beginnt mit einer Frage, man grübelt, ergrübelt ihr die Antwort, die erste Pforte öffnet sich: in eine neue Frage. Und wieder ergründest du sie, findest ihre Lösung, stößest die zweite Pforte auf – und schaust in eine neue Frage. So fort und fort, so tiefer

und tiefer hinein. Bis du die fünfzigste Pforte aufgesprengt hast. Da starrst du die Frage an, die kein Mensch erreicht; denn kennte sie einer, dann gäbe es nicht mehr die Wahl. Vermissest du dich aber, weiter vorzudringen, stürzest du in den Abgrund.« – »So müßte ich also den Weg zurück an den Anfang?« rief der Schüler. »Nicht zurück kehrst du«, sprach Rabbi Baruch, »wenn du umkehrst; jenseits der letzten Pforte stehst du dann, und stehst im Glauben.«

(M. BUBER, a. a. O. 185)

Vor der letzten Pforte begegnet der Student der Gottesweisheit einer Frage, die kein Mensch erreicht, steht er vor der Frage, die er nur noch anstarren und nicht mehr aussprechen kann. Vielleicht ist es auch die Frage, die den Studenten anstarrt. Beide stehen sich wie gelähmt gegenüber. Diese Frage kann nicht einmal ausgesprochen werden. Es ist die Urfrage. Würde sie nur einer kennen, dann wäre keine Wahl, dann wäre keine Geschichte und Erlösungsbedürftigkeit, kein Menschsein, es wäre nur Menschsein im Urbeginn und Menschsein in der Vollendung.

Vor dieser Frage, die keiner aussprechen kann, gibt es kein Vorwärts mehr, das wäre der Abgrund. Aber auch kein Zurück. Niemand kann die Urfrage von Angesicht zu Angesicht sehen und ihr dann den Rücken zukehren. Der Schüler kann aber auch nicht wirklich umkehren, wie bisher seinen Fragen nachgehen und immer nur durch die 49 ersten Tore schreiten. In Auseinandersetzung mit der letzten Frage müssen wir verzweifeln und erstaunt feststellen, daß er die fünfzigste Türe gar nicht öffnen mußte, daß er schon dahinter steht.

Vormystisch ist Glaube entweder ein Standpunkt, eine Position, die sich selbst keine Türen mehr öffnet, weil scheinbar alle Tore schon offenstehen, oder der Glaube ist ein Weg durch unzählbare Türen. Aber selbstverständlich wird jedes Tor durchschritten. Nie erkennt der Glaubende, daß er nicht voranschreiten, nicht zurückweichen, nicht ausweichen, nicht stehenbleiben, nicht fragen, nicht antworten, nicht mehr glauben, nicht mehr nichtglauben kann, daß er aus tausend Unmöglichkeiten nur umkehren kann.

Umkehr ist Verwandlung ins Unmittelbare. In der Umkehr erkennt der Glaubende, daß er schon jenseits der fünfzigsten Pforte steht. Umkehr ist die Verwandlung des mystischen in den nachmystischen Glauben. Die Umkehr selbst, das mystische

Erleben selber, ist – wie die fünfzigste Pforte – kein Ort des Verweilens. Auf der Schwelle der fünfzigsten Pforte ist kein Raum für Betrachtung. Vielleicht ist dies so, weil Betrachtung immer noch eine gewisse Distanz zwischen dem Betrachter und dem Betrachtenden voraussetzt. Umkehr ist das Herausfallen aus der Welt der Vorstellungen. In der Umkehr ist nur noch Unmittelbarkeit.

Eigentlich beschreibt Rabbi Baruch in seiner Geschichte von der fünfzigsten Pforte das Schicksal eines engagierten Theologiestudenten. Als Meister der Mystik könnte er den Wert der Schulgelehrsamkeit und aller theologischen Bemühung verachten. Aber er tut dies nicht. Die 49 zum Teil nur mit Mühe entriegelten Türen haben ihren Wert.

Das theologische Fragen führt voran. Nur führt jede theologische Frage, wenn sie eine Antwort findet, sofort wieder zu einem Dutzend neuer Fragen. Hinter jeder geöffneten Türe erscheint ein Dutzend noch verschlossener Türen. All dies heißt nicht, daß Studien sich nicht lohnen. Aber plötzlich kann der Student keine Frage mehr stellen. Hinter der fünfzigsten Pforte starrt er eine Frage an, »die kein Mensch erreicht«. Es gibt Fragen, die wir stellen oder die sich uns stellen. Jede Frage führt zu neuen Wahrheiten. Hinter der fünfzigsten Pforte lauert – einem Abgrund gleich – die Wahrheit auf den Studenten. Wie soll er sich verhalten? Der bisher begangene Weg führt nicht weiter. Zurückkehren oder stehenbleiben? Vor dieser letzten Frage gibt es kein Ausweichen. Umkehr läßt ihn erleben, daß er jenseits der fünfzigsten Pforte und im Glauben steht.

Ich kenne keinen mystischen Weg oder Nicht-Weg, der dem christlichen Glauben in der Welt der außerchristlichen Spiritualität so nahe kommt wie der Glaube des chassidischen Judentums. Natürlich gilt auch hier: Das Erleben des christlichen Glaubens wird durch andere Symbole geleitet und geprägt. Aber der Nicht-Weg ins Unmittelbare, der Nicht-Weg vom vormystischen in den nachmystischen Glauben führt hier wie dort vor die fünfzigste Pforte. Ich muß mir den ungeteilten Christenglauben als das Leben des Menschen vorstellen, der erkennt, daß er die fünfzigste Pforte durchschritten hat.

Exkurs
Die sogenannte personale und die sogenannte apersonale Mystik

Noch-nicht-Mystiker müssen es als Zeichen der Unsicherheit deuten, als mangelnde Treue zu einer geschichtlichen Offenbarung, wenn der Mystiker Gott einmal als Urgrund und Abgrund, einmal als göttliches Du, manchmal als reinstes Licht und manchmal als liebende Lichtgestalt erlebt.

Keine einzige Mystik bleibt über längere Zeit nur einem unpersönlichen Alles oder Nichts oder nur einem personhaft erlebten göttlichen Du verschrieben. Dem Singen und Opfern für Gott und die Götter in den Veden folgt die Versenkung ins Ur-Eine und Einzige in den Upanishaden, und ihr folgt wieder die Wende zur persönlichen Gottesliebe, zur Bhakti, die in der Bhagavadgita beginnt und in der Krishnabhakti vielleicht ihren Höhepunkt findet.

Doch nicht nur in der Geschichte der Religionen wechseln Alleinheitsmystik mit persönlicher Gottesliebe. Manchmal wendet sich ein einzelnes Leben vom einen zum anderen und wieder zurück, am eindrücklichsten wahrscheinlich im Leben Ramakrishnas, der Kalibhakta, Krishnabhakta, Christus, Bhakta, Sufi und reiner Vedantin war, alles nacheinander und vielleicht doch auch alles zugleich.

Die Geschichte des Buddhismus zeigt denselben Wechsel: die Nicht-Wesens-Mystik, das Erleben des mystischen Nichts im Theravada verbindet sich später mit der Liebe zur personhaft vorgestellten Weisheit, zu den Bodhisattvas als Personifikation des beispielhaften Erleuchtungsweges und am Schluß sogar mit dem Vertrauen zu Amida, zum rettenden und helfenden und gnädigen Gott. Im Lamaismus, aber nicht nur hier, sind der Kult der persönlichen Helfer und das Wissen um die eine Leere miteinander verbunden. Das Alles und Nichts und die persönlichen, gottähnlichen Helfer begleiten gleichzeitig den Wanderer auf dem mystischen Pfad.

Die christliche Mystik, ausgehend von biblischem Gotteserleben und damit vor allem vom personhaft erlebten Gott, findet immer wieder ins Überpersönliche, ins mehr als nur personhaft erschaute Gotteserleben. Schon die Dreieinigkeitslehre ist, abgesehen von ihren kirchen- und machtpolitischen Intentionen und ihrer spekulativen, rein theoretischen Intention, Ausdruck einer lebendigen Mystik, die Gott als Person und auch als eine Art Überperson erfährt. Ins Christliche verwandelte polytheistische Traditionen sind selbstverständlich in dieser Trinitätslehre immer auch noch wirksam. Es ist aber kein Zufall, daß diese für viele christliche Mystiker zum schönsten Ausdruck ihres Erlebens wurde: Der unmittelbar Erlebende findet, in christlicher Sprache gesprochen, nicht nur *vor* Gott und nicht nur *in* Gott, nicht nur *zu* Gott und nicht nur Gott in sich selbst, er findet sich hineingenommen in eine göttliche Gemeinschaft, in eine Liebe, die immer schon in Gott war und die jetzt auch ihm, dem Mystiker, zuteil wird.

Besonders eindrücklich zeigt das Erleben des persönlichen und des überpersönlichen Gottes die Kabbala, die jüdische Mystik mit ihrer »zentralen Glyphe« (Der Sohar, das heilige Buch der Kabbala, hrsg. von Ernst Müller, 1984, 10), der Schau Gottes, gegliedert in Manifestationen, in denen er aus seiner Verborgenheit heraustritt und sich mit der Seele und der Welt verbindet. Das Sephirotsystem ist Ausdruck des denkbar lebendigsten mystischen Erlebens.

Gott manifestiert sich nicht nur auf allen möglichen Ebenen, im rein Geistigen, im Psychischen, im Materiellen, er erweist sich als Ursprung zahlreicher Polaritäten (rechts und links, oben und unten, männlich und weiblich, positiv und negativ). Der Mystiker erlebt Gott nicht als ein Dies oder ein So und Nicht-Anders. Mystik erlebt einen lebendigen Gott, einen Gott voller Möglichkeiten, einen Gott und einen Über-Gott, ein Du und ein Es, Gnade und Gerechtigkeit, männlich und weiblich, Vater und Kind. Wie könnte Gott in der Mystik nur als das erlebt werden, was wir ein Du oder ein Es nennen?

Natürlich sind schon das Du und das Es als lebendige Wirklichkeit erschaut, Glyphen fast so reich und in sich gegensätzlich wie der ganze mystische Baum der Sephirot. Trotzdem, auch die in sich reichste Glyphe scheitert früher oder später an der Wirklichkeit. Gott ist mehr als jedes Du und jedes Es. Gerade wenn sich eine Glyphe bis an die Grenze ihrer Möglichkeiten ausweitet, spüren wir, wie sie wie ein praller Ballon

zerspringt. Im berühmten Lied des Berditschewer Rabbis
»Du« ist dieser Punkt beinahe erreicht:

> »Wo ich gehe – du!
> Wo ich stehe – du!
> Nur du, wieder du, immer du!
> Du, du, du!
> Ergeht's mir gut – du!
> Wenn's weh mir tut – du!
> Nur du, wieder du, immer du!
> Du, du, du!
> Himmel – du, Erde – du,
> Oben – du, unten – du,
> Wohin ich mich wende, an jedem Ende
> Nur du, wieder du, immer du!
> Du, du, du!«

(M. BUBER, a. a. O. 342)

Wo immer sich der Mystiker hinwendet, kann er noch einem
Du begegnen. Aber wenn er sich nun auch noch nach innen
wendet, ist dann Gott noch ein personhaft erlebtes Gegenüber? Wird das Du dann nicht unversehens zum Licht, zum
Grund, zum Eins, zum Selbst? Die Grenze des personhaften
Gotteserlebens ist die Wende nach innen. Wer nach innen
schaut, kann nur noch im verwandelten Sinn dem göttlichen Du
begegnen.

Aber Ähnliches gilt von allem Gotteserleben. Kein Gotteserleben wird zum Ewigen in sich selbst. Jedes gleicht einer
Türe, die zu einem Dutzend weiterer Türen führt. Also ist auch
das mystische Alles und Nichts beileibe nicht der Endpunkt
und das Ziel aller Mystik. Sobald sie einen Endpunkt erreicht,
hat sie sich als Mystik aufgegeben, ist sie zur Erinnerung an
religiöse Erfahrung erstarrt.

Wo erreicht das unpersönliche Alles und Nichts, als schön-
stes Bild der Gottheit, seine kritische Grenze? Wo der Mystiker
aus dem Erleben des Einen zurückkehrt und sich wieder in seiner Welt findet. Da erfährt er, wie ihn sein Erleben begleitet
und führt, wenn es wirkliches mystisches Erleben war. Das »Alles und Nichts« erweist sich als Freund und Helfer, als liebender
Begleiter und ernsthafter innerer Lehrer. Der Mystiker erlebt
sein Alles und Nichts auch als göttliche Kraft und als hilfreichen
Geleiter. Im Alltag des Lebens wird jede mystische Überwirk-

lichkeit zum hilfreichen Du, wenn Mystik nicht in mystizistischer Lebensferne und Weltlosigkeit verharrt. Wenn sich aber der Mystiker in seinem Alltag an sein göttliches Du klammern will, in besitzergreifender Gotteshörigkeit, dann entzieht sich das Du und wird wieder zum Geheimnis, das tiefer, lebendiger und reicher ist als jede mystische »Glyphe«.

Daß die Mystiker manchmal zu persönlichen, manchmal zu unpersönlichen Gottesvorstellungen greifen, gehört zur Mystik wie die mystischen Symbole, wie das Erleben, wie der Tod des Ichs und die Unmittelbarkeit. Daraus aber abzuleiten, daß es eine personale und eine apersonale Mystik gäbe, wäre systemsüchtiger Unverstand. Mystik ist Erleben. Erleben durchbricht die Welt der Vorstellungen. Personale und apersonale Gottesvorstellungen sind in keinem Fall die Mitte oder gar der Kern dieser oder jener Mystik.

Wir können mit guten Gründen von personalem oder apersonalem Mystizismus sprechen. Mystizismus geht bis an die Grenze des Vorstellbaren. Aber er durchbricht sie nicht. Der Mystizismus kennt diffuse, mysteriöse Vorstellungen, aber keine Unmittelbarkeit, kein Jenseits aller Vorstellung. Er läßt sich an diese oder jene Vorstellungsreihe binden, weil er sich selbst an Vorstellungen gebunden weiß. Aber wer den Mystiker mit diesen oder jenen Gottesvorstellungen identifiziert, denkt sich Mystik ohne Erleben. Er spricht von Mystik, die keine Mystik ist.

VIII.
Unmittelbarkeit und Gemeinschaft

1. Antimystik als Mystik

»Mystik ist unerlaubte Grenzüberschreitung. Sie überschreitet die Grenze zwischen Kreatur und Schöpfer, zwischen Zeit und Ewigkeit, zwischen Ich und Du, zwischen Gott und Seele. Sie überschreitet vor allem jene Grenze, die von dem Cherubim mit dem flammenden Schwert bewacht wird: die Grenze zwischen dem heiligen Gott und dem sündigen Menschen. Die tiefste Tendenz der Mystik ist die Selbstvergottung. Das ist ihr Frevel und zugleich ihre Phantastik, ihre Trunkenheit. Das ist ihr Mangel an Ernst. Denn Ernst ist: sich begrenzen lassen, die gesetzte Grenze nüchtern erkennen und gehorsam anerkennen. Ernst ist vor allem die Erkenntnis dessen, was von Gott trennt, nicht bloß als Grenze, sondern als Schuld. Die Mystik kennt das Problem der Schuld nicht; an seine Stelle setzt sie das Problem der Endlichkeit und Unvollkommenheit. Schuld hebt alle Kontinuität auf. Wo Schuld ist, kann von mir aus die Trennung nicht aufgehoben werden. Schuld ist die zerbrochene Gemeinschaft, die nur durch eine neue Setzung von der anderen Seite neu begründet werden kann: durch Versöhnung, die die Tat dessen sein muß, an dem ich schuldig geworden bin. Von Gott reden, mit Gott sich in Beziehung setzen an der Schuld vorbei, das ist Unernst, Leichtsinn, ja Gottvergessenheit.«

(E. Brunner: »Die Mystik und das Wort«, 1928, 396)

Eigentlich wendet sich Emil Brunner mit einem elementar mystischen Anliegen gegen das, was er als Grundtendenz der Mystik sieht. Der schuldige Mensch kann und darf nicht ins Gottsein hinübergleiten, sonst übernimmt er sich, verwischt er die Grenze zwischen dem sündigen Ich und dem göttlichen Du. Aber wo, so möchten wir zurückfragen, wird in der Mystik das Ich zu Gott? Gerade die Mystik aller Schattierungen kennt ein Ich, das zum Tod bestimmt ist, das nur ins Selbst findet, wenn es selbst sich aufgibt. »Schuld hebt alle Kontinuität auf«, sagt Emil Brunner. Diese Bemerkung entspringt, wenn sie nicht eine Glaubenstheorie bleibt, einer mystischen Erfahrung: Das Ich gleitet nicht hinüber ins Selbst. Das Leiden mündet nicht nahtlos ins Nirvana. Das Vergängliche steigert sich nicht fast unbemerkt ins Ewige. Das Ich stirbt, damit Gott wird.

Was die christliche Theologie als Sünde oder Schuld bezeichnet, war – unmystisch verstanden – zwar oft bloß eine moralisch negativ beurteilte Handlung oder – tiefer gesehen – ein wesentlicher Aspekt einer biblischen Anthropologie. Auf der Ebene der christlichen Mystik, also unmittelbar erlebt, war Sünde immer das Scheitern des Ichs in seinen eigenen Bedingungen und Grenzen, seine Unmöglichkeit, zu Gott zu finden. Vergebung war, unmystisch verstanden, eine Art Gegentheorie, ein Aspekt Gottes, der Sünde als Grunddatum des Menschseins aufhebt.

Unmittelbar erlebt, waren Gnade und Vergebung immer die Erfahrung des Neuwerdens, das Erleben, daß im Sterben des Ichs das neue Leben anhebt oder – mystischer gesprochen – daß Gott Raum gewinnt in einem leeren Herzen, oder daß das Selbst sich offenbart, wo das Ich zerbricht, oder daß Gottes »Ich bin« die Nichtheit des Menschen ausfüllt.

Brunners Einwand gegen die Mystik ist ungewollt mystisch, Ausdruck eines mystischen Ich-Bewußtseins, das sich nicht selbst mit Gott gleichsetzen kann. Daß Brunner auf anderen Wegen als dem des christlichen Glaubens, wie er ihn versteht, keinen Tod des Ichs und kein Neu-Werden in Gott erkennen oder anerkennen kann, ist wahrscheinlich nur aus dem vehementen Protest der frühen dialektischen Theologie gegen allen vermeintlich mystischen Kulturprotestantismus zu verstehen. Die Leidenschaften jener Zeit ließen im Moment jene Offenheit nicht mehr zu. Später hat auch Brunner andere Perspektiven mitbedacht.

Die faszinierendste reine Mystik und prononcierte Nicht-mehr-Mystik und Antimystik unseres Jahrhunderts finde ich in der Theologie von Karl Barth. In ihrem Kern ist seine Theologie meines Erachtens reine Mystik, oder sie wäre eine intellektuelle Zumutung.

Karl Barths Denken wird geprägt von einer exklusiven Liebe zum Gottmenschen Jesus, in dem allein der unendliche Abstand zwischen Gott und Mensch überwunden ist, in dem und durch den allein Gotteserkenntnis möglich ist. Dieser Jesus Christus, wie ihn Karl Barth sieht, ist Anfang, Mitte und Ziel allen theologischen Denkens. Weder die eigenen Erfahrungen und Zweifel noch die weltweite und christliche Gottessuche und Gottesidee gelten irgend etwas neben dieser Christuswirklichkeit. Deshalb erledigt sich Mystik als Moment reiner Unmittelbarkeit zu Gott auch von selbst. Sie ist nicht Gotteserkenntnis in und durch Jesus Christus.

Wenn wir die Bedeutung der Christuswirklichkeit für Karl Barth bedenken, erkennen wir beinahe eine Christusmanie, ein ständiges Ausgehen und Zurückkehren und Kreisen um das, was er Jesus Christus nennt. Eine gewaltige Schau dieser einen Wirklichkeit und ein gewaltiges Ergriffensein von dieser einen Wirklichkeit leitet den Theologen. Erst dadurch wird diese Christuswirklichkeit, ja sogar Christusmonomanie *das* Thema dieser Theologie.

Also war Barth eine Art Christusbhakta, ein Mystiker in seiner Christusergriffenheit. Selbstverständlich hätte er diesen Titel vehement von sich gewiesen. Er wollte alles andere als ein Mystiker sein. Denn dieser ist für ihn der Inbegriff des frommen, auf eigenes Erleben und die eigene, direkte Innerlichkeit und Gottesschau konzentrierten Menschen.

Trotz dieses Protestes – meine ich – müßten wir Barths Theologie als reine Mystik sehen, als Mystik, die ihr eigenes Erleben weit hinter sich zurückläßt, die von keinem frommen oder kritischen Ich mehr etwas wissen will, die sich in scheinbarer reiner Objektivität nur dieser einen Offenbarung Jesus Christus zuwendet. Mystisch ist Karl Barths Ergriffensein von dieser Christuswirklichkeit. Mystisch ist die Eigenwilligkeit seiner Textdeutung. Er bewegt, wenn er Anselm interpretiert, ganz im Sinne der Mystiker »die Lippen des toten Meisters«.

Mystisch ist das monomane und manchmal auch fast monotone Kreisen um das eine und einzige Symbol. Nur in Christus ist Wirklichkeit. Er ist der Ausgangspunkt und das Ziel allen Denkens. Daß in diesem einen Symbol auch die ganze Welt voller Symbole erscheint, hat sich erst beim späten Karl Barth angedeutet (vgl. Kirchliche Dogmatik IV, 3, 1959, 40ff.).

Die völlige Hingabe an dieses eine Symbol blieb das A und O dieses Denkens. Mystisch, im Sinne der reinen Mystik als einer Schau der vollendeten Erlösung, ist auch Karl Barths völliges Absehen von eigener Empfindung und eigenem Erleben. Nie kommt direkt die eigene Erfahrung zu Wort. Was ist Ich und eigenes Erleben im Lichte dieser einen Offenbarung?

Aber gerade indem Karl Barth die eigene Erfahrung derart

zurückstellt und den christlichen Glauben völlig ins Licht seiner erschauten Christuswirklichkeit stellt, blendet dieses Licht alle noch unterwegs sich Befindenden. Auch Karl Barths Theologie zeigt einen Weg, den niemand mehr gehen kann und zu gehen braucht, weil Gott ihn gegangen ist und nur Gott allein ihn gehen konnte in Jesus Christus. (Karl Barths mystische Schau wird, ähnlich wie Buddhaghosas Einsicht, zu einem Weg, den keiner mehr geht.)

Karl Barths Theologie ist reine Christusmystik, die dialektisch immer wieder in reine Glaubenslehre umschlägt; einmal ist sie noch reine Gedankenmystik, von fast neuplatonischer Luzidität, manchmal ist sie vielleicht doch nur noch Dogmatik, breit, ausfernd und bewußt sich selbst wiederholend. Vielleicht war Karl Barth einer der größten Mystiker unseres Jahrhunderts. Aber er war ein Mystiker, der sein eigenes Erleben völlig zurückstellte. Er lebte und dachte eine Christusschau, ohne den Schauenden zu erwähnen.

Die eigenen religiösen Erlebnisse darzulegen wäre das letzte, was Karl Barth sich erlauben würde. Er war ein Mystiker, der sich mit Leidenschaft dagegen wehrt, als ein Mystiker zu gelten. Er war ein von Christus Ergriffener, ohne seine unmittelbare Ergriffenheit anderen oder sich einzugestehen. Vielleicht war er gerade darin ein Heiliger protestantischer Religiosität.

Protestantismus unterscheidet sich im allgemeinen von allen anderen Formen der Religiosität in der Religionsgeschichte darin, daß diese Form der Religion sich schämt, Religion zu sein. Der Protestant glaubt, wenn er glaubt, wie wenn er nicht glauben würde. Er betet, wenn er betet, wie wenn er nicht beten würde. Er schaut Gott, wenn er Gott schaut, wie wenn er Atheist wäre. Er liebt Gott, wenn er Gott liebt, wie wenn er der größte Kritiker jeder erlebten Gottesnähe wäre. Er erlebt geistigen Wandel, wie wenn er alle Innerlichkeit geradezu hassen würde. Er spricht von anderen Religionen, wie wenn es keine eigene religiöse Überlieferung gäbe. Er öffnet sich dem mystischen Erleben, wie wenn er sich selbst alles Erleben verbieten müßte. Kurz: er geht mit seiner Seele um, wie wenn er keine hätte.

Gerade darin ist der Protestant natürlich in der heutigen

Welt kein Einzelfall. Er ist nur ein besonders deutliches Beispiel moderner Religiosität: Er möchte glauben, aber er fürchtet sich vor seiner Seele. Er liebt vielleicht sogar die Geheimnisse, die er Offenbarung nennt, aber je mehr er die Geheimnisse des Glaubens liebt, desto konsequenter umgeht er die Geheimnisse seiner eigenen Seele.

Vielleicht können wir Karl Barths leidenschaftliche Christusmystik und ebenso leidenschaftliche Nicht-Seelenmystik als äußerste Grenze eines mystischen Protestantismus verstehen. Die Wirklichkeit Gottes in Jesus Christus wird so objektiv, daß die Seele in ihrer Subjektivität, in ihren Möglichkeiten und Unmöglichkeiten nie zu Wort kommen kann.

Daß Karl Barth in seiner Schau der Christuswirklichkeit jede andere Unmittelbarkeit zu Gott als Eigenmächtigkeit und Scheinerleben einschätzen muß, darf uns nicht verwundern. Jede Unmittelbarkeit ist zunächst die einzige wegleitende Unmittelbarkeit. Jedes Symbol spricht, wenn es als Einheit von Realität und Wirklichkeit erlebt wird, zuerst nur für sich selbst. Warum aber weitet sich der Blick später kaum aus? Warum muß Karl Barth sich selbst jedes unmittelbare Gottschauen verbieten?

Ich kann mir diese Radikalität nur erklären, wenn ich das Verbot jeder Unmittelbarkeit ohne den einen Mittler Jesus Christus, als Verbot des Theologen an sich selber sehe. Dieser bindet seine Seele ins Vorgegebene und verwehrt ihr alle Möglichkeiten und Unmöglichkeiten, die sie sich selber sucht. Direkte Gottesschau? Was für eine Eigenmächtigkeit! Was für eine Rebellion der Seele gegen die im Glauben erkannte Wahrheit! Wo kämen wir hin, wenn wir der Seele ihre Eigenmächtigkeit zugestehen würden! Wir würden, von unserer Seele geführt, vielleicht sogar noch halbheidnische Wege einschlagen. Plotin steht vor der Türe, wenn die Seele eigenmächtig wird. Es ist Gedankenmystik, die sich selbst die Seelenmystik verbietet, erschauter und erkannter Glaube, der sich selbst gegen jedes weitere Schauen und Erkennen seiner Seele wehrt.

Das im Glauben Vorgegebene schützt vor den eigenen Möglichkeiten und Unmöglichkeiten. Glaube wird durchsichtig, gottgewollt und seltsam widerspruchslos. Würde die Seele ihre eigenen Wege einschlagen, wäre Glaube plötzlich eine wahrhaft abenteuerliche Sache. Keiner wüßte mehr, zu welcher Gottesnähe er einmal noch gelangen würde. Gerade damit wäre der Glaube aber auch wieder lebendiger, unberechenbarer und biblischer.

Die biblischen Gestalten glauben nie an Programme. Gott läßt kein Programm zu. Er führt die seltsamsten Wege. Aber diese Lebendigkeit und Unberechenbarkeit des biblischen Glaubens überfordert die meisten Christen. Der biblische Glaube darf doch nicht zur Freiheit des eigenen Glaubens anregen! Nur wer nach vorgegebenen Wahrheiten glaubt, glaubt zuverlässig. Das Ich ist in der Seele mit ihren Möglichkeiten und Unmöglichkeiten im reinen Glauben gestorben.

Die reine Mystik sieht das Ich wie ein Datum aus ferner Vergangenheit. Aber gerade darin verkehrt sich reine Mystik in ihr Gegenteil. Wenn das Ich keinen Weg zu Gott mehr suchen darf, dann kann es auch nicht mehr sterben. Es bleibt auf der einen Seite ewig unerlöst, es findet in kein Selbst mehr, das doch das Ziel jeder Geschichte im Ichleben ist. Auf der anderen Seite strahlt eine offenbarte Wahrheit auf, die in kein Leben der Seele mehr hineinzuleuchten vermag.

Die reine Mystik löst den Menschen auf. Sie führt ins reine Glauben-Wollen, ins Verharren im Lichte der Offenbarung und ins reine Vergessen einer Seele, die im Dunkel sich selbst nicht mehr erträgt. Die reine Mystik wird zur bloßen Gedankenmystik und zur Idealschau des Göttlichen. Die Seele selbst kann und darf diesem Licht nicht folgen. Mystik wird hier zum Gotteserleben im bloßen Gedanken. Im Glauben sind wir Christen. Im Empfinden und Träumen sind wir Heiden. Das ist der Preis der Mystik, die die Eigenmächtigkeit ihrer Seele fürchtet.

Eigentlich ist Seele weder nur Ich noch nur Selbst, sondern die leidvolle und verheißungsvolle Verbindung von beiden. Gerade deshalb gehört der Seele ihr Recht. Sie darf und muß immer wieder vom Ich zum Selbst finden oder sich vom Selbst finden und von ihrem Ich befreien lassen. Die Seele des Mystikers ist ein dauerndes Sterben des Ichs und ein Auferstehen des Selbst.

Keine lebendige Mystik kann behaupten, daß dieses Sterben und Neuwerden für sie je nur noch Vergangenheit wäre.

Darum fürchtet die lebendige Mystik auch nicht die Eigenmächtigkeit ihrer Seele. Natürlich ist es gefährlich, der Seele ihr eigenes Leben nicht nur zuzugestehen, sondern mit und in ihr den nahen Gott zu erleben.

Mystik ist eine Reise mit nicht voraussehbarem Ausgang. Wenn ein Christ Mystiker wird, ist die Zukunft seines Glaubens nicht mehr fraglos voraussehbar. Aber ist Gott voraussehbar? Ein voraussehbarer, in seiner Offenbarung fixierter Gott ist kein Gott mehr.

2. Biblische Mystik und christliche Mystifikation

Ist das Christentum Mystik? War Jesus ein Mystiker? Beide Fragen lassen sich nicht in sich beantworten, denn sie sprechen auch von dem, der die Frage stellt. Wenn ich im Christentum ein komplexes Gebilde der Geistesgeschichte sehe, das ich möglichst aus Distanz betrachte, dann spielt es keine Rolle, ob das Christentum Mystik ist oder nicht. Mystik oder Nicht-Mystik sind in diesem Fall sowieso nur religionsgeschichtliche oder religionswissenschaftliche Ordnungsprinzipien. Einen Teil des Christentums kann ich wahrscheinlich eher unter dem Stichwort Mystik, andere Aspekte eher unter dem Stichwort Nicht-Mystik einreihen. Aber die Frage selbst ist für das Verständnis des Christentums nicht wesentlicher als irgendwelche Diskussionen um das rechte Etikett.

Anders, wenn ich Mystik als Unmittelbarkeit verstehe und weiß, daß sie entweder mein Ich fordert und verwandelt oder überhaupt nicht zur Betrachtung gelangt. Unmittelbarkeit läßt sich nirgends aus Distanz beobachten oder studieren. Entweder ist mir Unmittelbarkeit unendlich nahe, bedrängend nahe, näher als ich mir selber bin. Oder sie ist überhaupt nicht. Unmittelbarkeit aus Distanz gleicht dem Schnee vom vergangenen Winter. Mehr als eine Erinnerung kann sie nicht sein.

Wenn ich diese bedrängende Nähe alles Unmittelbaren erkenne und weiß, daß Unmittelbarkeit das *sine qua non* aller Mystik ist, dann wird die Frage, ob das Christentum Mystik sei, zu einer entscheidenden Frage, beinahe zu der einzig entscheidenden Frage, die sich im Blick auf den christlichen Glauben stellen läßt. Die Frage lautet dann: Finde ich im christlichen Glauben und durch ihn Unmittelbarkeit? Oder ist dies eine Frage, die sich in der Vergangenheit positiv beantworten ließ?

Ob Christentum Mystik ist im radikalen Sinn des Wortes, ist eine Frage des eigenen Erlebens. Finde ich, wenn ich den Weg der Liebe zu Gott, zum Nächsten und zu mir selbst zu gehen versuche, in die Einheit von Realität und Wirklichkeit? Finde ich ins Selbst, oder noch einfacher formuliert: Werde ich auf dem Weg der Liebe mich selbst? Diese Frage kann ich selbstverständlich nur für mich und immer nur unterwegs, nicht abschließend beantworten. Allgemein kann ich höchstens sagen: Unmittelbarkeit ist kein Zusatz oder Anhang zum christlichen Glauben, sondern seine Mitte, sein tiefster Sinn. Die Frage, ob das Christentum Mystik ist, verwandelt sich zur Frage: Vermag ich eine Mitte des christlichen Glaubens zu sehen, oder ist für mich das Christentum immer etwas Oberflächliches und Beiläufiges, immer ein Bündel von Ideen und Traditionen von sehr fragwürdigem Wert?

Analoges gilt selbstverständlich auch für alle anderen religiösen Wege. Die Frage, ob der Buddhismus Mystik sei, entscheidet sich letztlich nur für den, der den Dhamma als Weg begeht und Erleuchtung erfährt. Alle anderen aus Distanz gesprochenen Antworten auf diese Frage sind wenig sinnvoll. Sie treffen nicht den Kern aller Mystik, die Unmittelbarkeit.

Gilt Analoges nun aber auch von der Frage, ob Jesus Mystiker war? Kann auch nur das eigene Erleben oder sein Ausbleiben die Frage entscheiden? Alles, was Religion tradiert, kann bewußt unmystisch verstanden werden. Die unmystische oder vormystische Deutung religiöser Tradition ist sogar der Normalfall. Das landläufige Religionsverständnis versucht die Dimension des Unmittelbaren wenn immer möglich zu übersehen oder zu übergehen.

Nun fragt sich nur, wie lange diese unmystische Deutung religiöser Überlieferung überzeugt. Früher oder später läßt sich keine religiöse Tradition völlig unmystisch deuten. Wenn wir uns alles vergegenwärtigen, was uns über Jesus von Nazareth, als Gestalt der Geschichte und als Gestalt der christlichen Christusverehrung überliefert ist, so stellen wir fest: An keiner Stelle der Religionsgeschichte erweist sich die Kümmerlichkeit und fast Lächerlichkeit der nichtmystischen Interpretation so deutlich wie im Blick auf diese Gestalt. Die Jesusüberlieferung, sei sie nun mehr aus geschichtlicher Erinnerung gewonnen oder aus den Vorstellungen und der Liebe des frühen Christentums erwachsen (beides läßt sich nie deutlich voneinander trennen), ist in jedem Fall der Stein des Anstoßes für jede mystikferne Deutung religiöser Tradition.

Jesus ohne Unmittelbarkeit zu Gott, die er nicht nur lebt und von der er nicht nur spricht, die er mit anderen durch sein Reden und Handeln teilt, wird zu der Unperson der Religionsgeschichte, zu der Gestalt, die sich nirgends hineinfügt. Auch in seiner Unmittelbarkeit zu Gott ist Jesus selbstverständlich nicht einzuordnen. Wie könnte Unmittelbarkeit ein Ordnungsschema sein? Aber im eigenen Teilnehmen an der Unmittelbarkeit Christi ist die Frage nach Jesus und seiner Bedeutung verwandelt, auf eine andere, tiefere Ebene gestellt.

In der uneingeschränkt mystischen Deutung Jesu wird etwas von dem Wort sichtbar, das am Anfang bei Gott war und das Fleisch wurde und das nun unter uns wohnt. »Wir sahen seine Herrlichkeit.« Diese Erkenntnis des Evangelisten Johannes ist entweder aus eigenem Erleben geboren und damit die Teilnahme an der Unmittelbarkeit Jesu, oder sie ist, unmystisch verstanden, ein höchst fragwürdiges Urteil, von dem nicht recht einzusehen ist, wie es zustande kam. Wo war denn ohne Unmittelbarkeit die Herrlichkeit dessen, der nach der Sicht des Johannes große Worte über sich selber äußerte und hier und da ein Wunder tat und dann umgebracht wurde? Die Herrlichkeit des Gottessohnes wird nur einsehbar in der Teilnahme an seiner Unmittelbarkeit, als Hineingenommenwerden in Jesu eigenes Erleben.

Die Frage, ob Jesus Mystiker war, ist für den, der bereit ist, zu erleben, überhaupt keine Frage. Alle sogenannten christologischen Thesen des frühen Christentums sind nichts anderes als Bekenntnis, geboren aus dem eigenen Miterleben. Alle Jesustitulaturen sind Ausdruck miterlebter Gottesnähe. Jesus ist nicht nur Mystiker, er ist Mystik.

An keiner Stelle der Religionsgeschichte greifen Realität und Wirklichkeit so direkt ineinander und ist Unmittelbarkeit zu Gott und zum Nächsten derart augenfällig das Zentrum des ganzen Lebens. Aber auch an keiner Stelle der Religionsgeschichte wird ein Erleben sichtbar, das so weit über alle Mystik hinausführt.

Christus ist im Neuen Testament, bei allen Nuancen der Christusdeutungen, immer personifizierte Unmittelbarkeit, menschgewordene *unio*, ein unvorstellbar nahes Sein bei Gott oder Leben in Gott. Nicht zufällig spricht schon das frühe Christentum von Inkarnation: Gott und Mensch sind in dieser Gestalt Christi eine weit mehr als nur sporadische Bindung eingegangen. Christus erlebt nicht nur die *unio* mit Gott in besonders intensiven Gebetszeiten oder in Zeiten besonderer Glaubenszuversicht. Christus ist Unmittelbarkeit zu Gott in allem, was er sagt, denkt, tut.

In all dem wird Christus aber doch nicht zum Übermenschen. Seine Unmittelbarkeit zu Gott löscht sein Fragen und auch sein Zweifeln nicht auf. Wir denken an sein Ringen im Garten Gethsemane und an sein Psalmgebet am Kreuz: »Mein Gott, mein Gott, warum hast du mich verlassen?« Christus lebt keine garantierte, wesenhafte und deshalb auch selbstverständliche Unmittelbarkeit, sondern eine lebendige, das ganze Leben mit seinen Höhen und Tiefen umspannende Unmittelbarkeit.

Diese Unmittelbarkeit Jesu durchbricht auch die ehrwürdigsten Mystifikationen. Mystifikation nennen wir alles, was Menschen sich ausdenken, einrichten, organisieren, sich vorstellen und vor Augen stellen, um sich einer vor der Tür stehenden unmittelbaren Wahrheit so zu entziehen, daß sie die Wahrheit selber nicht verlieren.

Wir sprachen von Mystizismus und nannten ihn eine Möchtegern-Mystik, Unmittelbarkeit im Konjunktiv. »Wenn er nur einmal so ganz stille wäre...« Der Mystizist denkt sich Unmittelbarkeit aus, weil er mindestens den Gedanken an sie braucht. Das Leben ohne jeden Hauch von Unmittelbarkeit wäre unerträglich.

Als Mystifikanten könnten wir den Menschen bezeichnen, der sich Unmittelbarkeit nicht mehr ausdenken muß und der trotzdem nicht ins Erleben findet. Er steht mitten in zutiefst mystischen Traditionen. Jedes Wort seiner heiligen Schriften, die er kennt, jede Geste seines Kultes, jedes seiner religiösen Symbole ist aus Unmittelbarkeit geboren, ist ein Gleichnis für eine einzige, unvorstellbar ergreifende und deshalb auch unbegreifliche Wahrheit.

Mystifiziert war in den Zeiten Jesu bereits schon Gottes Gesetz, die Tora. Einst ein Ausdruck unmittelbarster Gemeinschaft Gottes mit seinem Volk, einer Gemeinschaft, die das ganze Leben des Volkes gestaltet, wurde das Gesetz zu einer von Gott gesetzten Instanz zwischen Mensch und Gott. Jesus durchbricht das Gesetz als Mystifikation, indem er zum Beispiel die Sabbatgesetzgebung bei Heilungen nicht respektiert. Das Gesetz in seiner Unmittelbarkeit ist damit nicht aufgehoben.

Diese Unmittelbarkeit Christi durchbricht aber nicht nur alle frommen Mystifikationen, sie befreit von allem, was der Mensch zwischen sich und Gott stellt: das Geld, die Sorgen, die Familienbande (»wer Vater oder Mutter mehr liebt...«); soziale Rollen werden relativiert oder durchbrochen (Zöllner, Dirne). In der Unmittelbarkeit zu Gott sieht sich der Mensch erst ganz in seinem Innersten verstanden.

Diese Unmittelbarkeit erlebt Jesus nicht nur für sich selbst. Seine Wahrheit bleibt in ihm nicht verschlossen. Das Reich Gottes, wie Jesus diese einzigartige Nähe Gottes zum Menschen nennt, wird verglichen mit einem Sauerteig, der den ganzen Teig verändert, mit einem Baum, der so groß wird, daß alle Vögel des Himmels unter ihm Raum haben, mit einem Gastmahl, zu dem auch Unwürdige geladen sind (auch hier: keine Rolle trennt den Menschen von Gott). Vielleicht liegt hier sogar die tiefste Besonderheit der Mystik Jesu: Jesus lebt keine Unmittelbarkeit in sich, verschlossen in der eigenen Verzükkung. Sogar die ekstatischste Szene, die Geschichte von der Verklärung Jesu, zeigt Jesus wieder in einer Gemeinschaft, er steht neben Moses und Elia. In die Unmittelbarkeit Jesu findet nicht der Einzelne in tiefster Versenkung. Sie eröffnet sich einer ganzen Gemeinschaft. Sie führt über jede Unmittelbarkeit als reines In-sich-Selbst hinaus.

Finden wir bei Jesus auch so etwas wie den Tod des Ichs, der sich in jedem mystischen Erleben ereignet? Wenn ich richtig sehe, kennt Jesus nicht nur ein einmaliges Sterben des Ichs und ein Neuwerden in dieser *unio* mit Gott. Immer wieder ist von diesem radikalen Wandel die Rede. »Tut Buße, denn das Himmelreich ist nahe herbeigekommen.« Mit diesen Worten läßt Markus zum ersten Mal Jesus das Evangelium verkünden. Buße ist auch schon ein Tod des Ichs, es sei denn, wir würden Buße mystifizieren, zur harmlosen moralischen Gewissensprüfung reduzieren. Aber auch das Kreuztragen, zu dem Jesus auffordert, ist ein Hinweis auf ein lebenslanges Sterben. Das Kreuz und die Auferstehungserscheinungen Jesu selbst zeigen noch einmal dieses Sterben und Neuwerden nicht als einmaliges Geschehen, das wir einmal hinter uns bringen könnten, sondern als lebenslangen Prozeß.

Wie spricht Jesus von dieser Unmittelbarkeit, die er mit vielen Menschen teilt und die er nicht nur verkündet, sondern lebt? Es fällt sofort auf, wie oft Jesus Gleichnisse benutzt, um vom Reich Gottes zu reden. Kann man von dieser Unmittelbarkeit anders als in Gleichnissen sprechen? Jedes Gleichnis zeigt diese Unmittelbarkeit Jesu, die der ganzen Welt gilt, als gegenwärtige Wahrheit. Sie wird nie zu einem bloßen Datum der Vergangenheit. Sie läßt sich aber auch nie begreifen, in Konzepte fassen oder vorstellen. Sie kann und braucht auch nicht glorifiziert zu werden. Glorifikation ist die sublimste und gefährlichste Mystifikation. Wer diese Unmittelbarkeit mit Weihrauchduft und Engelsstimmen umgibt, entrückt sie aus dem Hier und Jetzt seines Alltags.

Aus dem Reich Gottes wird eine wunderbare Gottesnähe zur Zeit Jesu und eine ewige Gemeinschaft mit Gott in der Vollendung, aber im Hier und Heute ist diese Wirklichkeit nur verdünnt anwesend, nicht in der Fülle des Damals und der Vollendung.

Mystifikation entrückt die tiefste Unmittelbarkeit mit Vorliebe ins Damals, sie glorifiziert frühere Ereignisse. Oder sie verlegt die wahre Unmittelbarkeit ans Ende der Welt. Hauptsache, im Hier und Heute ist Unmittelbarkeit nur zu erahnen oder im Glauben zu ergreifen. Im Hier und Heute fordert die blasse Unmittelbarkeit auch keinen Tod des Ichs. Wahrscheinlich ist sie der Hauptmotor für alle Mystifikationen: Der Mystifikant will mystische Wahrheit ohne Tod des Ichs. Mystik soll das Ich verklären, nicht sterben lassen. Unmittelbarkeit wird zur frühen Offenbarung oder zum ewigen Trost.

Wie sieht Jesus die Offenbarung der Vergangenheit und der

Zukunft? Das Hier und Heute zählt mehr als alles Damals und Später. »Hier ist mehr denn Jona.« Die ganze sogenannte Anmaßung Jesu, die aus den johanneischen Christusreden spricht (»Ich bin«), ist wahrscheinlich aus diesem überwältigenden Eindruck entstanden: Im Hier und Heute, in diesem Christus, ist mehr als was jemals war.

Daß schon das frühe Christentum diese Unmittelbarkeit Jesu im Hier und Jetzt bald glorifiziert und mystifiziert und sie ihrerseits wieder zu einem wunderbaren Datum in der Vergangenheit macht, kann uns nicht verwundern. Jesus, der das gegenwärtige Reich Gottes lebte und seine Vollendung unmittelbar kommen sah, wird selbst zu einem mystifizierten Ereignis der Vergangenheit.

In ihm war Gott. Seither kennen wir Gott nur noch durch Jesus Christus. Wir kennen Gott überhaupt nicht mehr unmittelbar. Wir müssen bei Jesus lernen, wie Gott ist. Jesu Worte werden ihrerseits wieder zu einem glorifizierten Gesetz. Und wer Gott erleben möchte, müßte diese neuen Mystifikationen durchbrechen, wie Jesus die Mystifikation des Gesetzes durchbrochen hat. Das heißt konkret: Wenn alles, was uns von Jesus überliefert wird, uns zur Norm für das eigene Gotteserleben wird und wenn möglich noch zur eigenen Norm, dann haben wir Jesus, den größten Antimystifikanten, gründlich mystifiziert.

Christus hat nicht das Reich Gottes gelebt, damit wir jetzt keine Unmittelbarkeit zu Gott mehr hätten. Christus hat nicht dafür gelebt und gelitten, daß ein altes mystifiziertes Gesetz durch ein neueres und jetzt auch schon altes mystifiziertes Wort ersetzt werde. Ein mystifiziertes Neues Testament ist so heillos wie ein mystifiziertes Altes Testament. Jesus lebt Unmittelbarkeit mit Gott als Kern einer neuen Gemeinschaft unter den Menschen. Wenn christliche Tradition diese erste Unmittelbarkeit glorifiziert und sich selber damit eigene, wirkliche Unmittelbarkeit verbietet, so verleugnet die christliche Tradition zutiefst den Christus, den sie mit Worten am meisten preist. Sie kann die Christologie bis in die höchsten Himmel ausweiten und diesem Christus alle Ehren Gottes zukommen lassen, sie verleugnet diesen göttlichen Meister, sobald sie damit den Gedanken verbindet: Damals, heute nicht mehr in diesem Maß. Er, wir nicht. Christologie und die damit verbundene Glorifikation ist auch hier die sublimste Form des Verrats.

Christus ist Mystiker, ein unvergleichbarer Mystiker, der nicht nach Mystik fragt, weil die Wahrheit über alle Mystik hinausführt. Er lebt eine Mystik der Gemeinschaft, eine so menschliche und menschennahe Unmittelbarkeit, daß sie die Gassen und Marktplätze nicht scheut. Jesus lebt eine *unio* mit Gott in den Gassen der Dörfer und in den Booten der Fischer.

Wenn im späteren Christentum bekannt wird, daß Gott in Christus Mensch geworden ist, so heißt dies, die Glorifikation, die in dieser Aussage auch mitschwingt, einmal weggelassen: So menschlich und menschennah ist Unmittelbarkeit noch nie erlebt worden. Christus ist Mystiker. Aber alle Christologie ist irgendwo schon Mystifikation. Sie schließt Gott in diesen Christus ein, rückt ihn aus dem Hier und Jetzt des unmittelbaren Gotteserlebens. Christus wird zur Norm jeder späteren Unmittelbarkeit. Normierte Unmittelbarkeit ist aber ein Widerspruch in sich selbst. Nur Mystifikanten könnten sich für eine normierte Unmittelbarkeit interessieren.

Jesus belehrt nicht über seine Unmittelbarkeit. Belehrung setzt das einmal Erschaute als Norm für alle Schüler. Jesus verkündigt das herbeigekommene Reich Gottes. Er ermutigt zum eigenen Bei-Gott-Sein und eigenem Gotterleben. Er zeigt, daß soziale Vorurteile, belastende Vergangenheit und ängstliche Frömmigkeit kein Hindernis auf dem Weg zu dieser neuen Gottesgemeinschaft sind. Was Jesus nie verleugnet: Er sieht Unmittelbarkeit in der Gemeinschaft, er lebt so etwas wie eine kollektive mystische *unio*. Das unterscheidet ihn deutlich von Buddha, aber auch von Patanjali und den meisten Mystikern, die im Atman oder Anatman ihre Erleuchtung erleben.

Verkündigung ist immer Ermutigung zum eigenen Erleben. Die Geschichte früherer Unmittelbarkeit, die auch Jesus kennt und nicht bestreitet (nicht zufällig erscheinen auf dem Berg der Verklärung Moses und Elia), wird nicht nur Norm für späteres Erleben. Grundmotto der geschichtlichen Perspektive ist immer: Gott war immer bei seinen Menschen, immer auf seine Weise und immer auf neue Weise.

Keine Vergangenheit wird zur Norm für alle Zukunft. Jesus hat keine Epoche in der Geschichte Gottes mit den Menschen glorifiziert. Auch das Sinai-Erlebnis ist keine Norm für alle spätere Gottesbegegnung. Dies hindert das Christentum aber nicht, schon sehr bald, schon in neutestamentlichen Zeiten, Jesus zu glorifizieren. Nun wird der, der keine Norm in der Unmittelbarkeit zu Gott anerkannte, selber zur Norm. Nun wird der Christus, der reine Unmittelbarkeit lebte, selbst zum Mittler zwischen Gott und Mensch. Sublimer hätte das Christentum das Evangelium nie verraten können. Die Christologie widerspricht Christus auf die allergediegenste und allerfrömmste Weise. Sie hebt ihn in den Himmel, um auf der Erde wieder Raum zu gewinnen für sanft das Ich verklärende Mystifikationen.

3. Glaube – vormystisch, mystisch und nachmystisch

Wahrscheinlich wird uns die gewaltige Spannung zwischen dem mystischen und dem mystifizierten Christentum nirgends so deutlich vor Augen gestellt wie im Blick auf das Geschehen, das wir Glauben nennen. Der mystifizierte Glaube hält sich oder sieht sich auf Distanz zu Gott. »Wir leben im Glauben, nicht im Schauen.« Das heißt in der Sprache der Vormystik: Wir haben keine unmittelbare Beziehung mehr zu Gott. Früher lebten die Jünger Jesu im Schauen. Später, vor Gottes Thron, wird es wieder so sein. Aber dazwischen gleicht die Beziehung zu Gott einer Nebelwanderung. Wir erahnen zwar, aber wir schauen nicht.

Der Begriff »Glaube« wird zum Inbegriff für eine ausgewogene Distanz und Nähe zu dem, was früher oder später unmittelbar erlebt wird. Daß dieser Glaube auf Distanz oder dieses ausgewogene Miteinander von Distanz und Nähe im Leben der Menschen kaum etwas ändert, verwundert nicht. Das Glauben auf Distanz verklärt das Ich und das eigene Leben. Es bereichert und tröstet. Es setzt in Beziehung zu Gott ohne Ergriffenheit. Es tröstet das Ich, ohne mit einem Tod des Ichs zu rechnen. Vor allem vermag dieser Glaube auch die Vergangenheit des Glaubens und die Intensität der ewigen Gemeinschaft mit Gott derart zu glorifizieren, daß die gewisse Distanz zu Gott heute völlig selbstverständlich wirkt. Je wunderbarer die Jünger Jesu

214

Gott in Christus schauten und je direkter wir vor Gottes Thron in der Ewigkeit stehen werden, um so selbstverständlicher wird unsere etwas lockere Gottesbeziehung heute. Gott kann und muß gar nicht unmittelbar zu uns sein. Die Glorifikation des Damals bestätigt uns in unserer vormystischen Gegenwart.

Verfalle ich nun auch selber einer Glorifikation des Damals, wenn ich diesem vormystischen Glauben des traditionellen Christentums den mystischen Glauben im Neuen Testament gegenüberstelle? Alles, was wir nun zur Mystik des Glaubens im Neuen Testament sagen, wirkt wieder als Mystifikation, wenn wir vergessen, daß der Glaube eine ungebrochene Geschichte hat. Auf unsere neue Weise so zu glauben, das ist die Chance, auf die die biblischen Texte hinweisen. Der Leser verstehe bitte das Folgende nicht wieder als Mystifikation!

Der Glaube, hören wir, versetzt Berge. Er partizipiert damit an der Allmacht Gottes. Der Glaubende lebt so unmittelbar mit Gott und in Gott, daß Gott durch ihn handelt.

Glauben ist im Neuen Testament zuerst noch kein Sich-Verlassen auf irgendwelche Lehren und Traditionen, kein Geführt-Werden durch irgendwelche Autoritäten, sondern eine Unmittelbarkeit zu Gott, die das ganze Leben des Menschen verwandelt, ein Ergriffensein von Gottes Nähe und Liebe, wie sie intensiver kein Mystiker erleben kann. Allerdings, Glaube im Neuen Testament ist eine *unio* mit Gott nicht in höheren Sphären, sondern eine *unio* in heiliger Alltäglichkeit, die das eigene Leben und das Leben der Mitmenschen verwandelt.

Gibt es Voraussetzungen für diesen Glauben? Findet nur derjenige zum Glauben, der gewisse Bedingungen erfüllt? Es fällt auf, wie sich der Glaube mit innerer und äußerer Armut verbindet, mit der Freiheit von allem Besitz und der Freiheit von allem Besessenwerden, von innerer Hörigkeit. Der Jünger Jesu verläßt als Fischer seine Netze, sein Dorf und seine Frau. Wen noch andere Geschäfte binden, dem sagt Jesus: »Laßt die Toten ihre Toten begraben.« Der Pharisäer Paulus verliert sein Vertrauen in seine Gesetzestreue. Den reichen Jüngling heißt Jesus, alles Vermögen aufzugeben.

Es scheint, daß Jesus dem Glauben zuerst genau das nimmt, was ihm bisher am wichtigsten war. Zuletzt, in seinem Sterben, nimmt er seinen Jüngern noch das, was sie nach dem Aufbruch aus ihrem Beruf, ihrer Familie und ihrer Heimat am meisten beseelte, den Glauben an den Sinn ihrer Jesusnachfolge. Wer meint, er habe einen Glauben, dem nimmt Jesus garantiert noch diesen Rest angeblichen Glaubens. Was bleibt zurück? Eine Offenheit und Unmittelbarkeit zu glauben, wie sie vorher nie möglich war.

Die Radikalität und Schonungslosigkeit Jesu kennt keine Grenzen, wenn es um diese innere und äußere Armut geht. Allerdings zeigt Jesus nicht irgendwelches Loslassen als allgemeinverbindliche Vorstufe zu einem allen offenstehenden Glauben. Seine Aufforderung, loszulassen, ist immer konkret auf diesen oder jenen Menschen bezogen. Eine allgemeine Askese als sicherer Weg zum unmittelbaren Glauben kennt Jesus nicht. Gerade deshalb ist diese Mystik Jesu unendlich konkret, durch kein Schema einzufangen, durch keinen Stufenweg zu systematisieren. Gerade deshalb lebt Jesus eine Mystik, die über jedes Mystik-Konzept hinausführt.

Jesus ist kein Mystiker einer allgemeinen Leere, aber der Mystiker der konkreten Anweisung: »Laßt die Toten ihre Toten begraben.« Wer die Hand an den Pflug legt und zurückschaut, der ist nicht gesandt für das Reich Gottes. Jesus lebt eine Mystik des Alltags und nicht eine Mystik der Waldeinsiedler und der Bergeshöhlen.

Am schönsten hat wahrscheinlich der Anfang der Bergpredigt diese innere und äußere Armut und dieses immer konkrete Loslassen dessen, was das Leben an scheinbaren Wichtigkeiten ausfüllt, zusammengefaßt:

»Selig sind die innerlich und äußerlich Armen. Selig sind, die Leid tragen, die das verloren haben, was ihnen am liebsten war. Selig sind die Sanftmütigen...« (Matthäus 5,3ff.).

Selbstverständlich läßt sich alles, was wir bisher über den Glauben im Neuen Testament sagten, auch vormystisch deuten. Dann ist die Unmittelbarkeit des Glaubens zu Gott ein Glaubensideal, das die Nachgeborenen zu erreichen suchen, aber doch nicht mehr erreichen können. Nachfolge wird zur Imitation einer Haltung, die selbstverständlich nicht mehr in ursprünglicher Reinheit gelingt. Oder Glauben wird gar zu einer Tugend, die man pflegen oder auch verlieren kann.

Im Neuen Testament ist Glauben Erleben einer Gottesge-

216

meinschaft, die den Menschen verwandelt, der sie erlebt. Wir könnten den biblischen Glauben eine *unio* von Mensch und Gott, erlebt auf den Straßen und Plätzen Galiläas, nennen, eine *unio*, wie sie gewaltiger und lebensnaher die Menschen nie ergriffen hat. Wenn wir aus diesem Glauben eine Tugend machen, mystifizieren wir bis ins kaum mehr erkennbare Gegenteil dessen, was ursprünglich geschah. Denn gerade die ersten Glaubenden waren alles andere als Tugendhelden.

4. Das Ich als Mystifikation des Selbst

Zur ganzen Tiefe neutestamentlicher Mystik gehört, wenn ich richtig sehe, auch das Verständnis des Ichs als Mystifikation des Selbst. Es gehört zur Eigenart des Menschen, daß er immer wieder etwas aus sich machen will, was er nicht ist. Er umgeht sein Selbst, indem er sich ein frommes oder sündiges Ich aufbaut. Besonders der Christus des Johannesevangeliums zeigt, wie der Glaube diese Mystifikationen durchbricht. Der Pharisäer (im Gespräch mit Nikodemus, Johannes 3,1f.) wird aus allem theologischen Erkennen heraus so weit geführt, bis er Einsicht gewinnen kann. Er ist nicht mehr Pharisäer, sondern Anfänger auf dem Weg der Unmittelbarkeit. Ähnlich die Samariterin (Johannes 4,1f.): In ihrem Frau-Sein und in ihrem Samariterin-Sein bricht eine tiefe Wirklichkeit auf, ihr Selbst auf Gott verwiesen und von Gott gesucht.

Wenn Paulus von der Gerechtigkeit aus Glauben – nicht aus den Werken des Gesetzes – spricht, so ist wahrscheinlich noch einmal diese tiefste Wahrheit ausgesprochen: Nicht in dem, was wir aus uns machen, nicht in unserem Ich, erleben wir die tiefste Gemeinschaft mit Gott, sondern in unserem Selbst, in dem, was wir vor Gott sind, ohne Leistung und angeeignete Tugend und Frömmigkeit. Das heißt nicht, daß das Neue Testament nun von einer göttlichen Seele sprechen würde. Nur in der Areopag-Rede des Paulus in der Apostelgeschichte klingen diese pantheistischen, mystischen Töne mit. Wenn das Ich zerbricht oder aufgegeben wird, leuchtet nicht eine göttliche Seele auf. Aber es erscheint hinter dem religiösen oder sündigen Ich der von Gott geliebte Mensch. Das Selbst ist – wenn wir es qualifizieren wollten – geliebt und Liebe. Wenn das Selbst in sich göttlich wäre, könnte es in sich Erleuchtung finden. Aber das Selbst, in seiner Tiefe als geliebt und als Liebe verstanden, führt auf den Pfad der Christusmystik: In der Unmittelbarkeit ist Gemeinschaft. Und Gemeinschaft in ihrer Tiefe erlebt ist Unmittelbarkeit.

Das Neue Testament setzt neue Akzente in der Geschichte der Mystik. Jesus lebt nicht irgendeine, sondern seine unverwechselbare Unmittelbarkeit. Und der christliche Glaube ist eine sehr persönliche, sehr menschen- und alltagsnahe *unio* des Menschen mit Gott.

5. Mystische und nachmystische Symbole

Die in ihrer Radikalität mystische Antimystik der dialektischen Theologie stellt auch den, der Mystik nicht mit den Augen des dialektischen Theologen betrachten kann, vor die Frage: Steckt nicht im ungeteilten Glauben neben dem Ja auch schon ein Nein zu aller Mystik? Ist Mystik schon das Ganze des Glaubens? Oder ist Mystik für den Glauben nicht wie ein Tor, das er immer wieder zu durchschreiten hat? Kein Christ darf annehmen, er habe dieses Tor ein für allemal durchschritten. Ist der ungeteilte Glaube nicht immer wieder nachmystischer und deshalb auch vormystischer Glaube? Ist Unmittelbarkeit im christlichen Glauben nicht ein Erleben, das in eine Weltoffenheit und Menschennähe mündet, die jeden Begriff und jedes Bild von Mystik sprengt? Natürlich ist das Reich Gottes Unmittelbarkeit und Erleben. Aber ist dieses Reich Gottes nicht unendlich mehr als dies? Und wenn dem so ist, wäre es nicht das schönste Kennzeichen der christlichen Mystik aller Jahrhunderte, daß sie es immer wieder wagt, alle Grenzen der Mystik zu sprengen? Christliche Mystik erlaubt sich, Nicht-Mystik zu sein. Christliche Mystik erlebt eine Freiheit nicht nur vom Ich, sondern auch von allen Erlebnismustern und Wahrheitskonzepten, die man als mystisch zu bezeichnen pflegt.

Die wirklich christliche Mystik lernt von allen Mystiken und läßt sich durch keine bestimmen. Sie führt in ein Menschsein und In-der-Welt-Sein, das alle mystischen Bilder sprengt.

Glaube führt über Mystik hinaus, nicht weil er Unmittelbarkeit flieht und Erleben fürchtet. Nur der vormystische Glaube schreckt gern vor dem Erleben zurück. Denn er flieht Gott und die Seele, Gott in dumpfer Angst, die Seele in fast panischer Leidensscheu.

Der ungeteilte Glaube wächst über alles sogenannte mystische Erleben hinaus, von diesem Erleben getragen. Er verläßt den Bereich des Unmittelbaren, verwandelt durch diese Unmittelbarkeit. Dieses Hineingenommenwerden ins Unmittelbare und Entlassenwerden in eine Freiheit, die alle Mystikkonzepte sprengt, begegnet im eindrücklichsten Symbol christlicher Mystik, im Sterben und Auferstehen mit Christus.

Symbole sind Zeichen, die ins Unmittelbare weisen. Geboren aus dem Erleben anderer, führen sie den ins eigene Erleben, der sich auf sie einläßt. Das tiefste Symbol des christlichen Glaubens ist und bleibt das Sterben und Auferstehen Christi. Wer sich auf dieses Symbol einläßt, erkennt bald, daß er nicht mehr nur eine Vorstellung oder ein vergangenes Geschehen betrachtet, sondern daß in ihm Erleben aufbricht. Er erlebt mit Christus den Tod und erlebt mit ihm das neue Leben. Christlicher Glaube ist ein Sterben und Auferstehen mit Christus. Gerade darin ist der christliche Glaube Mystik. Im Sterben erlebt der Glaubende den Tod des Ichs und im Auferstehen das neue Menschsein, die Wiedergeburt.

Aber der Tod Christi und seine Auferstehung sind nicht nur mystische, sondern auch nachmystische Symbole. Sie verbinden den Erlebenden, das Erlebte und die weite Welt der Erfahrung. Sie befreien zu einem Leben jenseits aller Mystikbilder und Mystikerwartungen. Im nachmystischen Glauben ist nicht nur *ein* Mensch unmittelbar zur Wahrheit. Im Sterben und Auferstehen mit Christus geschieht Wandlung jenseits aller möglichen Vorstellung und weit über alle Vorstellungen von Mystik und Unmittelbarkeit hinaus.

Der christliche Glaube ist nachmystisch. Gerade darin ist er einzigartig unverwechselbar er selbst. Als vormystischer Glaube verfehlt er die Wahrheit. Als reine Mystik verfehlt er die Gemeinschaft und die Welt. Als vormystischer Glaube flieht er Gott. Als reine Mystik übersieht er die Erde. Als nachmystischer Glaube ist er Reich Gottes in dieser Welt.

Ich kenne keinen mystischen Weg, der sich nicht durch Symbole leiten läßt. Wer findet ins Unmittelbare ohne ein Zeichen, das ihn sicher weist? Der Buddha ist für die Mystik des Theravada ein solches deutliches Zeichen, das den, der ihm folgt, in die große Befreiung führt. Jeder Koan ist ein mystisches Symbol für den Schüler des Zen, jedes Mantra oder Chakra, jedes Yantra, jeder Guru, jedes Woraufhin der meditativen Achtsamkeit ist ein Symbol für den Yogi. Bilder der Freundschaft und der Liebesgemeinschaft, aber auch der Sehnsucht nach dem Geliebten leiten den Bhakta, den Freund der mystischen Gottesliebe Indiens. Mohammed und der Koran, vor allem auch die Nachtreise des Propheten, die Wallfahrt und die Kaaba sind mystische Symbole für den Sufi.

In jedem biblischen Wort öffnet sich eine Türe zur Unmittelbarkeit. Das Reich Gottes ist das Symbol Jesu, mehr als ein Bild, weit mehr als eine bloße Vorstellung, sondern ein Zeichen ins Unmittelbare, in die vollkommene Gemeinschaft mit Gott. Das Sterben und Auferstehen Christi ist das Symbol des frühen Christentums. Wer sich diesem Zeichen öffnet, wird verwandelt werden ins neue Leben hinein.

Selbstverständlich ist das Sterben und Auferstehen nicht erst bei Jesus und im frühen Christentum das entscheidende Symbol, das Ahnungslosigkeit in Erkenntnis und Gottferne in Unmittelbarkeit verwandelt. Das Sterben und das Geborenwerden sind, wie die Liebesgemeinschaft, mystische Ursymbole. Aber wo ist ein Sterben und Auferstehen und ein Mitsterben und Mitauferstehen derart eng mit der Rückkehr in diese Welt und mit dem Leben in der Gemeinschaft verbunden?

Die Erscheinungen des auferstandenen Christus in eigenartig verwandelter Körperlichkeit sind mehr als nur historische Erinnerung oder Produkt der legendenfreudigen Phantasie. Die Weltlichkeit und Leiblichkeit des Auferstandenen machen das Sterben und Auferstehen Christi zu einem Weg, der in keiner akosmischen Wahrheit und in keinem christlichen Nirvana verharrt, sondern zu einer Mystik führt, die in eine Menschennähe und Weltoffenheit übergeht, wie sie in den geläufigen Vorstellungen mystischer Wege nur angedeutet sind.

Glaube ist ein Sterben mit Christus und ein Auferstehen mit ihm, ein Weg in eine Unmittelbarkeit, die einer Welt Raum gewährt. Auf diesem Weg durch das Unmittelbare gewinnt der christliche Glaube seine Freiheit und seine Lebendigkeit. Vormystisch, ohne diesen Weg ins Unmittelbare, ist und bleibt der Glaube, trotz aller Erneuerungsbestrebungen, ein Schatten seiner selbst. Und ohne den Weg über alle einsame Wahrheit hinaus, in reiner Unmittelbarkeit, bleibt der Glaube die religiöse Sterbenssehnsucht einiger Mystizisten, die Unfähigkeit, zu leben, wo wir leben, und zu sein, was wir sind. Aber im Sterben und Auferstehen mit Christus ist der Glaube – mystisch und nachmystisch – ein Alles-Verlieren und Alles-Gewinnen, die äußerste Distanz und die größte Nähe zur Welt. Mystisch und nachmystisch ist der Glaube das Reich Gottes in dieser Welt.

6. Wege zum Glauben

Unmittelbarkeit läßt sich nicht organisieren. Mit keiner Methode sichern sich Christen und Nichtchristen den Zugang zur Wirklichkeit. Erleben ist Gnade, oder es ist nicht wirkliches Erleben. Organisierte Unmittelbarkeit wäre magisch beschworene Wahrheit, im besten Fall eine Reise in die Grenzbereiche des Realen, aber kein Innewerden der Wirklichkeit. Wenn dem nun so ist, warum üben sich Noch-nicht-Mystiker in erhoffter Unmittelbarkeit? Warum gehen zahllose Mystiker Wege der Meditation? Auch wenn sich Unmittelbarkeit mit keinem Mittel herbeizaubern läßt, der Noch-nicht-Mystiker kann bereit werden für das Erleben. Er kann meditieren.

Meditation ist Einübung der eigenen Präsenz, Übung im Hier- und Jetztsein, Offenwerden für das Hier und Heute. Der Meditierende sucht seinen Geist aus seiner penetranten und ruhelosen Abwesenheit zu befreien und ihn heimzuholen in die Gegenwart. Wenn Gott abwesend ist und wenn unser ruheloser Geist sich immer neue Abwesenheiten sucht, dann ist die *via regia* zur Gottesbegegnung die Rückkehr unserer Aufmerksamkeit ins Hier und Heute. Meditation als Übung im Hier- und Jetztsein ist eine wesentliche Vorübung auf dem Weg zur Unmittelbarkeit des Glaubens.

Mehr als eine Vorübung sehe ich im Meditieren allerdings

nicht. Denn was nützt mir das reine Hier- und Jetztsein, wenn ich mich vor dem Erleben fürchte, wenn mich Unmittelbarkeit kaum berühren muß, um mich zutiefst zu verwirren und zu erschrecken?

Meine Meditation führt mich an Grenzen, vor denen ich hilflos zurückschrecke oder die ich tollkühn überschreite. Im ersten Fall ende ich im Mystizismus, im zweiten Fall in religiösem Wahn. Ich kann nicht nur bereit werden für das Hier und Jetzt der Wahrheit. Ich brauche Geleit auf dem Weg ins Unmittelbare. Deshalb versuche ich nicht nur, mich meditierend heimzubringen. Ich versuche, mit christlichen Symbolen zu leben.

Symbole sind Unmittelbarkeit, anderen geschenkt und nun mir selbst eine Hilfe auf dem Weg ins Unmittelbare. Symbole sind Mystik als Angebot für die Gemeinschaft der Noch-nicht-Mystiker. Symbole gestalten zwar nicht mein Erleben. Aber sie gestalten und verändern den Erlebenden. Sie zeigen ihm als mystische Symbole die Relativität alles Realen.

Nur im Realen kann und darf sich das Leben erschöpfen. Symbole sind Wegzeichen ins Wirkliche. Ein Leben bloß in Erfahrungen und Vorstellungen läßt den Menschen verkümmern.

Symbole sind Statthalter des Erlebens in einer Welt, die ohne Erleben anfängt, sich selbst zu hassen. Symbole sind Zeugen einer Freiheit und einer Weite, einer Lebendigkeit und eines Reichtums, die sich in keinen Erfahrungen und Vorstellungen finden.

Mystische Symbole rufen aber nicht nur ins Unmittelbare. Sie helfen dem Menschen, sich dem Erleben zu öffnen. Sie stellen ihn als Erlebenden in die Gemeinschaft anderer Erlebender. Weshalb sollte er zurückschrecken, wo andere vorangingen?

Nachmystische Symbole helfen dem Mystiker überdies, die ganze Welt des Realen in ihrer Unmittelbarkeit nicht zu übersehen. Sie öffnen dem Erlebenden die Augen für die Welt der Erfahrungen. Das nachmystische Symbol kennt keine Freiheit jenseits dieser Welt und keinen Himmel fern dieser Erde. Das nachmystische Symbol bindet das Wirkliche ins Reale und die Wahrheit in die Welt der Erscheinung.

Zu den eindrücklichsten nachmystischen Symbolen gehören das Reich Gottes als gegenwärtig erlebbare Gottesherrschaft in dieser Welt, die Menschwerdung Gottes, die Begegnung mit Gott nicht über, sondern *in* der Welt der Menschen, das Kreuz und die Auferstehung Christi, die erlebbare Wahrheit nicht jenseits des Leidens und im Erlöschen aller menschlichen Verblendung, sondern im Leiden und in den Finsternissen der Welt und die Auferstehung als Transformation, die nicht in eine spirituelle Überwelt führt, sondern in eine neue Leiblichkeit und in ein neues, sichtbares und spürbares Hier und Heute.

Der christliche Glaube lebte seit seinen Anfängen mit und in nachmystischen Symbolen. Wenn wir als Christen versuchen, uns durch diese Symbole begleiten zu lassen, ist unser Verhältnis zu jedem Symbol zuerst nur ein vormystisches. Wir leben nicht *im* Symbol. Wir leben nur *mit* ihm. Aber dies ist oft schon mehr als genug. Wir leben *mit* dem biblischen Wort. Wir leben noch nicht *in* ihm. Wir leben *mit* Christus. Wir leben noch nicht *in* Christus, oder Christus lebt noch nicht in uns. Aber wenn Unmittelbarkeit uns berührt, dann trifft sie uns nicht entsetzt und verängstigt. Sie trifft uns als Glaubende, die sich die Wahrheit nicht selbst erdenken und nicht selber schenken können, die aber bereit sind, sich mit der Gemeinschaft der Glaubenden der Wahrheit zu öffnen. Und sie trifft uns auch nicht als Menschen, die mystische Einöden und ferne Himmel suchen.

Die nachmystischen Symbole öffnen uns im Erleben die Augen für die reale Welt. Erfüllt vom Erleben, tauchen wir nicht ins überirdische Licht, sondern stellen uns der alten und doch in ihrem Kern schon verwandelten Realität.

Die biblischen Schriften sind voller nachmystischer Symbole, voller Zeugen eines Erlebens, das anderen Wahrheit eröffnet und ein neues In-der-Welt-Sein schenkt. Auch wenn wir die biblischen Texte vorläufig nur vormystisch lesen und deuten, unser Wunsch, mit den biblischen Symbolen zu leben, bleibt nicht ohne Folgen. Plötzlich geschieht Wahrheit. Und das, was vorher in unseren Vorstellungen vor uns stand und was wir nur aus den Worten anderer kannten, ist kein Vor-Uns mehr, keine übernommene Wahrheit und kein fernes Wähnen. Wir sind in Christus, wir stehen in der Wahrheit. Bisher hatten wir unseren Glauben. Nun stehen wir im Glauben. Der erste, der ungeteilte, der wirkliche Glaube ist nicht das Produkt unserer Bemühung. Aber er antwortet unserer Geduld.

Wir leben jahrelang mit vormystischen Symbolen und pflegen einen Glauben, der sich im Bereich der Vorstellungen und der Erfahrungen bewegt. Aber dann geschieht Wahrheit, und die Symbole unseres Glaubens sind nicht aufgehoben. Sie finden an ihr Ziel und sind nun nicht mehr eine Vorstellung, von uns getrennt, von uns verschieden. Wir leben und sind in ihnen. Als Noch-nicht-Mystiker leben wir mit Symbolen beinahe ahnungslos. Aber geduldige Ahnungslosigkeit ist nicht zu verachten. Die ahnungslos Glaubenden trennt nur ein einziges Erleben vom ungeteilten Glauben.

Exkurs
Mystische und vormystische Symbole

Von Symbolen sprechen wir, wo nicht nur irgend etwas mit etwas anderem »zusammenfällt« (»symballein« bedeutet »zusammenfallen«). Im Symbol verbinden sich die Realität, die Welt der Erscheinung und die Wirklichkeit, die Welt als Erleben. Symbole sind einerseits noch Vorstellungen, andererseits aber Statthalter des Unvorstellbaren in der Welt der Vorstellungen. Symbole sind Vorstellungen des Unvorstellbaren, Vermittlungen des Unmittelbaren, Erfahrungen des Erlebens. In den Symbolen schafft sich die Wirklichkeit Raum in der Realität. Wenn das Selbst in der Sprache des Ichs zu sprechen beginnt, wenn Wahrheit sich in Wahrheiten anzeigt, wenn Unmittelbarkeit sich selbst vermittelt, sprechen wir von Symbolen.

Der Mystizismus braucht Symbole zur Erweiterung seiner Realität. Im irdischen Zeichen meldet sich das Überirdische. In der sichtbaren Realität meldet sich die unsichtbare. Die Welt des Vorstellbaren weitet sich aus ins Geheimnisvolle. Jedes Symbol ist für den Mystizisten verborgene Realität, im Bild vor Augen gestellt. Das Symbol führt das Ich nicht an seine Grenze, sondern deutet über jedes Ich hinaus. Das Symbol führt den Mystizisten in die Tiefen des Ichs und ins Mysterium der Erfahrung. Die Wahrheit und das Selbst werden im mystizistischen Symbol kaum berührt. Das Symbol des Mystikers ist ein Fenster ins Unmittelbare.

Das magische Symbol bindet die Wirklichkeit ins Reale.

Magie nennen wir den Versuch, mit Wirklichkeit umzugehen, als ob sie eine Gegebenheit wäre. Im magischen Symbol verfügt der Mensch über die Wirklichkeit, die sich in seinen Symbolen anzeigt. Oder er meint zumindest, er könne darüber verfügen.

Im mystischen Symbol ist Wirklichkeit nie eine Gegebenheit. Der Mystiker verfügt nicht über die Wahrheit. Sie verfügt über ihn. Magie ist der Versuch des Ichs, über das Selbst zu verfügen. Magie ist Wirklichkeit, verfügbar in der Welt der Vorstellung.

Dem Mystizisten schenkt jedes Symbol ein Gefühl für die Weite des Ichs und für die dunklen Seiten des Realen. Der Magier findet in seinem Symbol ein Mittel, mit dem er Wirklichkeit einsetzen und handhaben kann. Für den Mystiker sind Symbole Fenster ins Unmittelbare.

Kennt auch der Noch-nicht-Mystiker mystische Symbole? Auch der magisch empfindende oder mystizistisch erahnende Mensch lebt nicht völlig unberührt von aller Wirklichkeit. Sogar die mystizistischen und magischen Symbole können nie völlig verleugnen, daß in dem, was sie bewegen oder erahnen, sich Unmittelbarkeit andeutet. Magische und mystizistische Symbole könnten unversehens zu mystischen Symbolen werden. Magische und mystizistische Frömmigkeit ist ein Spiel mit dem Feuer. Das Ich, das sich ausweiten und über das Selbst verfügen möchte, kann an seine eigene Grenze stoßen. Religiöse Erfahrungen können nach dem Erleben rufen. Wer aufbricht, um religiöse Erfahrungen zu sammeln, kehrt vielleicht als Mystiker heim.

Mystische Symbole begleiten – erkannt oder unerkannt – jeden Menschen. Wie könnte irgendein religiös empfindender oder areligiös sich verstehender Nicht-Mystiker je völlig ohne mystische Symbole sein?

In unserer Personmitte – viele Mystiker sprechen vom Herzen – fallen Wirklichkeit und Realität in eins. Der tiefste Grund unserer Seele ist und bleibt ein mystisches Symbol, ganz abgesehen davon, ob wir uns in der Sphäre des Mystizismus, des bloßen Liebäugelns mit dem mystischen Erleben bewegen, ob wir bewußt konventionell religiös die Wirklichkeit demonstrativ distanziert verehren, oder ob wir uns als sogenannte

Atheisten und Religionslose von jeder mystischen Anfechtung durch klare Vernunftgründe freisprechen möchten.

Solange wir leben, sind wir selbst in unserer Personmitte ein Symbol. Das läßt sich auf die Dauer auch durch die besten Vernunftgründe nicht vernebeln. Und wenn wir sterben, sind wir wahrscheinlich erst recht ein mystisches Symbol. Jetzt läßt sich das Symbol, das wir in unserer Wesensmitte sind, vor uns selbst noch verbergen, dann wahrscheinlich nicht mehr. Sterben ist Mystik sogar für die, die ihre eigene Mystik ein Leben lang vor sich verborgen haben.

Aber nicht nur – in mystischer Sprache gesprochen – das Herz des Menschen ist ein Symbol, das wir uns am liebsten vor uns selbst verbergen. Wirklichkeit und Realität fallen in eins auch am Grund dieser Welt. Die Welt als Ganzes ist ein mystisches Symbol. Alle Weltdeutung kann das Urgeheimnis, das diese Welt im Grunde ist und bleibt, nicht aus der Welt schaffen. Also, müßten wir folgern, gäbe es zwei Symbole, die kein Noch-nicht-Mystiker, solange er selbst und in dieser Welt ein Teil derselben ist, je ganz abschütteln könnte: Er selbst und seine Welt.

Aber diese Betrachtungsweise verkennt das Erleben der Einheit, das in jedem mystischen Symbol den Mystiker erwartet. Die Mitte der Person und der Grund der Welt sind nicht voneinander zu trennen. Wenn ich ins eine finde, finde ich auch ins andere. Oder wenn sich das eine mir eröffnet, ist mir das andere nicht mehr verborgen. Oder in der Sprache eines zeitgenössischen Mystikers, David Steindl-Rast, gesprochen, der sein Erleben des Herzens hier allerdings nur als Vereinigung mit dem Herzen des Mitmenschen sieht (wir könnten und müßten die Einheit im Herzen in unserer Deutung ausweiten bis zur Einheit mit allen Wesen):

Im Innersten unseres Herzens finden wir uns in einem Bereich, in dem wir nicht nur auf das Innigste mit uns selbst, sondern ebenso mit anderen vereint sind, mit allen anderen. Das Herz ist kein einsamer Ort. Es ist der Bereich, in dem Alleinsein und Beisammensein zusammentreffen. Ist es nicht so, daß unsere ureigenste Erfahrung uns das lehrt? Kann man jemals sagen: »Jetzt bin ich wirklich bei mir, obwohl ich anderen entfremdet bin«? Oder: »Ich bin wirklich eins mit anderen, oder auch nur mit einer anderen Person, die ich liebe, und doch bin ich mir selbst entfremdet«? Undenkbar! Im selben Moment, da wir eins sind mit uns selbst, sind wir mit allen anderen eins. Dann haben wir die Entfremdung überwunden. Und das Herz steht für jenen Kern des Seins, wo lange vor der Entfremdung ursprüngliche Zusammengehörigkeit herrschte.

(D. STEINDL-RAST: Fülle und Nichts,
die Wiedergeburt christlicher Mystik, 1986, 29)

Anmerkungen

1 Rilkes Mystizismus oder, genauer, Rilkes Stunden-Buch-Frömmigkeit (der Dichter verharrte nicht in dieser seltsamen Liebe zum seltsamen Gott) wird von Beda Allemann als Vorwand »für die Entfaltung einer bestimmten lyrischen Sprechweise« verstanden:

>»Die mystische Frömmigkeit des Stunden-Buch-Autors bildet (um es so pointiert auszusprechen, wie es nötig ist) den Vorwand für die Entfaltung einer bestimmten lyrischen Sprechweise. Sie ist konstituiert durch das Ansprechen eines Gegenübers, das in Analogie zu bestimmten religiösen Traditionen ›Gott‹ genannt wird. Dieser Kunstgriff erlaubt es, das Gegenüber, auf das hingesprochen wird, so umfassend wie nur denkbar zu konzipieren. Der lyrisch angesprochene ›Herr‹ trägt kaum noch personale Züge; er ist deshalb in einem strikten Sinne so wenig identifizierbar wie später der Engel der Elegien. Sein Wesen wird in einer unendlichen Metamorphose gesucht. Künstlerisch entspricht dem die Möglichkeit eines ebenso unendlichen lyrischen Parlandos, in welcher Form sich die Ansprache an das imaginierte Gegenüber unaufhörlich weiter zu facettieren vermag« (B. Allemann in: Rainer Maria Rilke, Werke I, 1986, XII f.).

Wenn dem so wäre, dann wäre die mystizistische Stunden-Buch-Frömmigkeit nicht nur ein Spiel mit mystischen Erlebnistiefen, sondern sogar ein beabsichtigtes Spielen. Am Rande des mystischen Geheimnisses stehend, gewinnt der Dichter neue sprachliche Möglichkeiten. Lyrik verwandelt sich an der Grenze zum Unmittelbaren. Weil der Dichter dies spürt, sucht er betend Bereicherung seiner Sprechweise, nicht Unmittelbarkeit. Wenn dem so ist, dann ist der Stunden-Buch-Autor ein zielbewußter Mystizist. Aber woher wissen wir, daß dem so ist? Wer kann die Beweggründe des Mystizisten erfassen? Und was wäre daran verwerflich, wenn einer am Abgrund des Erlebens Erweiterung seiner sprachlichen Möglichkeiten sucht? Jeder Mystizist sucht die nahe Unmittelbarkeit, um sein Ich auszuweiten.

2 Zur Debatte um die indischen Einflüsse auf Bistami vgl. A. Schimmel: Mystische Dimensionen des Islam, 1985, 78.

Der Versuch, irgendeine Mystik traditionsgeschichtlich nur aus einer Wurzel heraus abzuleiten, gelingt meines Erachtens immer nur dem Mystologen, nie dem Mystiker. Dieser schöpft Bilder für sein Erleben aus vielen Brunnen, weil er weiß, daß in der Tiefe das Wasser alle Brunnen verbindet. Ein Ausspruch von Bistami deutet in dieser Richtung: Auf seiner Wallfahrt nach Mekka, als Sinnbild für den mystischen Weg gedeutet, erkennt der Mystiker: »Eine Weile umkreiste ich das Haus (die Kaaba). Als ich bei Gott ankam, wurde ich gewahr, daß das Haus mich umkreiste« (Frühislamische Mystiker, aus Fariduddin Attars Heiligenbiographie, übersetzt und erläutert von Gisela Wendt, Amsterdam, 1984, 47).

Die heilige Moschee ist weniger heilig als das eigene Erleben. Unmittelbarkeit wiegt mehr als alle Kirchen und Moscheen, als alle Priester und als jeder Kult.

Literaturverzeichnis

Tor Andrae, Islamische Mystiker, Stockholm 1947, dt. Stuttgart 1960

Angelus Silesius, Cherubinischer Wandersmann, kritische Ausgabe, hrsg. v. Louise Gnädinger, Stuttgart 1984 (Reclam Universal-Bibliothek)

Peter Antes/Bernhard Uhde, Aufbruch zur Ruhe. Texte und Gedanken über Meditation in Hinduismus, Buddhismus, Islam, Mainz 1974

Sri Aurobindo, Grundlagen des Yoga. Ausgewählte Briefe, Pondicherry 1930, dt. Pondicherry 1980

Laleh Bakhtiar, Sufi. Expressions of the Mystic Quest, London 1976, dt.: Sufi. Ausdrucksformen mystischer Suche, München 1987

Bernhard von Clairvaux, hrsg., eingel. u. übers. v. Bernardin Schellenberger, Olten 1983 (Zeugnisse mystischer Welterfahrung)

John Blofeld, The Way of Power, London 1970, dt.: Der Weg zur Macht. Praktische Einführung in Mystik und Meditation des tantrischen Buddhismus, Weilheim/Oberbayern 1970

– Ders., Compassion Yoga. The Mystical Cult of Kuan Yin, London 1977

– Ders., The Secret and Sublime, dt.: Das Geheime und Erhabene. Mysterien und Magie des Taoismus, München 1985 (Goldmann Esoterik)

Jakob Böhme, Morgenröte. Jakob Böhme in einer Auswahl aus seinen sämtlichen Schriften mit Einführung zusammengestellt u. hrsg. v. Alfred Wiesenhütter, Sannerz und Leipzig 1925

Wolfgang Böhme (Hrsg.), Zu Dir hin. Über mystische Lebenserfahrung. Von Meister Eckhart bis Paul Celan, Frankfurt a. M. 1987

Helmut Brinker, Zen in der Kunst des Malens, Zürich 1986

Emil Brunner, Die Mystik und das Wort. Der Gegensatz zwischen moderner Religionsauffassung und christlichem Glauben dargestellt an der Theologie Schleiermachers, 2., veränderte Aufl. Tübingen 1928

Martin Buber, Die Erzählungen der Chassidim, Zürich 1949

Johannes Cassian, Spannkraft der Seele. Einweisung in das christliche Leben I, ausgewählt, übertragen u. eingel. v. Gertrude und Thomas Sartory, Freiburg i. B. 1981 (Herderbücherei »Texte zum Nachdenken«)

Karl Clausberg, Kosmische Visionen. Mystische Weltbilder von Hildegard von Bingen bis heute, Köln 1980

Daniel-Rops, Saint Bernard et ses fils, Tours 1962, dt.: Bernhard von Clairvaux und seine Söhne, Heidelberg 1964

Dhammapadam. Der Wahrheitspfad. Ein buddhistisches Denkmal, aus dem Pali v. Karl Eugen Neumann, mit einer Einführung v. Friedrich Griese, München, Zürich 1984 (Serie Piper)

Dionysios Areopagita, Mystische Theologie und andere Schriften, aus dem Griechischen übers., mit Einleitung und Kommentar versehen v. Walter Tritsch, München–Planegg 1956

– Ders., Ich schaute Gott im Schweigen. Mystische Texte der Gotteserfahrung, übers. und für die Meditation erschlossen v. Volkmar Keil, Freiburg i. B. 1985 (Herderbücherei »Texte zum Nachdenken«)

Dōgen Zenji, Shōbōgenzō. The Eye and Treasury of the True Law, transl. by Kosen Nishiyana and John Stevens, 2 Vol., Sendai 1975–77, dt.: Shōbōgenzō. Die Schatzkammer der Erkenntnis des Wahren Dharma, 2 Bde, Zürich 1. Bd. o. J., 2. Bd. 1983

Heinrich Dumoulin (Hrsg.), Der Erleuchtungsweg des Zen im Buddhismus, Frankfurt a. M. 1976 (Fischer Taschenbuch)

– Ders., Geschichte des Zen-Buddhismus, Bd. 1: Indien und China, Bd. 2: Japan, Bern 1985–86

Karlfried Graf Dürckheim, Der Ruf nach dem Meister. Der Meister in uns, Bern, München, Wien, 2. Aufl. 1975

Dschuang Dsi. Das wahre Buch vom südlichen Blütenland, aus dem Chinesischen übertragen u. erläutert v. Richard Wilhelm, Zürich 1976

Meister Eckhart, hrsg., eingeleitet und z. T. übers. v. Dietmar Mieth, Olten 1973 (Zeugnisse mystischer Welterfahrung)

– Ders., Deutsche Predigten und Traktate, hrsg. u. übers. v. Josef Quint, München 6. Aufl. 1985 (Diogenes Taschenbuch)

Mircea Eliade, Le chamanisme et les techniques archaïques de l'extase, Paris 1951, dt.: Schamanismus und archaische Extasetechnik, Frankfurt a. M. 1975 (suhrkamp taschenbuch wissenschaft)

– Ders., Le Yoga, dt.: Yoga. Unsterblichkeit und Freiheit, Frankfurt a. M. 1977

Hugo M. Enomiya-Lassalle SJ, Zen unter Christen. Östliche Meditation und christliche Spiritualität, Graz, Wien, Köln 1973

– Ders., Zen Meditation. Eine Einführung, Zürich, Einsiedeln, Köln o. J.

W. Y. Evans-Wentz, The Tibetan Book Of The Great Liberation, dt.: Der geheime Pfad der großen Befreiung, Vorwort von C. G. Jung, Weilheim/Obb. 3. Aufl. 1972

Georg A. Feuerstein, The Essence of Yoga. A Contribution to The Psychohistory of Indian Civilisation, London 1974

Francisco de Osuna, Versenkung. Weg und Weisung des kontemplativen Gebetes, ausgewählt, übers. u. eingeleitet v. Erika Lorenz, Freiburg i. B. 1982 (Herderbücherei »Texte zum Nachdenken«)

Franz von Assisi, hrsg., übers. u. eingeleitet v. Elisabeth Hug und Anton Rotzetter, Olten 1973 (Zeugnisse mystischer Welterfahrung)

Lama Anagarika Govinda, Grundlagen tibetischer Mystik, Frankfurt a. M. 1975

Alois M. Haas, Sermo mysticus. Studien zu Theologie und Sprache der deutschen Mystik, Freiburg Schweiz 1979 (Dokimion Bd. 4)

– Ders., Geistliches Mittelalter, Freiburg Schweiz 1984 (Dokimion Bd. 8)

Al-Halladsch,»O Leute, rettet mich vor Gott«. Worte verzehrender Gottessehnsucht, ausgewählt, übers. u. eingeleitet v. Annemarie Schimmel, Freiburg i. B. 1985 (Herderbücherei »Texte zum Nachdenken«)

Dag Hammarskjöld, Zeichen am Weg, übertragen u. eingeleitet v. Anton Graf Knyphausen, München, Zürich 1965

Eugen Herrigel, Zen in der Kunst des Bogenschießens, Weilheim/Obb. 12. Aufl. 1965

L. G. Hewage, Metta, Colombo 1974

Hildegard von Bingen, hrsg. u. eingeleitet v. Heinrich Schippergеs, Olten 1983 (Zeugnisse mystischer Welterfahrung)

Ignatius von Loyola,»Gott suchen in allen Dingen«, hrsg. v. Josef Stierli, Olten 1973 (Zeugnisse mystischer Welterfahrung)

Willigis Jäger, Kontemplation. Gottesbegegnungen heute. Der Weg in die Erfahrung nach Meister Eckehart und der »Wolke des Nichtwissens«, Salzburg 1982

Johannes vom Kreuz, hrsg., eingeleitet u. übers. v. Johannes Boldt, Olten 1973 (Zeugnisse mystischer Welterfahrung)

William Johnston SJ (Hrsg.), The Cloud of Unknowing and The Book of Privy Counseling, New York 1973, dt.: Der Weg des Schweigens. Christliches Zen, Kevelaer 1974, 3. Aufl. 1979

Carl A. Keller, Approche de la mystique Vol. 1., 1989.

Otto Langer, Mystische Erfahrung und spirituelle Theologie. Zu Meister Eckharts Auseinandersetzung mit der Frauenfrömmigkeit seiner Zeit, München 1987

Laudse, Daudedsching, aus dem Chinesischen übers. sowie mit einer Einführung, Anmerkungen und einem Literaturverzeichnis v. Ernst Schwartz, München 1980, 2. Aufl. 1985 (dtv klassik)

Henri Le Saux OSB/Swami Abhishiktananda, Gñānānanda. Un maître spirituel du Pays tamoul, Paris 1970, dt.: Das Feuer der Weisheit. Ein Benediktiner verbindet den lebendigen christlichen Glauben mit dem reichen spirituellen Erbe Indiens, Bern, München, Wien 1979

– Ders., Initiation à la spiritualité des Upanishads »Vers l'autre rive«, dt.: Der Weg zum Anderen Ufer. Die Spiritualität der Upanishaden, Düsseldorf, Köln 1982 (Diederichs Gelbe Reihe)

Ramon Llull, Die Kunst, sich in Gott zu verlieben, ausgewählt, übertragen u. erläutert v. Erika Lorenz, Freiburg i. B. 1985 (Herderbücherei »Texte zum Nachdenken«)

Ursula von Mangoldt (Hrsg.), Ramakrishna. Leben und Gleichnis. Die Botschaft des größten indischen Heiligen, Zürich 1975

Willi Massa SVD (Hrsg.), Kontemplative Meditation. Die Wolke des Nichtwissens. Einführung und Text, Mainz 1974, 2. Aufl. 1975

Mokusen Miyuki (Hrsg.), Die Erfahrung der Goldenen Blüte. Das klassische Werk über das Geheimnis der Goldenen Blüte – der Basistext taoistischer Meditation aus dem China des 12. Jahrhunderts, Bern, München, Wien 1984

Ajit Mookerjee, Madhu Khanna, The Tantric Way – Art, Science, Ritual, dt.: Die Welt des Tantra in Bild und Deutung, Bern, München, Wien 1978

Ernst Müller (Hrsg.), Der Sohar. Das Heilige Buch der Kabbala, Köln 1982, 2. Aufl. 1984 (Diederichs Gelbe Reihe)

Walter Nigg, Das mystische Dreigestirn. Eckhart, Tauler, Seuse, Zürich und München 1988

Niklaus von Kues, Vom Sehen Gottes. Ein Buch mystischer Betrachtung, aus dem Lateinischen übertragen v. Dietlind u. Wilhelm Dupré, mit einem Nachwort v. Alois M. Haas, Zürich und München 1987 (Reihe »Unbekanntes Christentum«)

Nyanaponika (Hrsg.), Kommentar zur Lehrrede von den Grundlagen der Achtsamkeit (Satipaṭṭhāna) mit Subkommentar in Auswahl, Konstanz 1973

– Ders., Geistestraining durch Achtsamkeit. Die buddhistische Satipaṭṭhāna-Methode, Konstanz 1979

Nyanatiloka, Das Wort des Buddha. Eine systematische Übersicht der Lehre des Buddha in seinen eigenen Werken, 4. rev. Aufl. Konstanz 1978 (Buddhistische Handbibliothek)

Blanche Christine Olschak (Hrsg.), Stufenwege der Erleuchtung. Texte und Dichtungen aus dem alten Tibet, München 1970 (dtv)

Patañjali, Die Wurzeln des Yoga. Die Yoga-Sūtren des Patañjali mit einem Kommentar von P. Y. Deshpande, hrsg. v. Bettina Bäumer, Bern, München, Wien 1976, 2. Aufl. 1977

Margareta Porete, Der Spiegel der einfachen Seelen. Wege der Frauenmystik, aus dem Altfranzösischen übertragen u. mit einem Nachwort und Anmerkungen v. Louise Gnädinger, Zürich, München 1987 (Reihe »Unbekanntes Christentum«)

ᶜAbd al-Qadir as-Sufi, The Way of Muhammad, dt.: Der Pfad der Liebe. Wesen und meditative Praxis der sufischen Mystik – eine Einführung in die »innere Lehre« des Islams, München 1982 (Goldmann Esoterik)

Bhagawan Sri Ramana Maharshi, The collected Works of Ramana Maharshi, ed. by Arthur Osborne, 5. Ed. Tiruvannamalai 1979

Wolfgang Riehle (Hrsg.), Die Wolke des Nichtwissens, Einsiedeln 1980 (Reihe »Christliche Meister«)

Kurt Ruh, Meister Eckhart. Theologe, Prediger, Mystiker, München 1985

Gerhard Ruhbach, Josef Sudbrack (Hrsg.), Große Mystiker. Leben und Wirken, Zürich 1986

Dschalaluddin Rumi, Vierzeiler, ausgewählt, aus dem Persischen übertragen u. erläutert v. Gisela Wendt, Amsterdam 1981

Śāntideva, Eintritt in das Leben zur Erleuchtung (Bodhicharyāvatāra), aus dem Sanskrit übers. v. Ernst Steinkellner, Düsseldorf, Köln 1981 (Diederichs Gelbe Reihe)

Siegfried Scharf, Die Praxis der Herzensmeditation, Freiburg i. B. 1976

Bernhardin Schellenberger (Hrsg.), Ein Lied, das nur die Liebe lehrt. Texte der frühen Zisterzienser, Freiburg i. B. 1981 (Herderbücherei »Texte zum Nachdenken«)

Annemarie Schimmel, Rumi. Ich bin Wind und du bist Feuer. Leben und Werk des großen Mystikers, Düsseldorf, Köln 1978 (Diederichs Gelbe Reihe)

– Dies., Mystical Dimensions of Islam, Chapel Hill 1975, dt.: Mystische Dimensionen des Islam. Die Geschichte des Sufismus, Köln 1985

– Dies. (Hrsg.), Liebe zu dem Einen. Texte aus der mystischen Tradition des indischen Islam, Zürich, Einsiedeln, Köln 1986

Georg Schmid, Wo das Schweigen beginnt. Wege indischer und christlicher Meditation, Gütersloh 1984 (GTB 775)

Kurt Schmidt, Leer ist die Welt. Buddhistische Studien, Konstanz 1953 (Buddhistische Handbibliothek)

– Ders. (Hrsg.), Buddhas Reden. Majjhimanikaya. Die Sammlung der mittleren Texte des buddhistischen Pali-Kanons, Berlin 1978

Margot Schmidt (Hrsg.) in Zusammenarbeit mit Dieter R. Bauer, Grundfragen christlicher Mystik. Wissenschaftliche Studientagung Theologia mystica in Weingarten vom 7.–10. Nov. 1985, Stuttgart, Bad Cannstatt 1987 (Mystik in Geschichte und Gegenwart. Texte und Untersuchungen. Abteilung I: christliche Mystik, hrsg. v. Margot Schmidt u. Helmut Riedlinger)

Gerschom Scholem, Die jüdische Mystik in ihren Hauptströmungen, Frankfurt a. M. 1967

– Ders., Zur Kabbala und ihrer Symbolik, 3. Aufl. Frankfurt a. M. 1981 (suhrkamp taschenbuch wissenschaft)

– Ders., Von der mystischen Gestalt der Gottheit. Studien zu Grundbegriffen der Kabbala, Frankfurt a. M. 1977 (suhrkamp taschenbuch wissenschaft)

Heinrich Seuse, Deutsche mystische Schriften, aus dem Mittelhochdeutschen übertragen u. hrsg. v. Georg Hofmann, mit einer Einführung v. Emmanuel Jungclaussen, Düsseldorf 1986

Idries Shah, Tales of the Dervishes, London 1967, dt.: Das Geheimnis der Derwische. Geschichten der Sufimeister, Freiburg i. B. 1982

– Ders., The Exploits of the Incomparable Mulla Nasrudin etc., dt. Auswahl: Die fabelhaften Heldentaten des vollendeten Narren und Meisters Mulla Nasrudin, Freiburg i. B. 1984

– Ders., Wisdom of the Idiots, London 1979, dt.: Die Weisheit der Narren. Meistergeschichten der Sufis, Freiburg i. B. 1983

Zenkei Shibayama, A Flower Does Not Talk, dt.: Zen in Gleichnis und Bild, Weilheim/Obb. 1974

- Ders., (Hrsg.), Zen Comments on the Mumonkan, dt.: Zu den Quellen des Zen. Die berühmten Koans des Meisters Mumon aus dem 13. Jahrhundert mit Einführung und Kommentar, Weilheim/Obb. 1976
DAVID STEINDL-RAST, Gratefulness. The Heart of Prayer, Ramsey 1984, dt.: Fülle und Nichts. Die Wiedergeburt christlicher Mystik, München 1986
FRITZ STOLZ, Grundzüge der Religionswissenschaft, Göttingen 1988
WALTER STROLZ (Hrsg.), Sein und Nichts in der abendländischen Mystik, Freiburg i. B. 1984
JOSEF SUDBRACK, Personale Meditationen. Die vier Bücher von der Nachfolge Christi neu betrachtet, Düsseldorf 1973 (Topos – Taschenbücher)
DAISETZ TEITARO SUZUKI, Mysticism. Christian and Buddhist, dt.: Der westliche und der östliche Weg. Essays über christliche und buddhistische Mystik, West-Berlin 1960 (Ullstein-Buch)
- Ders., Die Große Befreiung. Einführung in den Zen-Buddhismus, mit einem Geleitwort von C. G. Jung, 6. Aufl. Weilheim/Obb. 1972
JOHANNES TAULER, hrsg., eingeleitet u. übers. v. Louise Gnädinger, Olten 1983 (Zeugnisse mystischer Welterfahrung)
TERESA VON AVILA, hrsg., eingeleitet u. übers. v. Ulrich Dobhan, Olten 1973 (Zeugnisse mystischer Welterfahrung)
- Dies., »Ich bin ein Weib – und obendrein kein gutes«. Ein Portrait der Heiligen in ihren Texten, ausgewählt, übers. u. eingeleitet v. Erika Lorenz, Freiburg i. B. 1982 (Herderbücherei »Texte zum Nachdenken«)
VAJRASATTVA INSTITUT (Hrsg.), Meditationshandbuch des Mahayana, München 1980
SIR JOHN WOODROFFE, Principles of Tantra, 2 Vol., Madras 1914, 4. Ed. 1969–70
JAMES HAUGHTON WOODS, The Yoga-System of Patañjali, Harvard 1917, Reprint Delhi 1972
ROBERT C. ZAEHNER, Concordant Discord. The Interdependence of Faiths, Oxford 1970, dt.: Mystik. Harmonie und Dissonanz. Die östlichen und westlichen Religionen, mit einem Geleitwort von Alois M. Haas, Olten 1980
HEINRICH ZIMMER, Der Weg zum Selbst. Lehre und Leben des indischen Heiligen Shri Ramana Maharshi aus Tiruvannamalai, hrsg. v. C. G. Jung, Zürich 1944

JOHANNES THIELE (HRSG.)

Mein Herz schmilzt wie Eis am Feuer

Die religiöse Frauenbewegung
des Mittelalters in Porträts

Reihe »Wege der Mystik«

299 Seiten, kartoniert · ISBN 3-7831-0932-9

19 Porträts mittelalterlicher Mystikerinnen enthält dieses Buch, das ein farbiges und lebendiges Bild der Blütezeit alteuropäischer Mystik zeichnet und Spuren weiblicher Spiritualität sowie alternativer Lebensformen nachgeht. Die Mystik ist ein gesamteuropäisches Phänomen, und die mittelalterlichen Mystikerinnen haben der Sehnsucht nach Gott einen unmittelbaren Zugang zur seelischen Innenwelt eröffnet.

JOHANNES THIELE

Die mystische Liebe zur Erde

Fühlen und Denken mit der Natur

Reihe »Wege der Mystik«

269 Seiten, kartoniert · ISBN 3-7831-0976-0

Neben der Naturwissenschaft hat sich jahrhundertelang eine Naturweisheit und -mystik entwickelt, die von Gefühlen bestimmt ist, von einem ganzheitlichen Erkennen der Schöpfung. Dieses Buch zeigt, wie wegweisend eine neue Aufmerksamkeit für Naturmystik in der heutigen Zeit der Schöpfungsvergessenheit sein kann. Es führt zu den Quellen des Naturgefühls vom Mittelalter bis ins 20. Jahrhundert, von Laotse bis Teilhard de Chardin.

Kreuz Verlag

JOHANNES THIELE

Die Erotik Gottes

Menschen werden wir nur als Liebende

200 Seiten, kartoniert · ISBN 3-7831-0916-7

Religion und Erotik – ein wildes, doch unzertrennliches Paar. Die Lust
zum Lebendigen, die Liebe Gottes zu Erde und Mensch werden in
diesem Buch verknüpft. Johannes Thiele entwirft die Vision einer
sinnlichen Religion, die ihre erotische Dimension zum Ausdruck kommen läßt und die Sexualität und Christentum miteinander versöhnt.
Bibel und Mystik gehen hier eine aufregende Verbindung ein: »Religion und Erotik kommen aus einer Quelle: aus der göttlichen Leidenschaft für das Leben und die Befreiung des Menschen. Darum sollten
wir offen sein für ein kräftiges, nachhaltiges Ja zur Mystik des Eros,
zum Leib, zur schwesterlichen Erde.«

JÖRG WICHMANN

Die Renaissance der Esoterik

Eine kritische Orientierung

320 Seiten, gebunden · ISBN 3-7831-1014-9

Neutral steht zu Magie, Mystik, neuer Spiritualität und New Age
kaum jemand. Jörg Wichmann ermöglicht mit diesem Buch einen
gründlichen Einblick in die äußerst komplexe Thematik. Worin besteht die esoterische Überlieferung? Und was geht sie uns als moderne
Menschen an?

Kreuz Verlag